Klaus Bergmann

Der Gegenwartsbezug im Geschichtsunterricht

METHODEN HISTORISCHEN LERNENS

KLAUS BERGMANN

Der Gegenwartsbezug im Geschichtsunterricht

WOCHEN
SCHAU
GESCHICHTE

Bibliografische Information der Deutschen Nationalbibliothek

Die Deutsche Nationalbibliothek verzeichnet diese Publikation in der Deutschen Nationalbibliografie; detaillierte bibliografische Daten sind im Internet über http://dnb.d-nb.de abrufbar.

Die Reihe „Methoden Historischen Lernens“
wird herausgegeben von

Michele Barricelli
Peter Gautschi
Ulrich Mayer
Hans-Jürgen Pandel
Gerhard Schneider
Bernd Schönemann

www.wochenschau-verlag.de

Umschlaggestaltung: Ohl Design
Titelbild: dpa
Gedruckt auf chlorfrei gebleichtem Papier
Gesamtherstellung: Wochenschau Verlag
ISBN 978-3-87920-750-3

Klaus Bergmann

Der Gegenwartsbezug im Geschichtsunterricht

Inhalt

Vorwort

Der Gegenwarts- und Zukunftsbezug der Geschichte ermöglicht und begründet einen Geschichtsunterricht, der erkennbar mit den Großen Fragen der Gegenwart und Zukunft verbunden ist, die bereits während der Schulzeit und später noch spürbarer in die Lebensverhältnisse von jungen Menschen durchschlagen. In diesem Buch möchte ich zeigen, wie das begründet und im Unterricht durchgeführt werden kann.

Viele der in diesem Buch gesammelten Beispiele sind aus einer aufmerksamen Lektüre von Tageszeitungen hervorgegangen. Die der Presse entnommenen Meldungen sind kurzlebiger als die Großen Fragen, die sich in ihnen spiegeln. Sie zeigen aber, wie schnell man Ausgangsfragen für einen gegenwarts- und zukunftsbezogenen Geschichtsunterricht gewinnen kann, der offenkundig mit den Lebensperspektiven von Schülerinnen und Schülern verknüpft ist.

Manche der in diesem Buch gemachten Vorschläge werden auf Skepsis, manche andere auf scharfe Ablehnung stoßen. Das wird so sein und muss so sein und das ist gut so: Der Fortschritt geht auch aus kontroversen Diskussionen hervor.

Ich danke Rita Rohrbach und Hans-Jürgen Pandel für sorgfältig-kritisches Gegenlesen und viele Anregungen, die in das Buch eingegangen sind.

Gießen, im August 2001
Klaus Bergmann

Einleitung

Ein Hauptschullehrer und Ausbildungsleiter berichtet: „Fast von selbst scheint er zu laufen, der Anfangsunterricht im Fach Geschichte der Sekundarstufe I. Urmenschen, Ägypter, Griechen und Römer treffen auf im Regelfall hochmotivierte Schülerinnen und Schüler. Der Unterricht ist verführerisch einfach. Die Kinder bringen Bilder und Bücher mit, bauen einen Steinbohrer nach und versuchen, Faustkeile zu schlagen. Aber irgendwann, ohne dass die Beteiligten den genauen Zeitpunkt oder gar Ursachen nennen könnten, kippt der Unterricht: Aus interessierten kleinen Geschichtsforschern werden normale Schüler, mäßig interessiert, häufig lustlos. Aus dem spannenden Unterricht wird ein normales Fach, eine in Schüleraugen vernachlässigbare Größe im Schulalltag. Was ist passiert?“[1]

Ja, was ist passiert? Wieso und wann kippt die ursprüngliche historische Neugier? Warum und wann schlägt sie um in historische Gleichgültigkeit? Irgendwann empfinden die Mädchen und Jungen, dass es sich im Geschichtsunterricht „um ‚totes‘ Wissen handelt“[2], das mit ihren Fragen und Bedürfnissen nichts mehr zu tun hat: „Meiner Erfahrung nach stellt sich dieses Phänomen mit schöner Regelmäßigkeit dann ein, wenn es im chronologischen Geschichtsunterricht um das Frankenreich geht“[3] (– und bei anderen Lehrerinnen und Lehrern stellt es sich schon bei „den Griechen“ ein).

Was ist zu tun? Aus der Erfahrung ergeben sich wichtige Forderungen: „Schon von Beginn an muss der Unterricht daraufhin angelegt sein, dass die Schüler wissen:

- Geschichtsunterricht hat für mich einen Sinn; er ist mehr als ein abstraktes, dürres Faktengerippe. Er ermöglicht mir, meine Fragen und meine Interessen unterzubringen und hilft mir dabei, diese Fra-

1 Meier, Klaus-Ulrich, Der Geschichte auf der Spur – ein handlungsorientierter Beginn des Geschichtsunterrichts in der Sekundarstufe I, in: Bergmann, Klaus; Rohrbach, Rita (Hrsg.), Kinder entdecken Geschichte. Theorie und Praxis historischen Lernens in der Grundschule und im frühen Geschichtsunterricht, Schwalbach/Ts. 2001, S. 164.

2 Meier, Geschichte auf der Spur, S. 165.

3 Ebd., S. 165.

gen im Sinne einer Gegenwarts- bzw. Zukunftsorientierung zu beantworten.

- Das ist nur dann möglich, wenn Geschichtsunterricht etwas mit mir, meiner Geschichte, meiner Umgebung, meinen Vorfahren, der Geschichte meiner Klasse, mit der Geschichte meines Geschlechts zu tun hat.
- Geschichtsunterricht befähigt mich, Methoden zu erlernen, die mir eigenständige Aneignungsprozesse ermöglichen.
- Auch als schwächerer Schüler habe ich eine Chance."[4]

Klage und Forderung gehören in einen größeren Zusammenhang – der Frage nach „Lernen in einer Welt gesellschaftlicher Umbrüche"[5]. In „einer epochalen Strukturkrise der *industriellen Zivilisation* insgesamt" lebend[6], müssen wir „von dieser Umbruchsituation der Gesellschaft ausgehen und einen Begriff des Lernens formulieren, der die Menschen befähigt, die künftig zu erwartenden Probleme dieser Gesellschaft zu begreifen und Lösungswege ins Auge zu fassen."[7] Dieses Lernen kann wohl nur gelingen in deutlicher Abkehr von einem Unterricht, in dem wir wie „in Wahrheit im Fach Geschichte nur die (sehr langfristig codierte) ‚kulturelle Überlieferung' dominanter Gruppen lernen sollen, nicht aber Reflexionsfolien und Orientierungschancen für aktuelle Problemlagen gewinnen wollen"[8]. Es kann gelingen, wenn wir uns auf ein „exemplarisches Erfahrungslernen" verständigen, für das „die Rückbeziehung auf den *eigenen Lebenszusammenhang* unerlässlich"[9] ist.

Ein Geschichtsunterricht, in dem die Schülerinnen und Schüler nicht deutlich spüren, dass er mit ihrer Gegenwart und Zukunft zu tun hat, ist für alle Beteiligten eine unergiebige Veranstaltung. „Historische Inhalte ohne (!) Gegenwartsbezug sind für die Schülerinnen und Schüler irrelevant und nicht vermittelbar", stellt ein Hauptschullehrer nach 20 Jahren Berufspraxis fest.[10] In diesem Buch wird der Versuch gemacht, Mög-

---

4 Ebd., S. 165 f.

5 Negt, Oskar, Lernen in einer Welt gesellschaftlicher Umbrüche, in: Dieckmann, Heinrich; Schachtsiek, Bernd (Hrsg.), Lernkonzepte im Wandel. Die Zukunft der Bildung, Stuttgart 1998, S. 21 ff.

6 Negt, Lernen, S. 23 (Hervorhebung im Original).

7 Ebd., S. 25.

8 Alavi, Bettina; Borries, Bodo von, Geschichte, in: Reich, Hans H.; Holzbrecher, Alfred; Roth, Hans Joachim (Hrsg.), Fachdidaktik interkulturell. Ein Handbuch, Opladen 2000, S. 79.

9 Negt, Lernen, S. 27 (Hervorhebung im Original).

lichkeiten eines bewusst gegenwarts- und zukunftsbezogenen Geschichtsunterrichts aufzuzeigen. Er kann und soll dazu beitragen, die Fähigkeit auszubilden, „Beziehungen zwischen den Dingen und Verhältnissen herzustellen, also orientierende Zusammenhänge zu stiften."[11] Es geht um nichts mehr und nichts weniger als um ein entschiedenes Plädoyer für einen „Neuen Geschichtsunterricht", der danach fragt, wann, wo und wie man Geschichte und historische Erinnerung in den alltäglichen Lebenszusammenhängen gebrauchen kann.

IDOLE

MEIN IDOL IST MEIN LEHRER

Mein Lehrer ist mein Idol, Herr Wyneker. Er unterrichtet Erdkunde, Sport, Geschichte und Sozialkunde. Er ist sehr lustig und der netteste Lehrer auf der ganzen Welt. Ich finde ihn gut, weil er so interresanten Unterricht macht und weil das Lernen bei ihm richtig Spaß macht. Er ist groß und sehr sportlich. In seiner Freizeit macht er Cross-Läufe. Er ist ein gerechter Lehrer, davon gibt es nicht viele. Er ist so nett, dass sogar meine Mutter gerne nochmal in die Schule gehen würde. Später will ich auch mal so ein Lehrer werden.

Abb. 1: Lucas Uhl (10 Jahre), Mörfelden Walldorf (FR v. 11.05.2001; Magazin)

---

10 Karsten, Peter, Unterricht in Geschichte-Politik an der Hauptschule, in: Geschichte, Politik und ihre Didaktik 20 (1992), H. 1/2, S. 14.

11 Negt, Lernen, S. 27.

1. Gegenwarts- und Zukunftsbezug im Streit der Meinungen

„... und was hat das mit mir zu tun?“[1], fragen Schülerinnen und Schüler, wenn sie in der Schule Geschichte lernen und ein chronologisch gereihtes Pensum abarbeiten müssen. Sie haben ein Recht auf diese Frage und auf eine Antwort. Geschichte – haben wir nicht dringendere Aufgaben in der Gegenwart und nächsten Zukunft, als uns mit den Toten der Vergangenheit zu befassen und auf den Friedhöfen vergangenen Lebens zu flanieren? Leben wir nicht in einer völlig neuen Zeit, in einer Zeit einer allgegenwärtigen Erosionskrise und einer digitalen Revolutionierung der Lebensverhältnisse, in einer Zeit scheinbar unbegrenzter Machbarkeiten, in der die Erinnerung an so ganz andere Zeiten ein entbehrlicher Luxus und ein hinderliches oder hemmendes Element auf dem Marsch des Fortschritts ist? Sollten wir uns nicht lieber „der Wohltat des Vergessens“ (Paul Verlaine) hingeben und unsere ganze Kraft auf die Gegenwart und Zukunft richten? „Zu allem Handeln gehört Vergessen“, hat Nietzsche gesagt und hinzugefügt: „Es ist möglich, fast ohne Erinnerung zu leben, ja glücklich zu leben“[2].

Geschichte – „... und was hat das mit mir zu tun?“ Wir haben als Lehrende die Pflicht, die Frage zu beantworten – jeweils dann und dort, wenn und wo sie gestellt wird. Am besten beantworten wir sie grundsätzlich. Die Schülerinnen und Schüler fragen in ihrer Sprache nur, welchen Nutzen und welchen Nachteil die Geschichte für ihr Leben in ihrer Gegenwart und für ihre Zukunft hat – und das ist eine Frage, die zu Recht immer wieder gestellt und beantwortet worden ist. Nietzsche mit seiner „unzeitgemäßen Betrachtung“, die er „Über Nutzen und Nachteil der Historie für das Leben“ anstellte[3], steht in einer langen Tradition, die bis in die Anfänge der Geschichtsschreibung zurückreicht[4]. Die Frage gehört als Frage nach der Lebensdienlichkeit

1 Vgl. Thurn, Susanne, „... und was hat das mit mir zu tun?“ Geschichtsdidaktische Positionen, Pfaffenweiler 1993.

2 Nietzsche, Friedrich, Vom Nutzen und Nachteil der Historie für das Leben (1874), in: Nietzsche, Friedrich, Unzeitgemäße Betrachtungen, Stuttgart 1964, S. 103.

3 Nietzsche, Nutzen und Nachteil, S. 95 ff.

von Geschichte zu den Grundfragen der Geschichtsdidaktik. Sie ohne Begründung als banausisch abzutun heißt, die Bedürfnisse und berechtigten Ansprüche von Kindern und Jugendlichen zu missachten.

Für Kinder und Jugendliche, die in ihrer Gegenwart aufgehen, ist es schwer, einzusehen, warum sie sich mit Personen beschäftigen sollen, die seit langer Zeit tot sind, warum sie sich mit Entwicklungen auseinandersetzen sollen, die in der Vergangenheit stattgefunden haben und scheinbar längst abgeschlossen sind, warum sie sich mit vergangenem Denken, Handeln und Leiden befassen sollen, warum sie in Vergangenheiten eintauchen sollen, in denen die Menschen alles das noch nicht besaßen, womit wir Heutigen scheinbar gesegnet sind. Ihnen erscheinen die Menschen der Vergangenheit zunächst einmal als Wesen aus einer grauen und eintönigen Vorzeit, die das Pech einer frühen Geburt hatten und die ihnen wie historische Hinterwäldler vorkommen. Sie sehen nicht ein – und können wohl auch nicht einsehen –, warum sie „die staubige Straße der Chronologie entlangtrotten" (Arno Koselleck) sollen, immer unglaubwürdiger damit vertröstet, die Gegenwart sei ohne die Kenntnis der unendlich langen Entwicklung nicht begreifbar.

Und wir Lehrenden? Wir wissen doch aus Erfahrungen und empirischen Erkundungen, dass die Schülerinnen und Schüler – in der Grundschule und in der frühen Sekundarstufe I noch ungeheuer neugierig – von Schuljahr zu Schuljahr das Interesse an Geschichte verlieren und Geschichte nur noch über sich ergehen lassen als ein verordnetes, fremdgesetztes Pensum, das mit ihren Fragen, Bedürfnissen, Lebensperspektiven nichts zu tun hat. Wir spüren und wissen gar, dass die Schülerinnen und Schüler Recht haben. Wir exekutieren überkommene „Stoffe" in wenigen 45-Minuten-Einheiten, sehr genau wissend, dass wir damit jede historische Neugier auf das so ganz Andere und Fremde in der Geschichte löschen und die Frage auslösen, wozu denn das alles gut sein solle. Wir lesen die amtlichen Richtlinien mit ihren „Stoffangaben" womöglich nicht einmal mehr: Wir wissen, dass in einem bestimmten Schuljahr „die Griechen" nun einmal „dran sind" und „durchgenommen" werden müssen – und tun es auch, immer bemüht, es methodisch geschickt zu tun. Zwischen den „Stoffen" und der Gegenwart der Mädchen und Jungen liegen Tausende oder

4 Vgl. Keßler, Eckhard, Historia magistra vitae. Zur Rehabilitation eines überwundenen Topos, in: Schörken, Rolf (Hrsg.), Der Gegenwartsbezug der Geschichte, Stuttgart 1981, S. 11 ff.

Hunderte von Jahren – und für die Schülerinnen und Schüler hat das eine mit dem anderen nicht das Geringste zu tun.

Dennoch halten wir daran fest, dass Geschichte für sie bedeutsam und so wichtig ist, dass wir sie nicht gegen ein „moderneres" Unterrichtsfach austauschen wollen, dessen Nutzen vielleicht in Cent und Euro anzugeben wäre. Aber wie begründen wir unsere Auffassung und wie können wir sie so begründen, dass sie auch skeptische und ablehnende Schülerinnen und Schüler überzeugen oder nachdenklich machen kann? Wie erklären wir und lassen sie spüren, dass Geschichte etwas mit ihrer Gegenwart und Zukunft zu tun hat und was könnte dieses „Etwas" – bitte ein wenig genauer! – denn sein? Wir begründen es mit einem erschreckenden Wortungetüm – „Gegenwarts- und Zukunftsbezogenheit von Geschichte" und wir können dieses Stichwort in der Regel nicht einmal den Erwachsenen vermitteln, die als Bildungsbürger traditionell vom „Bildungswert der Geschichte" fraglos überzeugt sind und vorbehaltlos für Geschichte in der Schule eintreten.

Vor 30 Jahren erregte eine bildungspolitische Debatte die westdeutsche Öffentlichkeit, in der „der Gegenwartsbezug geschichtlicher Fragestellungen und Inhalte" eine wesentliche Rolle spielte – die hoch emotional geführte Debatte um die „Hessischen Rahmenrichtlinien für Gesellschaftslehre"[5]. Die Autoren der Richtlinien hatten versucht, die drei Schulfächer Geschichte, Sozialkunde und Geographie in einem Lernbereich „Gesellschaftslehre" fächerübergreifend zusammenwirken zu lassen. Für den Bereich „Geschichte" hatten sie ausdrücklich betont: „Entsprechend den allgemeinen Lernzielen wird der Stellenwert der Geschichte im Lernbereich Gesellschaftslehre bestimmt über die Klärung der Frage, inwiefern die Auseinandersetzung mit ‚Vergangenem' beiträgt zu einer reflektierten Einschätzung gegenwärtiger gesellschaftlicher Verhältnisse. Der Gegenwartsbezug geschichtlicher Fragestellungen und Inhalte wird damit zur Grundlage der Lernzielbestimmung. Die hierdurch bezeichnete Aufgabe findet ihre Parallele in dem heutigen Bemühen um ein neues Selbstverständnis der Geschichtswissenschaft und beruht auf der Erkenntnis, dass die Beschäf-

---

5 Die auf den Gegenwartsbezug zielenden Passagen der Rahmenrichtlinien sind ebenso wie die Äußerungen von Kritikern des Gegenwartsbezuges abgedruckt in: Bergmann, Klaus; Pandel, Hans-Jürgen, Geschichte und Zukunft. Didaktische Reflexionen zum veröffentlichten Geschichtsbewusstsein, Frankfurt/M. 1975.

tigung mit Geschichte sich durch einen Nachweis ihrer Beziehung zu den jeweils relevanten politisch-gesellschaftlichen Problemen legitimieren muss."[6]

Ein Sturm der Entrüstung erhob sich. Die Gegner der Rahmenrichtlinien griffen die Verfasser der Richtlinien gerade wegen des von ihnen betonten „Gegenwartsbezuges geschichtlicher Fragestellungen und Inhalte" an. Was in den Rahmenrichtlinien als „Erkenntnis" über den Gegenwartsbezug ausgegeben werde, sei „nichts anderes als eine kühne Behauptung, eine Privatmeinung, die nicht darauf schließen lässt, dass die Verfasser wissenschaftlich auf der Höhe sind"[7]. Geschichte – so sagten die Kritiker – werde zum „Steinbruch der politischen Propaganda"[8] gemacht, aus dem man sich herausnehme, was einem in der Gegenwart passe, um Kinder und Jugendliche zu beeinflussen; Geschichte – so fürchteten sie – werde zum „Belegmaterial für Gegenwartsbezüge denaturiert"[9], „damit die heranwachsenden Generationen aus der Geschichte nur noch die Lehren ziehen, die den Linksradikalen politisch in den Kram passen!"[10] Die Gegenwart werde zum Beurteilungsmaßstab genommen, um Personen der Vergangenheit abzuurteilen: „Alexander der Große, vortreten zur Gesinnungsprüfung!"[11] „Gegenwartsbezug von Geschichte" – eine verführerische ideologische Erfindung von Linksradikalen? Jedenfalls: „Gegenwartsbezug" erklomm „die Spitzenposition in der Hitliste historischer Reizvokabeln"[12].

Es waren Reaktionen einer Bildungskaste und einer politischen Elite, einer politischen Klasse, die vor sich sah, wie ihr „die Geschichte" als ideologisches Herrschaftsmittel von Richtlinien-Autoren entwunden wurde, die darauf bestanden, dass Geschichte immer eine gegenwartsbezogene deutende Konstruktion sei. Die Verfasser der Rahmen-

6 Zit. nach: Bergmann; Pandel, Geschichte und Zukunft, S. 171.

7 Broschüre der CDU Hessen, in: Bergmann; Pandel, Geschichte und Zukunft, S. 186.

8 Ebd., S. 187.

9 Abgeordneter Sälzer (CDU) 1973, in: Bergmann; Pandel, Geschichte und Zukunft, S. 189.

10 CDU Argumente 5, 1973, in: Bergmann; Pandel, Geschichte und Zukunft, S. 188.

11 Deutscher Studenten-Anzeiger 1973, in: Bergmann; Pandel, Geschichte und Zukunft, S. 183.

12 Mayer, Ulrich; Pandel, Hans-Jürgen, Kategorien der Geschichtsdidaktik und Praxis der Unterrichtsanalyse, Stuttgart 1976, S. 53.

richtlinien aber sprachen mit dem Verweis auf den „Gegenwartsbezug“ eine theoretische Wahrheit an, der man sich nur in politischer Verblendung verschließen konnte.

Aber noch 1995 wandte sich der Vorstand des Geschichtslehrerverbandes Deutschlands ausdrücklich gegen einen Gegenwartsbezug im Geschichtsunterricht, der an die von Wolfgang Klafki ins Gespräch gebrachten „epochalen Schlüsselprobleme unserer Gegenwart und vermutlichen Zukunft“[13] anknüpfe. Es waren die alten Vorwürfe aus den 1970er Jahren: „Die politische Setzung von Schlüsselproblemen nach Klafki droht dem Geschichtsunterricht den Wissenschaftsbezug zu nehmen. (...) Die zunehmend von immer mehr Ländern postulierte und durchgeführte Setzung der allen Unterricht bestimmenden Schlüsselprobleme soll zu einem unmittelbaren gesellschaftlichen Handlungsbezug führen. Das macht die Geschichte, vornehm gesagt, zu einer Exemplumgeschichte, deutlich gesagt zu einem Steinbruch, aus dem man sich jene Steine holt, aus denen die Kathedrale einer fortschrittlichen, konfliktfreien, auf absoluter Gleichheit beruhenden Gesellschaft gebaut werden soll.“[14]

Noch einmal also: Ist der „Gegenwartsbezug der Geschichte“ eine arglistig eingeführte Kategorie, die „dem Geschichtsunterricht den Wissenschaftsbezug zu nehmen“ droht und einer einseitigen politischen Willensbildung dienen soll?

---

13 Klafki, Wolfgang, Neue Studien zur Bildungstheorie und Didaktik. Zeitgemäße Allgemeinbildung und kritisch-konstruktive Didaktik, 4. durchges. Aufl., Weinheim–Basel 1994, S. 56.

14 Bericht des Geschäftsführenden Vorstandes über seine Amtszeit von Oktober 1992 bis September 1994, in: GWU 46 (1995), S. 183.

2. Gegenwarts- und Zukunftsbezogenheit – geschichtstheoretisch

Gegenwarts- und Zukunftsbezogenheit von Geschichte ist eine wesentliche Kategorie historischen Denkens. Heute kommt niemand mehr an der Erkenntnis vorbei, dass Geschichte eine Erinnerung ist, die in den Lebenszusammenhängen der Erinnernden ihren Grund und Ausgangspunkt hat und von ihnen geprägt wird. *Erinnerung* ist eine menschliche Fähigkeit, sich in bestimmten Situationen Wegstrecken und Begebenheiten der eigenen Lebensgeschichte als Erfahrung zu „vergegenwärtigen", um in der bestimmten Situation sowohl klüger als auch weiser zu handeln. Darum erzählen sich Menschen selber und anderen ihre Geschichten als Erfahrungen und darum verfügen sie über ein persönliches und ein kommunikatives Gedächtnis.

Geschichte ist *historische Erinnerung*, eine Erinnerung an Vergangenes, das im Wesentlichen vor unserer Lebensgeschichte geschehen ist. Schon immer erzählten sich Menschen Geschichten über das, was früher war, was früher anders und in ihrer jeweiligen Sicht besser oder schlechter war, was nicht mehr sein oder wieder werden sollte. Sie pflegten die Erinnerung an frühere Zeiten und sie überlieferten Erinnerungen an Zeiten, die vor ihrer Lebensgeschichte lagen. Sie taten (und tun) dies, weil ihnen generationsübergreifend ein Handlungsziel gemeinsam war (und ist): ein besseres, glücklicheres Leben. Sie erhofften von der Erinnerung eine Orientierung in der Gegenwart und Klugheit und Weisheit für die Zukunft. Sie schufen damit ein kulturelles Gedächtnis, das immer wieder neu befragt und gedeutet wurde. Erinnerung, auch historische Erinnerung, wird ausgelöst durch Orientierungsbedürfnisse, die wir in unserer Gegenwart und angesichts einer befürchteten oder erhofften Zukunft haben. Da unsere Orientierungsbedürfnisse sich mit der Zeit ändern, da wir Erfahrungen machen und neue Perspektiven gewinnen, ändern sich auch die Gegenstände der Erinnerung und die Erinnerungen selber: Immer neue, zuvor kaum oder nicht beachtete Aspekte werden je nach Orientierungsbedürfnis freigelegt, neu geordnet und zu einer Vorstellung von Vergangenem – zu Geschichte – zusammengefügt, die in die Einschätzung der gegenwärtigen Situation eingeht. Geschichte ist Sinn-Bildung – zeitbezogene, normbezogene und methodisch rational geregelte Sinnbildung.

Geschichte ist also eine Denkweise, die wie andere Denkweisen – etwa Soziologie oder Politologie oder Theologie – auf eine bestimmte Weise mögliche Auskünfte erbringt, die wir für unsere Orientierung und unsere Handlungsziele in der Gegenwart und vor der Zukunft als wesentlich ansehen. Lebensbedeutsame Fragen, die in einer Gegenwart aufbrechen, schlagen in die Fach-Wissenschaften durch: Was etwa gegenwärtig unter verschiedenen Begriffen wie „Einwanderung", „Zuwanderung", „Migration" (und in der Folge etwa „deutsche Leitkultur", „Integration" „Entstehung von Parallelgesellschaften", „Asylbewerber" und „Asylanten") in der politischen Klasse und der Öffentlichkeit diskutiert wird, ist auch Forschungsgegenstand so unterschiedlicher wissenschaftlicher Fachdisziplinen wie Politologie, Wirtschaftswissenschaft, Soziologie, Erziehungswissenschaft, Geographie, ja Theologie – und eben auch Geschichtswissenschaft.[1]

Fächer, auch Schulfächer, unterscheiden sich voneinander durch ihre Fragestellungen, Kategorien und Methoden, die sich in einer langen wissenschaftsgeschichtlichen Entwicklung herausgebildet und als geeignet für die Welterfassung erwiesen haben. Sie unterscheiden sich nicht vorrangig durch die Denk-Gegenstände, denen ihre Aufmerksamkeit gilt. Der Denk-Gegenstand „Migration" ist nachweisbar so unterschiedlichen Fächern wie Soziologie, Theologie, Wirtschaftswissenschaften, Politologie, Geographie, Jura und eben auch Geschichte gemeinsam, und alle Wissenschaften tragen auf ihre je eigentümliche Weise dazu bei, das Thema „Migration" von verschiedenen Seiten her zu beleuchten. Die Soziologie kann danach fragen, wie sich die Gesellschaftsstruktur durch die Zuwanderung ändert und welche Folgen das hat; die Theologie kann nach den religiösen Überzeugungen etwa muslimischer Einwanderer oder grundsätzlich nach dem Verhältnis zwischen Christentum und Islam fragen; die Wirtschaftswissenschaften können nach den Folgen für den Arbeitsmarkt und das Bruttosozialprodukt fragen; die Politologie befasst sich mit den im engeren Sinne politischen Problemen, die sich aus der Zuwanderung ergeben; die Sozialpsychologie untersucht und erklärt vor allem die Vorbehalte, Ressentiments und negativen Reaktionen der einheimischen Bevölkerung; die Geographie fragt nach den Lebensbedingungen in den Her-

---

1 Lucas, Friedrich J., Geschichte als engagierte Wissenschaft. Zur Theorie einer Geschichtsdidaktik, Stuttgart 1985, S. 151: Ein Fach ist „eine bestimmte objektiv mögliche und übliche Weise, die Welt zu erfassen und denkend zu ordnen, und deren Ergebnisse".

kunftsländern; die Erziehungswissenschaft entwickelt Fragen und Lösungsvorschläge zum interkulturellen Lernen usw. Die Geschichtswissenschaft kann danach fragen – und sie tut das nachweislich auch –, worin die Ursachen für die Zuwanderung oder Einwanderung liegen und diese Ursachen zeitlich zurückverfolgen; sie kann aber auch – und sie tut das erwiesenermaßen und in viel stärkerem Maße – danach fragen, ob und wie man aus der Beschäftigung mit historischen Wanderungsbewegungen in ihren je spezifischen Gemengelagen von Flucht, Vertreibung, Emigration, Verfolgung aus rassistischen, politischen oder religiösen Gründen Einsichten und Erfahrungen für gegenwärtiges und künftiges Denken und Handeln gewinnen kann.

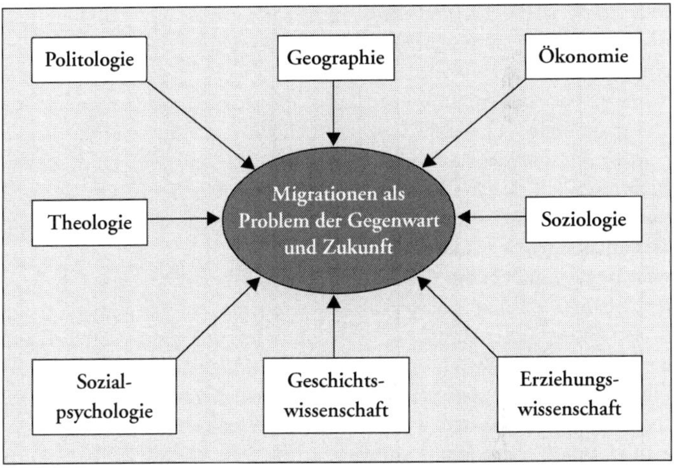

Abb. 2: Gegenwartsprobleme als Forschungsgegenstand verschiedener Disziplinen

Die geschichtswissenschaftlichen Veröffentlichungen, die historische Migrationen behandeln, haben sich in den letzten Jahren vervielfacht; Forschungsinstitute widmen sich historischen Wanderungsbewegungen in ihren Ursachen, Verläufen und Folgen. Ein Schelm, der Zufall darin sieht. Die Geschichtswissenschaft ist eine Gegenwartswissenschaft, die auf ihre besondere Weise an den großen Herausforderungen der Gegenwart und absehbaren Zukunft „herumdenkt".

Man nennt diesen Zusammenhang auch die *„Gegenwarts- und Zukunftsbezogenheit von Geschichte"*. Diese Gegenwarts- und Zukunftsbezogenheit ist eine grundlegende, nicht hintergehbare Voraussetzung allen historischen Denkens. „Trotz aller Bedenken, ja sogar Polemiken zeigt die gegenwärtige Diskussion, dass Gegenwartsbezug geradezu konstitutiv für Geschichte als Wissenschaft ist"[2]. Geschichte ist immer ein Nachdenken über Vergangenes, das in einer Gegenwart und unter dem Einfluss von Gegenwartserfahrungen stattfindet und von Zukunftserwartungen beeinflusst wird. Jeder Historiker, jede Historikerin hat eine eigene Lebensgeschichte und einen Standort in der Zeit, und diese „*Standortgebundenheit*" ist maßgeblich dafür, wofür er oder sie sich interessiert, unter welchen Hinsichten er oder sie das Vergangene nach wissenschaftlichen Regeln sieht, wahrnimmt und deutet. Wer sich mit Vergangenem beschäftigt, „richtet sein Denken zwar auf Vergangenes, der Denkakt vollzieht sich aber in der jeweils konkreten historisch-politischen Gegenwart des Denkenden"[3]. Die lebensgeschichtlichen Prägungen, die Gegenwartserfahrungen und die Zukunftserwartungen des Denkenden gehen auch in sein wissenschaftliches Denken ein.

Gegenwartsbezogenheit (und Zukunftsbezogenheit) kann daher als „fundamentale Kategorie" von Geschichte gelten.[4] Schon Jakob Burckhardt hat deutlich gemacht: „Unser Gegenstand ist diejenige Vergangenheit, welche deutlich mit Gegenwart und Zukunft zusammenhängt"[5]. Und Jörn Rüsen hat als grundlegende Erkenntnis der Geschichtstheorie festgehalten: „Es ist unbestreitbar, dass die wissenschaftliche Geschichtsschreibung von praktischen Interessen abhängig ist, die ihr aus ihrem gesellschaftlichen Kontext zuwachsen. Nur mit dieser Abhängigkeit kann erklärt werden, warum die Geschichte mit wechselnden Orientierungsbedürfnissen im gesellschaftlichen Leben ihrer Zeit immer wieder umgeschrieben wird. Dieses Umschreiben stellt keine äußerliche Anpassung der Geschichtswissenschaft an ihre Zeit dar und kann daher von den Historikern und ihrem Publikum

---

2 Mayer; Pandel, Kategorien, S. 51; vgl. auch Rohlfes, Joachim, Gegenwartsbezug als Kategorie der Geschichtswissenschaft und des Geschichtsunterrichts, in: Schörken, Rolf (Hrsg.), Der Gegenwartsbezug der Geschichte, Stuttgart 1981, S. 59: „Anders als vielleicht noch vor zehn Jahren ist die Gegenwartsbezogenheit des Umgangs mit Geschichte heute ein Axiom, das so gut wie unbezweifelt gilt."

3 Mayer; Pandel, Kategorien, S. 52.

4 Ebd., S. 51.

5 Burckhardt, Jakob, Historische Fragmente, hrsg. v. E. Dürr, Stuttgart 1957, S. 1; vgl. auch Dilthey, Wilhelm, Der Aufbau der geschichtlichen Welt in den Geisteswissenschaften, hrsg. u. eingel. v. M. Riedel, Frankfurt/M. 1970, S. 289: „Was wir unserer Zukunft als Zweck setzen, bedingt die Bestimmung der Bedeutung des Vergangenen".

auch nicht als ärgerlicher und eigentlich zu vermeidender Gegenwartsbezug aufgefasst werden, sondern es folgt aus der inneren Logik der historischen Erkenntnis selbst, muss also als notwendig und sinnvoll anerkannt werden“[6].

Als notwendig ja, aber auch als sinnvoll? Ja, auch als sinnvoll. Wie sich die persönlichen Erinnerungen an Wegstrecken der eigenen Lebensgeschichte im Laufe der Zeit ändern und die Phasen neu „vergegenwärtigt“, gesehen und beurteilt werden, so ändern sich auch die Erinnerungen, die aus dem kulturellen Gedächtnis das ans Licht der Gegenwart heben, was in dieser Gegenwart als nachdenkenswert und bedeutsam gelten kann. Die „Quellen“ und die von früheren Historikern aufgefüllten Lagerbestände historischen Wissens und faktischer Gewissheiten werden immer wieder im Lichte neuer Erfahrungen und neuer Herausforderungen anders gedeutet und zwar so gedeutet, dass sie den neuen Erfahrungen und neuen Herausforderungen Rechnung tragen, auf ihre Besonderheiten bezogen werden und der Zeit gemäß sind. Und manches wird überhaupt erst dann erinnert und dem scheinbaren Vergessen entrissen, wenn eine bestimmte Situation eintritt, die ein neues Licht ins Halbdunkel der Vergangenheit werfen lässt. Vergangenes wird erst dadurch zu „Geschichte“, dass wir seine Überbleibsel von der Gegenwart her sichten, befragen, ordnen, deuten und zu einer Erzählung über Vergangenes verknüpfen. Selbst Historiker, die noch immer den Gegenwartsbezug (und – wie immer hinzugedacht werden muss – den Zukunftsbezug) der Geschichte für eine Trübung der „reinen Erkenntnis“ halten und ihn eigentlich vermeiden wollen, unterliegen ihm selbstverständlich – und *nachweisbar.*

Im übrigen ist die Entwicklung der Geschichtswissenschaft selber ein Beleg für die grundsätzliche und nicht hintergehbare Gegenwarts- und Zukunftsbezogenheit historischen Denkens. Die Geschichtswissenschaft des 19. und frühen 20. Jahrhunderts hat mit der gegenwärtigen Geschichtswissenschaft nur mehr das grundsätzliche Befragen der erkennbaren Vergangenheit und einen Grundbestand an Kategorien und Methoden gemeinsam. Das Interesse galt im 19. und frühen 20. Jahrhundert – der Zeit der Nationalstaaten – vorrangig der politischen Ereignisgeschichte und der politischen Entwicklungsgeschichte der Nation einschließlich der sogenannten großen Persönlichkeiten, die auf dem Felde der vergangenen Politik gewirkt und ihre Spuren

---

6 Rüsen, Jörn, Geschichte als Wissenschaft, in: Handbuch der Geschichtsdidaktik, 4. Aufl., Seelze-Velber 1992, S. 71.

hinterlassen hatten. Unter dem Einfluss tiefgreifender wirtschaftlicher und gesellschaftlicher Veränderungen richtete sich das Interesse der Geschichtswissenschaft in ihren führenden Vertretern dann mehr und mehr auf gesellschaftliche und wirtschaftliche Veränderungen und Strukturen, die als Bedingungen menschlichen Handelns und Leidens vorrangig in den Blick gerieten. Es entstanden nacheinander die Richtungen der Strukturgeschichte, der Sozialgeschichte, der Gesellschaftsgeschichte.

Unter dem Einfluss gesellschaftlicher Strömungen und Veränderungen entstanden anschließend und eben nicht zufällig neue Interessenrichtungen und Zugriffsweisen auf die Vergangenheit, etwa die Alltagsgeschichte und die Frauen- bzw. Geschlechtergeschichte. Die Alltagsgeschichte reklamierte für sich, eine Geschichte zu sein, die einer Demokratie angemessen sei, weil in ihr nicht nur die Oberen die Aufmerksamkeit auf sich zögen. Die Frauen- oder Geschlechtergeschichte entstanden unter dem Einfluss einer feministischen Bewegung, die die Frage nach der Geschichte der Hälfte der Menschheit stellte. Die Entwicklung geht weiter – Mikrogeschichte, Historische Anthropologie, Kulturgeschichte, Umweltgeschichte sind neuere Zugriffsweisen unserer Tage. Der „schluckaufartige Pluralisierungsschub“[7], den die Geschichtswissenschaft in den letzten Jahrzehnten erfahren hat, ist ein Reflex der Beschleunigungen und Veränderungen der letzten Jahrzehnte.

7 Daniel, Ute, Clio unter Kulturschock, in: GWU 48 (1997), S. 197.

3. Gegenwarts- und Zukunftsbezogenheit – geschichtsdidaktisch

Historikerinnen und Historiker können Vergangenes erforschen, ohne sich darüber Gedanken zu machen, dass und wie ihre Fragen an und ihre Perspektiven auf die Vergangenheit notwendigerweise aus den Zusammenhängen ihrer Lebensgeschichte und ihrer Gegenwart stammen und durch Zukunftsvorstellungen und -erwartungen mitbestimmt werden (– gleichwohl schmückte sie eine solche Selbstreflexion!). Geschichtslehrerinnen und Geschichtslehrer aber sind in einer anderen Situation als die empirischen Geschichtsforscher, denen – *zu Recht* – zugestanden wird, dass sie jeder persönlichen Schrulle nachgehen können, ohne der sie unterhaltenden Gesellschaft Rechenschaft ablegen zu müssen (Erich Kästner: „… und sie stellen durch Stiluntersuchungen fest/Dass Caesar Plattfüße hatte"). Geschichtslehrerinnen und Geschichtslehrer aber muten ihren oft unwilligen Schülerinnen und Schülern zu, sich mit Vergangenem zu beschäftigen. Sie zwingen sie notfalls auch gegen ihren Willen, „Geschichte zu lernen". Und die Geschichtsdidaktik wird sich daher auch, andere Aussagen Nietzsches durchaus bestreitend, zu der Aussage bekennen können: „Gewiss, wir brauchen Historie, aber wir brauchen sie anders als sie der verwöhnte Müßiggänger im Garten des Wissens braucht, mag derselbe auch vornehm auf unsere derben und anmutlosen Bedürfnisse und Nöte herabsehen. Das heißt, wir brauchen sie zum Leben und zur Tat, nicht zur bequemen Abkehr vom Leben und von der Tat, oder gar zur Beschönigung des selbstsüchtigen Lebens und der feigen und schlechten Tat. Nur soweit die Historie dem Leben dient, wollen wir ihr dienen"[1].

1 Nietzsche, Nutzen und Nachteil, S. 97.

3.1 Gegenwarts- und Zukunftsbezug – Die Ermittlung von Gegenwarts- und Zukunftsproblemen

„Denken ist etwas, das auf Schwierigkeiten folgt und dem Handeln vorausgeht"[2] – hat Bert Brecht bemerkt. Historisches Denken ist ein Sich-Erinnern, das von Schwierigkeiten in der Gegenwart ausgelöst wird, sich der erkennbaren Vergangenheit zuwendet und das Erinnerte beim Handeln berücksichtigt. *Gegenwarts- und Zukunftsbezug* ist die Konkretisierung der grundsätzlichen Gegenwarts- und Zukunftsbezogenheit historischen Denkens an historischen Sachverhalten und Entwicklungen, die für uns und die Schülerinnen und Schüler heute und morgen eine besondere Bedeutung haben können. Ausgangspunkt sind dabei gegenwärtige Schwierigkeiten – ethisch-politische Fragen von tendenziell langer Dauer, denen eine erkennbare und begründbare gesellschaftliche Bedeutung zukommt. Diese Fragen werden im Geschichtsunterricht vertieft, indem sie über die sogenannte „Historische Frage" – die aus der Gegenwart stammende Frage an die Geschichte – gleichsam „historisch umgeleitet" werden. Die Umleitung erfolgt über die Festplatte des kollektiven Gedächtnisses, auf der das bisher erhobene historische Wissen gespeichert ist. Bei dieser Umleitung durch die Vorratskammern des historischen Wissens werden Informationen, Erfahrungen und Wertvorstellungen entdeckt, deren Kenntnis es möglich machen soll, die gegenwärtige Frage differenzierter und erfahrungsgesättigter zu sehen und erweiterte Lebensperspektiven zu gewinnen.

Fragen von erkennbar gesellschaftlicher Bedeutung lassen sich in einem kritischen Denkakt ermitteln, der die öffentliche politische Diskussion und die innerwissenschaftlichen Diskussionen in den Kulturwissenschaften daraufhin untersucht, welche Sachverhalte der Gegenwart und voraussehbaren Zukunft jenseits aller wertenden Einstellungen und Aussagen als wichtig, problematisch und lösungsbedürftig angesehen werden. Friedrich J. Lucas hat idealtypisch ausgesprochen, wie denn solche Probleme, die historische Erinnerung auslösen können und anleiten sollen, ermittelt werden könnten: „Die Probleme, die sich der Gesellschaft stellen, objektiv zutreffend zu analysieren und zu beschreiben ist in unse-

---

2 Brecht, Bertolt, Buch der Wendungen, in: ders., Werke. Große kommentierte Berliner und Frankfurter Ausgabe, Bd. 18 (Prosa 3), Frankfurt/M. 1995, S. 62.

rer Gesellschaft das Geschäft der geistig führenden Wissenschaftler und Intellektuellen. An sie wendet sich also die Geschichtsdidaktik, um aus der Sicht der verschiedenen Fachrichtungen einen repräsentativen Querschnitt unserer Gegenwarts- und Zukunftsprobleme zu gewinnen"[3]. Auch wenn dies ein theoretisch stringenter Weg ist, wäre er allenfalls in der universitären Geschichtsdidaktik, in der täglichen Schulpraxis hingegen kaum gangbar. Letztlich lassen die gesellschaftlich bedeutenden Fragen sich nur bestimmen in einer offenen, wachen und geschichtsbewussten Zeitgenossenschaft, die einer Gegenwartsanalyse zugrundeliegen muss.

Diese Überlegungen bürden der Geschichtsdidaktik – und jedem einzelnen Geschichtslehrer, jeder einzelnen Geschichtslehrerin – eine überaus verantwortungsvolle Aufgabe auf, der schwer nachzukommen ist, die aber notwendigerweise zum Beruf gehört. Jede Wissenschaft hat ihre leitenden Fragestellungen, die sie überhaupt erst konstituieren. Didaktik als Wissenschaft geht von „existentiellen Fragestellungen" (Hilligen) aus: „Didaktik ist die Spezialwissenschaft für die Analyse des Bedeutsam-Allgemeinen"[4]. Die Geschichtsdidaktik fragt nach dem „Bedeutsam-Allgemeinen" dessen, was in der empirischen Geschichtsforschung und in der Geschichtstheorie an Erkenntnissen und Ergebnissen anfällt und für Schülerinnen und Schüler lernwürdig und bedenkenswert sein kann. Es ist unsinnig, in einer solchen Fragestellung „den uferlosen Anspruch einer General- und Kommissarwissenschaft über alle Wissenschaften, ja über die Politik" zu sehen, wie das der Historiker Thomas Nipperdey – stellvertretend für viele Fachhistoriker in ihrer „beeindruckenden Mischung von Ignoranz und Arroganz"[5] – getan hat.[6] Die Fragestellung der Geschichtsdidaktik ist so legitim wie die ganz anders gerichtete Fragestellung von empirischer Geschichtsforschung oder Geschichtstheorie.

---

3 Lucas, Geschichte als engagierte Wissenschaft, S. 176 f.

4 Hilligen, Wolfgang, Zur Didaktik des politischen Unterrichts I. Wissenschaftliche Voraussetzungen – Didaktische Konzeptionen – Praxisbezug, Opladen 1975, S. 23.

5 Rüsen, Jörn, Trauer als historische Kategorie. Überlegungen zur Erinnerung an den Holocaust in der Geschichtskultur der Gegenwart, in: Loewy, Hanno; Moltmann, Bernhard (Hrsg.), Erlebnis – Gedächtnis – Sinn. Authentische und konstruierte Erinnerung, Frankfurt/M.–New York 1996, S. 58.

6 Thomas Nipperdey in: Die Welt, 30.11.1974, zit. nach: Hilligen, Didaktik des politischen Unterrichts, S. 23.

Freilich ist die damit verbundene Herausforderung groß: Sie setzt voraus, dass die Fähigkeit, Fragen nach dem „Bedeutsam-Allgemeinen", nach dem Lernwürdigen und nach der Trennung des Lernwürdigen von dem Lernmöglichen zu stellen und vernünftig zu beantworten, systematisch gelernt und geübt wird. Sie setzt voraus ein bewusstes Innestehen in den Lebenszusammenhängen und Entwicklungen der Gegenwart. Sie setzt voraus ein historisch gesättigtes Gegenwartswissen und eine geschichtsbewusste Zeitgenossenschaft. Nur dadurch kann der Geschichtsdidaktiker die Funken aus den Ergebnissen und Erkenntnissen der Geschichtswissenschaft schlagen, die für das Lernen der ihm anvertrauten jungen Menschen bedeutsam sein können. (Und nur dadurch kann er didaktisch wesentliche Fragen formulieren, die in einem entspannteren Verhältnis zwischen Fachwissenschaft und Fachdidaktik die empirische Geschichtsforschung zu wichtigen „historischen Fragen" anregen könnten. Diese didaktisch begründeten Fragen könnten die geschichtstheoretische Einsicht, dass Geschichte immer und unvermeidbar ein gegenwärtiges Nachdenken über Vergangenes ist, in eine bewusste und praktisch wirksame Forschungsarbeit münden lassen.) „Wir wollen aus der Vergangenheit das Feuer retten, nicht die Asche bewahren" (Jean Jaures).

3.2 Große Fragen der Gegenwart und Zukunft als Bezugspunkt

Wer vernünftig über Geschichte reden will, muss also wissen oder begründet ahnen, was der Gegenwart die Stunde geschlagen hat. Es gibt keine *didaktisch* vernünftige Geschichte ohne ein reflektiertes Innestehen in der Gegenwart als dem Zeitabschnitt zwischen Vergangenheit und Zukunft, aus dem die Fragen von heute an vergangenes menschliches Denken, Handeln und Leiden hervorgehen, um die Zukunft besser bestehen zu können. Eine gute Geschichtslehrerin, ein guter Geschichtslehrer kann nur sein, wer in einer wachen Zeitgenossenschaft wesentliche, voraussichtlich relativ dauerhafte gesellschaftliche Probleme und Herausforderungen wahrnimmt, die im gegenwärtigen und künftigen Leben der Schülerinnen und Schüler eine wichtige Rolle spielen. Es sind die „Großen Fragen" unserer Zeit – der jüngsten Vergangenheit, der Gegenwart und der näheren Zukunft –, die den didaktisch ergiebigen Zugriff auf die Vergangenheit und die Geschichte bestimmen. Diese Großen Fragen oder auch „epochalen Schlüsselprobleme" unserer Zeit sind relativ dauerhaft: Es sind existentielle Fragen, die die Grundbedürfnisse von Menschen und die Aufgaben betreffen, die gesellschaftlichen Kollektiven oder gar der Menschheit in unserer Epoche gestellt sind. Sie sind so bedeutsam, dass sich Wissenschaftler unterschiedlichster Fachrichtungen vorrangig mit ihnen befassen und damit jenseits aller wertenden Einstellungen ihre Bedeutsamkeit dokumentieren.

Aber – so ist zunächst zu fragen – sind die Großen Fragen unserer Zeit nicht gänzlich neue Fragen zu gänzlich neuen Sachverhalten, die unvergleichlich anders sind als die uns bekannten historischen Sachverhalte? Wir leben in einer epochalen Erosionskrise, in der den Zeitgenossinnen und Zeitgenossen ein bislang unbekanntes Maß an Neuorientierungen und Umorientierungen in ihren Lebenszusammenhängen abverlangt wird. Eine neue Zeit bricht an, die scheinbar unvergleichlich anders ist als frühere Zeiten, und sie ist geprägt von ungeheuren Beschleunigungen. Wie im Selbstlauf prägt die „Globalisierung" in einem sich ständig steigernden Tempo und scheinbar unaufhaltsam die Lebens- und Arbeitsverhältnisse der Menschen allüberall auf der Welt.

Die klassische Arbeitsgesellschaft ist an ihr Ende gekommen; die Arbeit geht aus oder nimmt gänzlich neue Formen an. Der Skandal der Arbeitslosigkeit betrifft Millionen von Menschen und verdüstert die Zukunft von Jugendlichen. Ganze Arbeitsbereiche und Berufszweige brechen weg und werden musealisiert; neue Arbeitsbereiche und Berufe mit ungewöhnlich hohen Anforderungen an geistige Beweglichkeit, topographische Mobilität und Bereitschaft zu ständig neuem Lernen entstehen und sind Vorboten einer gänzlich anderen Zukunft. Millionen von Menschen sind auf der Flucht vor Hunger und Elend, Ausbeutung und Verfolgung, suchen um Asyl und Arbeit nach. Die Kommunikationsmittel sind revolutioniert worden und erweitern von Jahr zu Jahr die Möglichkeiten weltweiter Kommunikation und Information. Die Welt wird fast täglich mehr zum „globalen Dorf", in dem jeder jeden in Sekundenschnelle erreichen kann. Krankheiten und Epidemien wie Aids breiten sich über alle Kontinente aus. Nationalistische und fundamentalistische oder orthodoxe Wertvorstellungen schaffen immer neue Konfliktherde auf der Welt. „Klimagipfel"-Konferenzen zeigen die Notwendigkeit an, in der Umweltpolitik gegen alle Imperative eines weltweit wuchernden Kapitalismus gegenzusteuern. Ein in jeder Hinsicht ungeheurer Reichtum breitet sich aus und steht doch einer wachsenden Verelendung und Armut gegenüber, von denen in schlimmster Weise die Länder der „Dritten Welt", in anderen Graden aber auch die anderen Gesellschaften betroffen sind. Die Gentechnologie verführt zum Gedanken an die Herstellung eines „neuen Menschen" und die Reproduktion „gelungener Menschen". Immer neue Erfindungen, Entdeckungen, Entschlüsselungen, Machbarkeiten unterscheiden die Gegenwart grundlegend von der Vergangenheit. Wie kann da noch ein Nachdenken über eben diese scheinbar obsolete Vergangenheit Sinn machen?

Und die Kinder und Jugendlichen in einer solchen Welt? Kinder und Jugendliche wachsen unter gänzlich anderen Verhältnissen auf als je eine Generation vor ihnen, bangen um Lehrstellen und Traumberufe, blicken in eine ungewisse Zukunft, in der sich jeder selbst der Nächste ist und den Schwachen ihre Schwäche nicht nachgesehen wird – abgelenkt und angeturnt von MTV und VIVA, „Gute Zeiten – schlechte Zeiten“, zugemüllt mit fetziger Musik in den Boutiquen, fasziniert von der medial dargebotenen Spaßgesellschaft, geblendet durch eine Werbeindustrie, in der kein Sozialhilfeempfänger, kein verlassenes Kind, keine geprügelte Frau, kein in den Suff geflüchteter Mann auftaucht. Sie leben und wachsen auf in einer unwirklichen sekundären Wirklichkeit, in der eine Kulturindustrie unter kapitalistischen Imperativen den Alltag und das Bewusstsein prägt. Und doch bekommen sie in ihren Lebenszusammenhängen mit, was heute als Globalisierung, Modernisierung, „Deregulierung“ und Flexibilisierung in jeden Alltag durchschlägt.

Hat die Geschichte nicht ausgespielt angesichts einer so völlig anderen, so völlig neuen Zeit und einer mit dieser Zeit veränderten Kindheit und Jugend? Ist die Geschichte nur noch brauchbar als Reminiszenz an überwundene Zeiten einer menschlichen Vor-Geschichte, für die Schrullen antiquarisch interessierter Menschen, für den Freizeitpark der Disney-World, für eine bedenkenlose Werbeindustrie, gelegentlich für eine identitätsstiftende staatliche oder regierungsamtliche Erinnerungspolitik, aber ansonsten unbrauchbar für den Wirtschaftsstandort und seine wahren Erfordernisse, das nationale Ranking im Globalisierungsprozess?

Und der Geschichtsunterricht? Genügt nicht ein Blick in die staatlichen Curricula, um festzustellen, dass in den meisten Bundesländern – es gibt rühmliche Ausnahmen – die Richtlinien kaum von „epochaltypischen Schlüsselproblemen unserer Gegenwart und vermutlichen Zukunft“ und damit von den Lebensperspektiven der Kinder und Jugendlichen her konzipiert sind, dass vielmehr die „Stoffe“ ehemals kanonisierter „historischer Bildungsgüter“ überlebt haben, die aus gänzlich anderen Zeiten und Herrschaftsverhältnissen stammen?

Ein weiteres Problem kommt hinzu: Ist es nicht so, dass das von der Forschung hervorgebrachte narrative Wissen als deutende Konstruktion von Geschichte ungewöhnlich kurze Halbwertzeiten hat und durch ständig neues narratives Wissen ersetzt wird? Was sollen Kinder und

Jugendliche in dieser Gegenwart und voraussehbaren Zukunft noch mit „Geschichte"? Was sollen sie an „Geschichte" lernen? Kann es überhaupt noch einen „Kanon" historischer Inhalte geben – eine stillschweigende Übereinkunft und Verabredung oder eine administrativ verfügte Vorgabe über ein Pensum, das alle Schülerinnen und Schüler zu lernen haben? Ein „Kanon" könnte heute nicht mehr sein als eine Zusammenstellung von Daten, Fakten, historischen Epochen, ohne dass dieser Zusammenstellung ein verbindlich zu machender Sinn unterlegt werden könnte oder dürfte – aber ist das überhaupt möglich? Wir wissen, dass es nicht möglich ist.

Es ist allerdings unzutreffend, dass die neue Zeit alle Probleme und gesellschaftlichen Herausforderungen hinter sich gelassen hätte, die die Menschen früherer Epochen bewegt und beschwert haben. Mag das von der Forschung hervorgebrachte narrative Wissen inmitten der allgemeinen Beschleunigungen auch kürzere Halbwertzeiten haben als je zuvor, so haben doch offensichtlich Fragen, die ethisch-politische Probleme des menschlichen Zusammenlebens betreffen, ihre Gültigkeit bewahrt. Mag das narrative Wissen auch schneller veralten, so haben doch die ethischen Grundfragen offensichtlich Bestand und lassen sich nicht einfach leugnen. Im Gegenteil: Der weltweite Protest, der sich im Prozess der Globalisierung herausbildet, wird bestimmt durch die Erinnerung an Werte und historisch mühsam erkämpfte Rechte, die im Globalisierungsprozess nicht so viel zählen wie Dollar oder Euro. Er kreist um den Gedanken des Schutzes – des Menschenschutzes, des Naturschutzes, des Tierschutzes. In den Großen Fragen der Gegenwart und absehbaren Zukunft finden sich die Großen Fragen der Vergangenheit wieder – Fragen nach

- Gerechtigkeit und gutem Leben,
- Glauben und Hoffnungen,
- Partizipation und Mitbestimmung,
- Gewalt, Krieg und Frieden,
- Gleichberechtigung der Geschlechter,
- Solidarität, Brüderlichkeit und Schwesterlichkeit,
- Verfolgung und Unterdrückung,
- Arbeit und Arbeitslosigkeit,
- Armut und Ausbeutung,
- „Heimat", Flucht, Vertreibung, Migrationen,
- Umgang mit Minderheiten,
- Nationalismus, Rassismus und Fundamentalismus,
- Toleranz und Hilfe für die Schwachen,
- Gesundheit und Krankheit,

- Protest und Widerstand,
- menschenverträglichem Leben in den Beschleunigungen der Zeit,
- schutzwürdigen Errungenschaften,
- Umwelt oder: der Bewahrung der Schöpfung,
- Freiheit und unveräußerlichen Menschenrechten ...

Diese Großen Fragen stehen in einem inneren Zusammenhang: dem menschlichen Streben nach Glück und gutem Leben inmitten eines weltweit noch immer massenhaften menschlichen Leidens und andauernder Gefahren von Rückfällen hinter erreichte Standards. Sie werden nicht erst dadurch zu Großen Fragen geadelt, dass G-7- oder G-8-Regierungskonferenzen auf höchster Ebene – begleitet von leidenschaftlichen Protesten von Globalisierungskritikern – sich mit ihnen befassen und sie damit als globale Probleme kenntlich machen. Sie bestimmen als wesentliche Probleme der Gegenwart die Lebenszusammenhänge der Menschen unserer Zeit bis ins tägliche Leben hinein. Sie zeigen sich täglich in Pressemeldungen, die nicht einmal schlagzeilenträchtig sind – in kurzen Notizen, Meldungen und Berichten, in denen Erscheinungsformen der wesentlichen Probleme auftauchen.

Beispiele für das Allgemeine im Besonderen
Kirchenasyl in Deutschland

Eine knappe Meldung, eine kurze Zeitungsnotiz. Und doch verweist sie auf einen großen Zusammenhang von Ursachen und Folgen: Menschen auf der Flucht, bedroht von Verfolgung aus ethnischen, politischen, religiösen Gründen, bedroht von „Abschiebung", gerettet, wenigstens zum Teil gerettet durch Menschen, die sich die verpflichtende Erinnerung an das christliche Gebot der Nächstenliebe und an die Grundsätze der Humanität bewahrt haben und sie höher stellen als die Gebote einer kaltherzigen Obrigkeit ...

☛ M 1: Kirchenasyl in Deutschland endet überwiegend erfolgreich
Von Vera Gaserow (Berlin)

Kirchenasyle in Deutschland waren in den vergangenen fünf Jahren in drei von vier Fällen für die Betroffenen erfolgreich. In 16 Prozent der Fälle mussten Behörden und Gerichte fehlerhafte Asylentscheidungen einräumen. Ohne das Kirchenasyl hätte den Flüchtlingen bei einer Abschiebung erneute politische Verfolgung und Gefahr für Leib und Leben gedroht.
Es liest sich wie eine kleine Erfolgsbilanz des zivilen Ungehorsams, was die Ökumenische Bundesarbeitsgemeinschaft „Asyl in der Kirche" bei einer Umfrage unter deutschen Kirchengemeinden herausgefunden hat. In mehr

als 200 Gemeinden wurde in den vergangenen Jahren rund 900 Menschen Schutz vor drohender Abschiebung gewährt - die Fälle von nicht öffentlich gemachter „stiller“ Asylgewährung in Kirchenräumen nicht eingerechnet. Zwei Drittel der Flüchtlinge stammten aus der Türkei, die meisten waren kurdischer Volkszugehörigkeit.
In 73 Prozent der Fälle, so ergab jetzt die bundesweite Umfrage, endete die kirchliche Obhut positiv. Die Aufgenommenen fanden durch das Kirchenasyl dauerhaften oder zumindest vorläufigen Schutz in Deutschland durch die nachträgliche Anerkennung des Asyls oder aufenthaltsrechtliche Duldung. Von allen Kirchenasylen, die die Bundesarbeitsgemeinschaft registriert hat, endeten nur zwölf mit einer Abschiebung.
Die jetzt vorgelegte Bilanz über Erfolg und Misserfolg des Kirchenasyls deckt sich mit einer ersten Erhebung, die „Asyl in der Kirche“ vor fünf Jahren vorgenommen hatte. Seitdem beobachtet die Arbeitsgemeinschaft jedoch eine neue Entwicklung: Weil einvernehmliche Lösungen mit den Behörden immer schwieriger werden, dauern die Kirchenasyle immer länger.
(FR, 21.6.2001)

Initiative von Borussia Dortmund gegen Fremdenfeindlichkeit

Ein Fußball-Bundesligist entwickelt gemeinsam mit Vertretern von Wirtschaft und Politik ein Programm zur Bekämpfung von Fremdenfeindlichkeit – eine Koalition, aus deren Zusammensetzung schon hervorgeht, dass hier ein gravierendes Problem vorliegt. Es gehört in den größeren Zusammenhang der Zuwanderung von Ausländern in das „Einwanderungsland“ Deutschland und der Reaktion von Teilen der Bevölkerung auf diese Zuwanderung. Es steht zu vermuten, dass die Wirtschaftsverbände an ausländischen Arbeitskräften interessiert sind; die Landesregierung nimmt teil, weil sie hofft, ein politisches Problem entschärfen zu können; der Bundesligist verspricht sich ein gutes „Image“. Möglicherweise sind alle Beteiligten sogar vom Gedanken der Toleranz und von der Erinnerung an historische Erfahrungen geleitet.

☛ M 2: Dortmund wirbt für Toleranz

Borussia Dortmund will sich gegen Fremdenfeindlichkeit engagieren. Der Fußball-Bundesligist startete gemeinsam mit Wirtschaftsvertretern und dem Wirtschaftsministerium von Nordrhein-Westfalen ein Aktionsprogramm. In Workshops wurde bereits ein Leitfaden entworfen, den Unternehmen für Aktionen gegen Rechtsradikalismus nutzen können.
(FR, 26.6.2001)

Diese gesellschaftlichen Herausforderungen sind als allseits besprochene, in den Medien immer wieder aufgegriffene, in den politischen Auseinandersetzungen diskutierte und als selber erfahrene Probleme im Bewusstsein der Zeitgenossinnen und Zeitgenossen – auch schon der Schülerinnen und Schüler – mehr oder weniger bewusst präsent. Die Zeitgenossen, die politischen Parteien, die großen Verbände und die Wissenschaftler stimmen darin überein, dass es sich um säkulare Probleme handelt; sie stimmen nicht darin überein, wie die Probleme gelöst werden können – und genau das ist der Ausgangspunkt, der historisches Fragen und Denken trägt. Historisches Fragen und Denken kann sich darauf richten, welche historischen Ursachen diesen Problemen zugrundeliegen – vor allem aber darauf, ob und wie sich solche Probleme in der Vergangenheit gestellt haben, welche unterschiedlichen Vorstellungen zu ihrer Lösung entwickelt wurden, welche Vorstellungen sich warum durchgesetzt haben und welche Erfahrungen die Menschen früherer Zeiten dabei gemacht haben. Das ergibt gewiss keine Rezepte für die Gegenwart und Zukunft – aber gerade unhistorisch denkende und gedächtnislos reagierende Menschen haben ja auch keine – und erst recht kein Rezept als das „Ei des Kolumbus“ in all diesen Fragen. Wenn das historische Fragen und Denken denn also keine Rezepte mit sich bringt, so ermöglicht es doch das Nachdenken über historisch gedachte, gelebte und seinerzeit gescheiterte Alternativen und das Bedenken von Erfahrungen, die Kinder, Frauen und Männer gemacht haben und haben machen müssen. Es erweitert durch die Erinnerung unsere Denkmöglichkeiten und unsere eingeschränkten Erfahrungen.

3.3 Gegenwartsbezug und Vergegenwärtigung

Gegenwartsbezüge herzustellen bedeutet immer, Geschichte zu „vergegenwärtigen“. Der scheinbar eindeutige Begriff der „Vergegenwärtigung“ ist schwieriger zu fassen, als man auf den ersten Blick meinen könnte. In der Literatur zur didaktischen Kategorie des Gegenwartsbezuges wird „Vergegenwärtigung“ sehr unterschiedlich gesehen. Rohlfes versteht darunter einen „Vorgang, durch den das Fremde, Ferne, Unverständliche (das vielen Phänomenen der Vergangenheit anhaftet) in den Horizont gegenwärtigen Verstehens, Begreifens, Erklärens gerückt wird. Wer sich die Vergangenheit ‚vergegenwärtigt‘, strukturiert sie zum Zwecke der besseren Verständlichkeit um, ‚übersetzt‘ sie in Vorstellungen, Denkinhalte, Begriffe, die ihm durch gegenwärtige Erfahrung vertrauter, zugänglicher sind."[7] Rohlfes sieht darin einen „Umformungsakt", bei dem „ausschließlich das Gegenwärtige das Vergangene interpretiert, während beim ‚Gegenwartsbezug' der Erklärungseffekt wechselseitig ist"[8].

Peter Schulz-Hageleit sieht in der Vergegenwärtigung in erster Linie ein methodisches Verfahren der Konkretisierung und Veranschaulichung vergangenen Lebens: „Wer Geschichte vergegenwärtigen will, wird bestimmte Methoden und Medien bevorzugen. Er wird *Geschichte erzählen oder dramatisieren, zeigen in Bildern oder Gegenständen,* er wird *Geschichte handgreiflich rekonstruieren und die Angebote der modernen Museumspädagogik nutzen*"[9].

Während nach Rohlfes „Vergegenwärtigung" die Gefahr in sich birgt, dass das Vergangene nicht aus sich selber heraus verstanden, sondern gegenwärtigen Vorstellungen und Begriffen unterworfen und damit die Differenz zwischen Vergangenem und Gegenwärtigem übersehen wird, meint Vergegenwärtigung bei Schulz-Hageleit eher methodische Verfahren der Veranschaulichung, durch die Schülerinnen und Schüler die Vergangenheit so erleben sollen, als sei sie ihnen Gegenwart.

Vergegenwärtigung ist ein umgangssprachlicher Begriff, der – Wahrig zufolge – so viel bedeutet wie „sich etwas in Erinnerung rufen", d.h. etwas Vergangenes in bestimmten Situationen der Gegenwart aus dem Gedächtnis emporzuheben, abzurufen und sich vorzustellen, es aus dem Gedächtnis hervorzuholen. Das Vergegenwärtigen oder Sich-Vergegenwärtigen ist gebunden an die Situation, in der man sich befindet, und wird in dieser Situation ausgelöst. In dieser Situation entsteht das Bedürfnis oder auch der spontane Reflex, sich etwas Vergangenes vorzustellen, das in und zu dieser Situation „passt". Der Vorgang der Vergegenwärtigung kann unversehens geschehen und assoziativ erfolgen, kann aber auch beabsichtigt sein. Er kann bedeuten, „sich einer

7 Rohlfes, Joachim, Gegenwartsbezug als Kategorie der Geschichtswissenschaft und der Geschichtsdidaktik, in: Schörken, Rolf (Hrsg.), Der Gegenwartsbezug der Geschichte, Stuttgart 1981, S. 60.

8 Rohlfes, Gegenwartsbezug, S. 60.

9 Schulz-Hageleit, Peter, „Vergegenwärtigung" und „Gegenwartsbezug". Zum Verhältnis zweier didaktischer Kernbegriffe mit einem Unterrichtsbeispiel zur Pariser Kommune, in: Schörken, Gegenwartsbezug der Geschichte, S. 85 (Hervorhebungen im Original).

Erinnerung (zu) bemächtigen, wie sie im Augenblick einer Gefahr aufblitzt“[10].

Das, was man sich selber vergegenwärtigt, kann man auch anderen erzählend vergegenwärtigen. Pandel und Schneider haben darauf aufmerksam gemacht, dass der Ausgangspunkt für den Vorgang des Sich-Vergegenwärtigens in den alltäglichen Situationen des Erzählens von Geschichten zu finden ist: „Ein vergangenes Ereignis oder eine abwesende Person machen wir uns im Erzählen einer Geschichte gegenwärtig. Wenn wir dann näher auf das Motiv sehen, warum diese Geschichten eines bestimmten Ereignisses oder einer Person erzählt werden, so können wir näher angeben, was mit Vergegenwärtigung gemeint ist: Trauerarbeit leisten, die Freude an einem Ereignis wiederholen, indem wir es immer wieder erzählen, sich von einem schrecklichen Ereignis erzählend befreien, im Erzählen von prägenden Ereignissen (...) sich der eigenen Identität versichern etc.“[11]. Wir beziehen damit etwas Vergangenes auf eine gegenwärtige Situation, indem wir behutsam und vorsichtig „brauchbare“, „passende“ Momente des Vergangenen hervorheben, von manchen konkreten Einzelheiten des vergangenen Ereignisses oder der nicht anwesenden Person absehen und überhaupt aus der uns bekannten Fülle vergangenen Geschehens auswählen. Wären wir dabei nicht behutsam und vorsichtig, gewönnen wir nur Falsches aus der Vergegenwärtigung.

Damit ergibt sich im didaktischen Handeln eine gewisse Spannung zwischen der Notwendigkeit der Veranschaulichung und dem Ziel der Vergegenwärtigung. Die Notwendigkeit der Veranschaulichung ergibt sich daraus, dass das dem Geschichtsunterricht zugrundeliegende historische Wissen in Darstellungen vorliegt, die für den Geschichtsunterricht große Probleme aufwerfen: „Was für den Historiker *Abstrahieren* von wohlbekannten konkreten Einzelheiten bedeutet, bietet dem Aufnehmenden *Abstrakta*“[12]. Die von der Geschichtswissenschaft in abstrakter Form und Begrifflichkeit vorgelegten Erkenntnisse müssen rekonkretisiert und damit veranschaulicht werden, „damit sie von den

---

10 Benjamin, Walter, Geschichtsphilosophische Thesen, in: ders., Zur Kritik der Gewalt und andere Aufsätze, Frankfurt/M. 1965, S. 81.

11 Pandel, Hans-Jürgen; Schneider, Gerhard, Veranschaulichen und Vergegenwärtigen. Zu zwei zentralen Kategorien der geschichtsdidaktischen Mediendiskussion, in: dies. (Hrsg.), Handbuch Medien im Geschichtsunterricht, Düsseldorf 1985, S. 8.

12 Lucas, Geschichte als engagierte Wissenschaft, S. 114.

Schülern überhaupt verstanden werden können"[13]. Auf der anderen Seite müssen wir beim Vergegenwärtigen „von den vielen konkreten zeitgebundenen und zeittypischen Einzelheiten, Umständen und Bedingungen gerade absehen, damit der Schüler erkennt, dass es um solche Probleme geht, die sich ihm in *seiner* Gegenwart stellen und die in der Vergangenheit auf unterschiedliche Weise beantwortet wurden."[14] Veranschaulichung kann dazu dienen, die Differenz zwischen Vergangenheit und Gegenwart sichtbar zu machen, während Vergegenwärtigung auf die Kohärenz der Problemlagen von Gegenwart und Vergangenheit verweist. „Veranschaulichung zielt somit auf Detaillierung, Vergegenwärtigen aber auf Generalisierung"[15], und beides gehört untrennbar zusammen.

3.4 Gegenwarts- und Zukunftsbezug – Ursachenzusammenhang und Sinnzusammenhang

Die wichtigen gesellschaftlichen Fragen lösen didaktisch begründete und interessierte Anfragen an das historische Wissen aus, das von der empirischen Geschichtsforschung ermittelt wird. Die Anfragen richten sich auf die Bedeutung, die das jeweilige historische Problem für den heutigen Betrachter haben kann. „Diese Bedeutung für ihn kann liegen im Bekanntwerden mit den geschichtlichen *Ursachen der Sachbedingungen gegenwärtiger Konstellationen*, ebenso aber auch – und wohl häufiger – in der Auseinandersetzung damit, welche *Wertvorstellungen* – den seinen gleich, ähnlich oder entgegengesetzt – *seine Vorfahren hegten*, und *welche Wirkungen daraus entsprangen*"[16].

Von gegenwärtigen Problemen ausgehend, können die didaktisch begründeten Anfragen an das Wissenschaftswissen also in zwei Richtungen gehen. Die Anfragen können auf einen Ursachenzusammenhang oder auf einen Sinnzusammenhang gerichtet sein. Die Schülerinnen und Schüler begreifen unter kundiger Anleitung, dass die öffentlich umstrittenen Fragen, die scheinbar so ganz und gar neu sind und die bishe-

13 Pandel; Schneider, Veranschaulichen und Vergegenwärtigen, S. 9.

14 Ebd.

15 Ebd.

16 Lucas, Geschichte als engagierte Wissenschaft, S. 170 (Hervorhebungen im Original).

rige Geschichte als bloße Vor- und Früh-Geschichte erscheinen lassen – etwa Globalisierung, „Keulen" von Abermillionen Tieren, PDI, Medienrevolution, Aids, Klonen von Tier und Mensch, Weltklima –, im Kern oder in vielen Hinsichten historisch betrachtet werden können. Allemal kann nach historischen Ursachen und Entwicklungen gefragt werden, die den heutigen Zustand herbeigeführt haben – Ursachenzusammenhang. Aber darüber hinaus kann eben auch nach historischen Vorstellungen und Erfahrungen gefragt werden, die den Kern des gegenwärtigen Problems betreffen – Sinnzusammenhang. Wenn es etwa im Streit zwischen Befürwortern und Kritikern der Globalisierung im Wesentlichen darum geht, ob die Globalisierung als bloßes Marktgeschehen gesehen wird, das der Allgemeinheit schon „irgendwie" nutzen werde, oder ob die Kritiker nach einer „Zähmung des Kapitalismus" (Programmentwurf der SPD, Anfang August 2001) durch die Politik rufen, wird man schon mit Gewinn der Frage nach der „Zähmung des Kapitalismus" im 19. und 20. Jahrhundert nachgehen können. Und dann kommen eben in den Blick: Folgen eines wuchernden Kapitalismus, Formen des Protestes und des Widerstandes, Eingriffe des Staates in die Wirtschaft, historisch erkämpfte Standards der Sozialpolitik, Veränderungen durch das Handeln der Betroffenen, Ideen zu einem „guten Leben" ...

3.4.1 Ursachenzusammenhang

Bei der Suche nach einem *Ursachenzusammenhang* richtet sich die Frage auf historische Entwicklungen, die als Ursachen der gegenwärtig und künftig anstehenden Probleme gelten können. In aller Regel kommt dabei eine nicht zu weit zurückliegende Vergangenheit in Betracht; der denkbare Rückschritt in die Unendlichkeit der Zeit, der mögliche regressus ad infinitum wird auf die neuere und neueste Geschichte bzw. Zeitgeschichte begrenzt. Es geht im Wesentlichen um eine „Naherinnerung" (Bohrer). Dadurch kann im Geschichtsunterricht eine Kenntnis der Entstehungsgeschichte eines gegenwärtigen gesellschaftlichen Problems erarbeitet werden. Das dabei anfallende *Informationswissen* über historische Bedingungen und Voraussetzungen gegenwärtiger Probleme und gegenwärtigen Handelns ist schlicht deshalb notwendig, weil damit die Gefahr irrtümlicher Entscheidungen verringert werden kann. Schülerinnen und Schüler erkennen zu lassen, dass absichtsvolles Handeln in der Gegenwart und Zukunft nicht auf die Kenntnis der Vor-Geschichte der gegenwärtigen Lage verzichten kann, ist dabei ein wesentliches didaktisches Ziel.

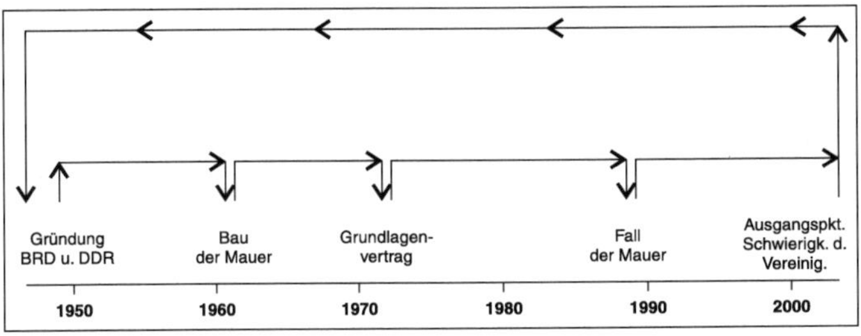

Abb. 3: Beispiel für einen Ursachenzusammenhang (Grafik: K. Bergmann)

Beispiel
Probleme der Vereinigung und ihre Ursachen

Nehmen wir ein spezifisch deutsches Problem, das Willy Brandt auf die Formel gebracht hat: „Jetzt wächst zusammen, was zusammengehört". Das Zusammenwachsen ist ein weitaus schwierigerer Prozess, als dies in der ersten Euphorie der Vereinigung von ehemaliger Bundesrepublik und ehemaliger Deutscher Demokratischer Republik erwartet wurde. Die Schwierigkeiten liegen in erster Linie in den Bereichen unterschiedlicher Erfahrungen und Mentalitäten, die Menschen in West und Ost gemacht haben, und ökonomischer Entwicklungen. Wer die unterschiedlichen historischen Entwicklungen in der Bundesrepublik und in der DDR nicht berücksichtigt, die Vorgeschichte der gegenwärtigen Lage nicht kennt, wird weder die Denk- und Verhaltensweisen großer Teile der Bevölkerung noch die ökonomischen Schwierigkeiten verstehen und begreifen und in seinem politischen Handeln hinreichend berücksichtigen können. Historische Ignoranz ist ein schlechter Ratgeber.

Für den Geschichtsunterricht bedeutet dies, dass die unmittelbare Vorgeschichte der schwierigen Vereinigung besprochen werden muss.

Beispiel
Image-Probleme der Deutschen und ihre Ursachen

Wer sich aus Überdruss, nationalistischer Borniertheit, geistiger Bequemlichkeit nicht daran erinnert, dass Deutsche zwischen 1939 und 1945 fast alle europäischen Nationen unmittelbar einer verbrecherischen Herrschaft unterworfen und einen Völkermord betrieben haben, ist nicht in der Lage, die Ängste und Vorbehalte zu verstehen, die noch immer in den Bevölkerungen vorhanden sind und das politische Denken und Handeln der Bevölkerungen und Regierungen beeinflussen (die Deutschen als die „Moffen", als die „boches" oder die „krauts"). Allein dieser Gesichtspunkt macht die Behandlung des Nationalsozialismus und der im Ausland vorherrschenden „Geschichtsbilder" über „die Deutschen" im Geschichtsunterricht zu einer unbedingten Notwendigkeit.

Beispiel
Zeitungsmeldung: „Die PDS-Erklärung"

Die PDS hat sich – wohl eher unfreiwillig als freiwillig – mit dem Bau der Berliner Mauer am 13. August 1961, der Einsperrung einer ganzen Bevölkerung und den Todesschüssen an der innerdeutschen Grenze befasst. Sie hat sich nicht, wie von anderen Parteien gefordert, bei den Opfern entschuldigt. Sie hat versucht, den Bau der Mauer aus der weltpolitischen Situation der damaligen Zeit heraus zu erklären und damit historisch einzuordnen. Statt der geforderten Entschuldigung hat sie ihr Bedauern ausgesprochen. Ihr Verhalten ist in der Öffentlichkeit von vielen Seiten heftig kritisiert worden.

40 Jahre nach dem Bau der Mauer, die seit Jahren abgetragen ist, beschäftigt das historische Ereignis die Öffentlichkeit und historische Ursachenketten kommen in den Blick: 9. November 1989, Schlussakte von Helsinki, „Wandel durch Annäherung", neue Ostpolitik, Grundlagenvertrag, Deutschland im Kalten Krieg der Weltmächte, Todesschüsse an der Mauer, Bau der Mauer, „Ausblutung der DDR" usw.

☛ M 3: Zur Sache: Die PDS-Erklärung

Unter der Überschrift „Die PDS hat sich vom Stalinismus der SED unwiderruflich befreit" hat der PDS-Vorstand eine Erklärung zum Mauerbau verabschiedet. Wichtige Passagen:
Kein Ereignis der Nachkriegsgeschichte hat die Deutschen und vor allem die Berlinerinnen und Berliner in Ost und West so traumatisch begleitet wie der Bau der Mauer am 13. August 1961. (…) Das inhumane Grenzregime, die Toten an der Mauer und den anderen West-Grenzen wurde zum Kainsmal der DDR und des Ostblocks. (…) Die Schließung der Sektorengrenze zu West-Berlin am 13. August 1961 lag in der Tragik der damaligen weltpolitischen Entwicklung. Die Mauer war die Antwort auf den drohenden Exodus der DDR und entsprach dem in der Berlin-Krise gefundenen Arrangement der Großmächte über die anhaltende Aufteilung der Welt bei Vermeidung eines neuen Weltkriegs. (…) Der Mauerbau war der in Beton gegossene Nachweis der Unterlegenheit des stalinistisch geprägten Sozialismustyps in der DDR gegenüber dem realen damaligen Kapitalismustyp in der Bundes-

republik. (...) Kein Staat darf seine Bürgerinnen und Bürger zwingen, in ihm zu leben, wenn sie es nicht wollen. (...) Auch wegen historischer Umstände vorgenommene Menschenrechtsverletzungen bleiben elementare Menschenrechtsverletzungen. Am 40. Jahrestag des 13. August 1961 gilt (...) unser Gedenken den an der deutsch-deutschen Grenze zu Tode gekommenen, den Verletzten, den Inhaftierten und von Repressalien Betroffenen sowie ihren Angehörigen. Wir bedauern das von der SED als der dafür verantwortlichen politischen Kraft ausgegangene Unrecht. Das Schicksal der Opfer und die Einschränkungen der Würde und der Lebenswege vieler Menschen berühren uns tief. (dpa)
(FR, 3.7.2001)

Beispiel
Schily nach Äußerungen zu Nazi-Regime ausgepfiffen

Eine knappe Zeitungsmeldung, die zeigt, wie wenig die jüngste Vergangenheit vergangen ist und vergehen will. Sie kann zum Anlass genommen werden, die Ursachen des Verhaltens der Schlesier zu erkunden und zu beurteilen.

☛ M 4: Schlesier-Treffen: Schily nach Äußerungen zu Nazi-Regime ausgepfiffen
Nürnberg, 15. Juli (dpa). Bundesinnenminister Otto Schily (SPD) ist am Sonntag bei einer Rede auf dem Deutschland-Treffen der Schlesier in Nürnberg ausgepfiffen worden. Der Minister hatte „von dem von Deutschland angezettelten, massenmörderischen Zweiten Weltkrieg“, vom „verbrecherischen Nazi-Regime“ gesprochen, und den Massenmord an den Juden als das „schlimmste Schandmal der deutschen Geschichte“ bezeichnet. „Diese historischen Tatsachen müssen Sie zur Kenntnis nehmen. Wenn Sie das nicht tun, sind Sie noch immer verblendet“, sagte Schily sichtlich aufgebracht als Reaktion auf die Beschimpfungen gegen ihn.
Mehrere tausend überwiegend ältere Menschen waren in die Frankenhalle der Nürnberger Messe gekommen. Sie quittierten bereits ein von Schily verlesenes Grußwort des Bundeskanzlers Gerhard Schröder (SPD) mit ersten Buhrufen.
Auch die Bemerkung Schilys, rechtliche Fragen um die polnischen Vertreibungsdekrete von 1945/46 ließen sich besser in einem vereinten Europa lösen, stieß auf heftige Ablehnung der Anwesenden. Der Vorsitzende der Landsmannschaft Schlesien, Rudi Pawelka, entgegnete, Mitgliedern der deutschen Volksgruppe in Polen werde noch heute die Rückgabe enteigneten Besitzes verweigert. Einer Aufnahme Polens und der Tschechischen

Republik in die EU werde man ohne eine vorherige Aufhebung der Vertreibungsdekrete nicht zustimmen. *(FR, 16.7.2001)*

Beispiel Geschichte am eigenen Leibe

Die Kinder und Jugendlichen sind Protestanten oder Katholiken, Muslime oder Aramäer. Wieso eigentlich? Wo kommt das her? Gewiss, Vater und Mutter sind protestantisch und Großeltern auch. Aber worauf geht das in der Familiengeschichte zurück? Wieso gibt es überhaupt und seit wann Bekenntnis-Zugehörigkeiten? Was lässt sich in der Familie erfragen und was kann im Unterricht an Informationen erarbeitet werden?

3.4.2 Historischer Ursachenzusammenhang

Ursachenzusammenhänge werden aber auch dann hergestellt und müssen auch dann hergestellt werden – und können dabei von den Schülerinnen und Schülern als notwendig erkannt werden –, wenn ein „historischer Fall in seiner Entwicklung" betrachtet wird, ohne dass bei den Schülerinnen und Schülern schon eine Kenntnis seiner Vorgeschichte vorausgesetzt werden könnte.

Beispiel für historischen Ursachenzusammenhang
Seuchen der Gegenwart

Gegenwart: Im Zeitalter der Globalisierung verbreiten sich Seuchen weltweit. Wissenschaftler warnen vor einem weiteren Ansteigen. In Afrika sterben Millionen von Menschen an Aids.

Geschichtsdidaktische Frage: Die Frage richtet sich auf historische Epidemien und kann etwa die Pest im Mittelalter zum Unterrichtsthema auswählen.

Historischer Ursachenzusammenhang: Auf welchen Ursachen beruhte die Pest in den Jahren nach 1347 und unter welchen wirtschaftlichen und gesellschaftlichen Bedingungen kam es zur Epidemie des „Schwarzen Todes"?[17]

---

17 In der Fachsprache der Geschichtstheorie würde – bleiben wir bei dem Beispiel – das Thema „Pest" als die uns vorrangig interessierende „primäre historische Tatsache" gelten, während die Ursachen und die Vorgeschichte als „sekundäre historische Tatsachen" gelten würden.

Beispiel für historischen Ursachenzusammenhang
Reformation

Gegenwart: Konfessionelle Gegensätze spielen im Deutschland der Gegenwart nicht mehr die große Rolle wie noch vor einigen Jahrzehnten. Gleichwohl gehören die Schülerinnen und Schüler in vielen Fällen noch unterschiedlichen Konfessionen an, gibt es gelegentlich in der Presse Meldungen über das Verhältnis der katholischen Kirche zu den evangelischen Kirchen und gehört es zu einem nicht überflüssigen Wissen, die Kirchenspaltung zu Beginn des 16. Jahrhunderts zu kennen.

Geschichtsdidaktische Frage: 1517 gibt es noch die eine römisch-katholische (d.i. allgemeine) Kirche. 1517 protestiert ein junger Mönch, Martin Luther, gegen Missstände in der Kirche und löst damit eine Entwicklung aus, die zur Kirchenspaltung führt.

Historischer Ursachenzusammenhang: Wie stellt sich die unmittelbare Vorgeschichte der Reformation dar? Welche Ursachen müssen zum Verständnis herangezogen werden und lassen sich ermitteln?

☛ M 5: Ablass:
Nachhilfe für den Himmel

Abb. 4: Der Mönch Tetzel verkauft in Sachsen den Ablass

Der Ablass ist eines der eigentümlichsten Relikte der katholischen Kirche. Zu Grunde liegt ihm ein theologisches Konstrukt, das sich auf keine Bibelstelle stützt: Danach werden dem reuigen Sünder in der Beichte so genannte schwere Sünden (wie Ehebruch, Mord, Meineid, Diebstahl), die den Verlust des Himmels nach sich ziehen, zur Gänze vergeben. Der Pönitent verlässt den Beichtstuhl mit völlig reiner Weste. „Lässliche" Sünden (wie Notlügen, mindere üble Nachrede oder Mundraub) dagegen, die nicht automatisch den Verlust der ewigen Seligkeit zur Folge haben, werden zwar auch durch die Beichte getilgt, es bleiben aber ein paar Sündenstrafen nach, die das Beichtkind im Fegefeuer, einer milden Form der Hölle, abzubüßen hat, bevor es dereinst den Himmel betreten darf. Dem nun kann der Ablass abhelfen. Er wird kraft päpstlicher Autorität als „unvollkommener" oder

„vollkommener“ Ablass verliehen. Der vollkommene Ablass tilgt alle Sündenstrafen, der unvollkommene nur einen Teil. Geld spielte, anders als heute, beim Ablass früher eine große Rolle. Martin Luther nahm den Ablasshandel durch den Dominikaner Tetzel – unter anderem – zum Anlass für seine Attacken auf die korrupte römische Kirche.
(Der Spiegel 17 [2000])

3.4.3 Sinnzusammenhang

Beim *Sinnzusammenhang* richten sich die Fragen auf historische Sachverhalte und Entwicklungen, die durch die in ihnen auffindbaren Probleme, Wertvorstellungen und Erfahrungen in eine Beziehung zu gegenwärtigen Problemen gesetzt werden können. Dabei werden historische Wertvorstellungen, gedachte und gelebte, antizipierte und gescheiterte Möglichkeiten menschlich-gesellschaftlicher Existenz und ihr Verhältnis zur objektiv realen Möglichkeit einst und heute entdeckt und erschlossen. Zwischen Gegenwart und Zukunft auf der einen Seite und Vergangenheit auf der anderen Seite wird ein Sinnzusammenhang hergestellt. Das dabei anfallende *Orientierungswissen* über Wertvorstellungen und Erfahrungen ermöglicht ein differenzierteres Nachdenken über die Lösung gegenwärtiger Probleme, das Denken von Alternativen zu gegenwärtigen Lebensformen und Denkgewohnheiten und die Aneignung unerledigter und uneingelöster Hoffnungen und gedanklicher Vorgriffe auf eine menschenwürdige Zukunft. Der Sinnzusammenhang ermöglicht eine reflektiertere Einschätzung der Gegenwart, ohne die Eigenart und Differenz des Vergangenen gegenüber der Gegenwart zu übersehen.

Im Gegensatz zum Ursachenzusammenhang, bei dem es im Wesentlichen um eine „Naherinnerung“ geht, geht es beim Sinnzusammenhang auch um „Fernerinnerung“ als Erinnerung an Wertvorstellungen und Erfahrungen, an Denken, Handeln und Leiden von Menschen aus weit zurückliegenden Zeiten. Die gelegentlich geäußerte Befürchtung, der Sinnzusammenhang betrachte die Sachverhalte der Vergangenheit zu sehr aus der Perspektive der Gegenwart und sei in Gefahr, kurzschlüssige Analogien und Vergleiche herzustellen und dabei die Eigenart und Eigentümlichkeit der Vergangenheit aus dem Blick zu verlieren, ist nur bei einer unbedachten Verwendung gegeben. Vor ihr muss deshalb auch gewarnt werden: Immer muss bei Analogie oder Vergleich gerade auch die historische Differenz herausgearbeitet werden. Gerade die historische Differenz ist eine Quelle wichtiger Erkenntnis: Dass und wie Menschen früher anders gedacht und sich verhalten haben, ist ein wesentlicher Gesichtspunkt des Sinnzusammenhanges. Entdeckte man im Vergangenen nur das Identische und machte man beim historischen Lernen nicht die Erfahrung der Alterität, dann wäre der Geschichtsunterricht eine ziemlich überflüssige Veranstaltung. Alternativen des Denkens und Handelns kann nur entdecken, wer sich auf die Eigenart der historischen Lage und der in ihr denkenden und handelnden und leidenden Menschen einlässt. „Gegenwartsbezug meint sowohl die Erhellung der Vergangenheit durch die Gegenwart als auch der Gegenwart durch die Vergangenheit“[18].

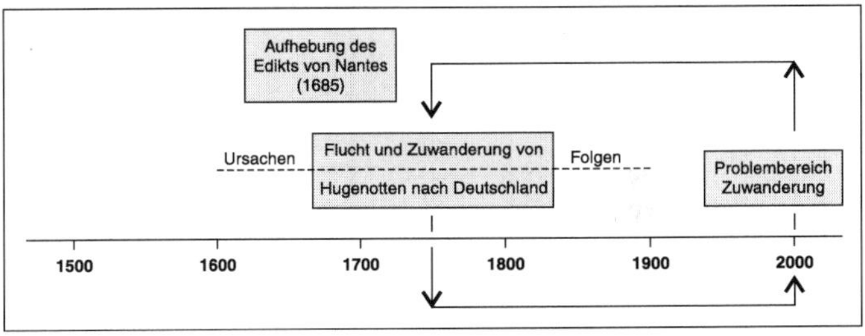

Abb. 5: Beispiel für einen Sinnzusammenhang (Grafik: K. Bergmann)

Beispiele für Sinnzusammenhang
Probleme des Umgangs mit Fremden

Gegenwart: In der Folge der Einwanderung von Millionen von Ausländern in die Bundesrepublik ist es in der deutschen Bevölkerung zu Ängsten, Vorbehalten und zu fremdenfeindlichen Aktionen gekommen. Andererseits gibt es viele Deutsche, die in der Zuwanderung von Menschen aus anderen kulturellen Milieus eine Bereicherung sehen und ihr damit positiv gegenüberstehen. Die verschiedenen Ausdrucksformen des Umgangs mit Fremden, mit Anderen und mit Minderheiten stellen ein wesentliches gesellschaftliches Problem dar, das in den öffentlichen Medien und in den Wissenschaften vorrangig behandelt wird.

Geschichtsdidaktische Frage: Die didaktisch begründete Frage an die Geschichte lautet, ob es in der Vergangenheit ähnlich gelagerte Probleme gegeben hat, wie sie entstanden sind, wie sie sich dargestellt haben, welche Schwierigkeiten des Zusammenlebens, welche Ressentiments

18 Rohlfes, Gegenwartsbezug, S. 76.

und Ängste es gegeben hat und ob und wie die Fragen gelöst worden sind. Historische „Fälle in ihrer Entwicklung" bieten sich an –

- die Einwanderung von Glaubensflüchtlingen wie den Hugenotten nach Deutschland[19] am Ende des 17. Jahrhunderts, die, von deutschen Fürsten gerufen, in Brandenburg, Hessen, Franken, in der Pfalz und an der Lippe lebten und arbeiteten (Berlin hatte einen Ausländeranteil von etwa 20%, Magdeburg gar von 40%);
- die Beschäftigung ausländischer Experten aus Belgien, Italien oder England, die bei der Industrialisierung in Deutschland eine wichtige Rolle spielten;
- die Zuwanderung von polnisch sprechenden Arbeitern ins Ruhrrevier am Ende des 19. Jahrhunderts, die ihre eigenen Zeitungen, Organisationen, Gewerkschaften und Gottesdienste hatten[20];
- die Zuwanderung vorwiegend italienischer Gastarbeiter in den 60er Jahren des 20. Jahrhunderts;
- viele weitere Beispiele bieten sich an.[21]

Beispiel Aids

Gegenwart: Im Juli 2001 versammelten sich in der sambischen Hauptstadt Lusaka Vertreter von 53 afrikanischen Staaten und unterschrieben einen Vertrag über eine Afrikanische Union, die nach dem Muster der Europäischen Union angelegt sein soll. Ein politischer Beobachter aus Äthiopien bemerkte kritisch: „Afrika ist längst eine Union: eine Union der Aidskranken und Aidstoten. Doch darüber ernsthaft nachzudenken erfordert mehr Mühe, als Euphorie zu verbreiten und die Muskeln spielen zu lassen"[22].

Aids als neue Seuche ist fast täglich in den Zeitungen präsent. Aids in Afrika hat ungeheure Ausmaße angenommen.

Geschichtsdidaktische Frage: Seuchen haben in der Vergangenheit große Teile von Bevölkerungen hinweggerafft: Etwa ein Drittel der at-

---

19 Vgl. dazu etwa die Unterrichtseinheit von Fricke-Finkelnburg, Renate, Hugenotten in Hessen-Kassel, in: Geschichte lernen 27 (1992), S. 37-43.

20 Vgl. dazu die Unterrichtseinheit von Mögenburg, Harm, „Aus der Polackei herbeigeschleppt ...". Schüler arbeiten über die Frage der „Ruhrpolen", in: Geschichte lernen 12 (1989), S. 22-29.

21 Vgl. die schier unglaubliche Fülle der „Für ‚Interkulturalität' besonders relevanten Geschichtsthemen" bei Alavi; Borries, Geschichte, S. 74 ff.

22 Frankfurter Neue Presse, 12.7.2001, S. 4.

tischen Bevölkerung starb an der 430 v.Chr. ausgebrochenen Pest während des Krieges zwischen Athen und Sparta; die Pest im späten Mittelalter in den Jahren nach 1347 kostete ein Drittel bis die Hälfte der Bewohner Europas das Leben; im 16. und 17. Jahrhundert kam es zu einem Neuausbruch des „Schwarzen Todes“. Zu den Begleiterscheinungen in Europa gehörten Judenverfolgungen. In Unterrichtseinheiten können historische Seuchen nach Ursachen, Folgen und Begleiterscheinungen thematisiert werden.

☛ M 6: Afrika bekommt Geld gegen Aids
Gipfel wärmt alte Zusage auf [Von Hilmar Höhn (Genua)]

Um die Staaten der Dritten Welt, insbesondere Afrikas, für den Plan einer neuen Welthandelsrunde im Herbst in Katar zu gewinnen, haben die G-8-Staaten eine Reihe von Zusagen gegenüber den afrikanischen Regierungen gemacht. Ziel des Gesamtpakets – die Liberalisierung des Welthandels eingeschlossen – ist die Einlösung eines alten Versprechens: die Bekämpfung der Armut.

Als Partner der G-8-Initiative bietet sich die so genannte New-Africa-Initiative an. Darin hatten sich eine Reihe afrikanischer Staaten zusammengeschlossen. Begleiten wollen die sieben reichen Wirtschaftsnationen sowie Russland die Demokratisierung und Befriedung des Kontinents. Dabei spielt die Überwindung jener Hindernisse eine zentrale Rolle, die als Ursache für die wirtschaftliche Rückständigkeit des Kontinents gelten. Ansteckende Krankheiten etwa. Aids, aber immer noch auch Tuberkulose und Malaria, sind Krankheiten mit dramatischen Folgen für die Gesellschaften. Auch ein mangelhaftes Telekommunikationsnetz trägt dazu bei, dass die Wirtschaft in den unterentwickelten Ländern den Anschluss an den Weltmarkt nicht finden kann.

Die G-8-Gruppe misst der Gründung des Gesundheitsfonds große Bedeutung zu, für den die reichen Staaten jährlich 1,2 Milliarden Dollar zahlen wollen. Außerdem soll die technische Rückständigkeit der schwachen Länder überwunden werden. Dazu wollen die G-8-Staaten zusammen mit privaten Unternehmen den Entwicklungsländern beim Aufbau von Telefon- und Kommunikationsnetzen helfen.

Der erste Schritt in Richtung Zusammenarbeit ist nach Ansicht von Bundeskanzler Gerhard Schröder (SPD) beim Weltwirtschaftsgipfel in Köln 1999 getan worden. Damals war eine Entschuldungsinitiative für die am höchsten verschuldeten Länder der Erde begründet worden, der sich bis heute 23 von 42 ausgewählten Staaten angeschlossen haben. Wirtschaftsstaatssekretär Alfred Tacke erklärte, die G-8-Staaten würden es begrüßen, wenn noch mehr Länder aus der Gruppe der hoch verschuldeten Staaten

der Initiative beiträten. Dazu müssten aber in 14 Staaten die kriegerischen Konflikte beigelegt werden.
Es sei wünschenswert, dass die afrikanischen Länder in der nächsten Zeit gemeinsam „einen eigenen Entwicklungsplan“ auflegten, auf den der G-8-Club der reichen Länder „reagieren kann“, sagte Schröder. Das schließe ein, dass noch aufzulegende Entwicklungsprogramme „materiell hinterlegt“ werden müssten. In welchem Rahmen Berlin zu finanziellen Zugeständnissen bereit ist, war nicht zu erkennen. Die italienische Regierung war offenherziger. „Selbstkritisch müssen wir feststellen, dass wir uns weit von dem Ziel entfernt haben, 0,7 Prozent des Bruttosozialproduktes für Entwicklungshilfe auszugeben“, sagte ein Sprecher. Auch Deutschland gehört zu den notorischen Ignoranten dieser Selbstverpflichtung.
(FR, 23.7.2001)

☛ **M 7: Von der Pest zur Passion Das Millionenspiel**
1633 – die Pest wütete auch in Bayern – gelobten die Oberammergauer, alle zehn Jahre ein Spiel vom „Leiden, Sterben und Auferstehen unseres Herrn Jesus Christus“ aufzuführen, um den Herrgott zu besänftigen. Die ersten Passionsspiele fanden ein Jahr später auf dem Friedhof des Dorfes statt. Ende des 19. Jahrhunderts lockten die Spiele Menschen aus aller Welt an. Damals logierten beim Jesus-Darsteller Könige und Prinzen. Die Passion wurde für Oberammergau zur unverzichtbaren Einkommensquelle. 65 Millionen Mark werden dieses Jahr allein aus dem Kartenverkauf erzielt. Die Millenniums-Spiele sind seit zwei Jahren ausverkauft.
(Stern 16 [2000])

3.5 Von der Gegenwart in die Geschichte und zurück: Der thematische Längsschnitt

Wer einen gegenwärtigen Begriff (etwa „Demokratie“), eine gegenwärtige Institution (etwa „Parlament“) oder ein gegenwärtiges Problem (etwa „Armut“) historisch vertiefen will, wird zum Verfahren des „thematischen Langsschnitts“ greifen können. Ein Thema wird dabei über die Epochengrenzen von der Gegenwart her in die Geschichte zurückverfolgt oder aber – in der Regel – nach der Stellung des Themas und der Besprechung seiner gegenwärtigen Bedeutung von der Vergangenheit über mehrere Epochen hinweg auf die Gegenwart bezogen. Das Thema „Arbeit und Arbeitslosigkeit“, das in der Gegenwart und absehbaren Zukunft als ein wichtiges Problem gelten kann, wird etwa von der Antike her bis in unsere Zeit hinein verfolgt: Arbeit und Arbeitslosigkeit in der Antike, im Mittelalter, in der frühen Neuzeit und seit der Industriellen Revolution.

Der Gegenwarts- und Zukunftsbezug ist durch die Ausgangsfrage und die Besprechung der gegenwärtigen Problemlage gegeben und bleibt immer präsent. Zugleich aber wird das gegenwärtige Problem „historisiert“ oder verfremdet, indem es als nicht nur gegenwärtiges, sondern auch als historisches Problem in seiner andersartigen historischen Ausprägung erkannt wird. Der Längsschnitt ermöglicht weiterhin, dass geschichtsdidaktische Kategorien wie „Veränderung“ und „Dauer“ im historischen Lernen so zur Geltung kommen, dass sie von den Schülerinnen und Schülern erkannt werden können: Die Schülerinnen und Schüler erfahren dabei selber oder durch Hinweise der Lehrenden, wie schwer es sein kann und in aller Regel ist, Strukturen und Mentalitäten zu verändern, welche Voraussetzungen gegeben sein müssen, damit ein auf Veränderung oder auf Bewahrung gerichtetes Handeln erfolgreich sein kann.

Der thematische Längsschnitt scheint auf den ersten Blick nicht unproblematisch zu sein, da der Blick in die Vergangenheit wie mit Scheuklappen erfolgt. Die Autorinnen und Autoren der Rahmenrichtlinien in Hessen haben 1973 gewarnt: „Die Beschränkung auf thematische Längsschnitte, in denen einzelne Aspekte ausgewählt werden, zum Beispiel ‚Die Entwicklung der parlamentarischen Demokratie in Deutschland‘ dürfte zwar die Voraussetzungen dafür schaffen, dass die Schüler den Gegenwartsbezug mit dem historischen Unterrichtsgegenstand mitdenken können, läuft jedoch Gefahr, ahistorische Scheinbegründungen für historische Entwicklungszusammenhänge anzubieten. Sollen demgegenüber unter bestimmten Fragestellungen bestimmte Erscheinungsformen gesellschaftlicher Realität verglichen werden, dann werden Unterschiede, Zusammenhänge, Entwicklungen, Veränderungen nur fassbar, wenn der Gegenstand des historischen Längsschnitts, zum Beispiel ‚Parteien‘, in seinem jeweiligen gesellschaftlichen Kontext gesehen wird.“[23]

Der Einwand ist gewiss ernst zu nehmen und als Warnung zu verstehen, den jeweiligen historischen Zusammenhang und die Differenz zwischen Vergangenheit und Gegenwart nicht auszublenden. Aber gleichzeitig ist festzuhalten: Jeder Blick in die Vergangenheit ist notwendigerweise ein auswählender Blick, der auf dem Interesse an einer

---

23 Rahmenrichtlinie Gesellschaftslehre (Hessen), zit. nach: Bergmann; Pandel, Geschichte und Zukunft, S. 174.

bestimmten Frage beruht und nur wahrnehmen kann, was sich bei diesem „Sehe-Punkt“ (Chladenius) anbietet und darstellt. Ein Historiker wie Ulrich Herbert, der – nicht zufällig im Jahre 2001 – ein Buch mit dem Titel vorlegt „Geschichte der Ausländerpolitik in Deutschland. Saisonarbeiter, Zwangsarbeiter, Gastarbeiter, Flüchtlinge“[24] und dabei im Kaiserreich ansetzt, blendet aus der Geschichte der aufeinander folgenden deutschen Staaten selbstverständlich alles das aus, was in keinem erkennbaren Zusammenhang mit seinem Thema steht: Er wird in der Verfolgung seiner Fragestellung kaum über den „Balkankonflikt am Vorabend des Ersten Weltkrieges“ schreiben. Er kann nicht anders, als nur das zu erforschen und wahrzunehmen, was ihm bei seiner Fragestellung und bei seinem Sehe-Punkt in den Blick kommt. Er wird sich wohl bemühen, Vernetzungen und allgemeine Zusammenhänge so weit wie möglich zu berücksichtigen, aber er kommt nicht umhin, selektiv, d.i. bezogen auf seine Fragestellung zu arbeiten. Anders kann er nicht arbeiten und schreiben. All dies ergibt sich aus der Logik historischer Forschung.

Beim thematischen Längsschnitt im Geschichtsunterricht ist es nicht anders. Das vorgegebene Thema führt dazu, dass die Aufmerksamkeit einer Frage und ihrer historischen Ausprägung gilt. Die Erschließung bedeutet zugleich aber immer, dass dabei wegen der nicht vorhandenen Vorkenntnisse ein historischer Kontext und Wandlungen, Veränderungen, Andersartigkeiten zwischen Vergangenheit und Gegenwart erarbeitet werden müssen. Die Fremdheit der historischen Zeit und das historische Unwissen der Lernenden eröffnen dabei mehr Lernchancen, als dass sie Lerngrenzen darstellen. Das Unbekannte und das Rätselhafte motivieren zu Fragen und wecken Informationsbedürfnisse – mehr jedenfalls als in einem anderen Geschichtsunterricht.

Didaktisch wichtig ist dabei die Erkenntnis der Geschichtlichkeit der Dinge, Sachverhalte, Institutionen und Normen. Es dominieren die genetischen Aspekte einer langen Entwicklungsreihe, die bis in unsere Tage reicht, ohne dass damit ein – theoretisch ohnehin unmöglicher – „lückenloser“ Ursachenzusammenhang angestrebt wird. Es geht nicht um die Erarbeitung oder Darstellung scheinbarer Kontinuitäten oder gar schierer „Fortschrittlichkeit“, die vielen Längsschnitten eigentümlich zu sein scheint. Thematische Längsschnitte können, wenn die

---

24 Herbert, Ulrich, Geschichte der Ausländerpolitik in Deutschland. Saisonarbeiter, Zwangsarbeiter, Gastarbeiter, Flüchtlinge, München 2001.

ihnen eingebauten Gefahren nicht bedacht werden, die Vorstellung begünstigen, die historischen Menschen seien als „Deppen" der Geschichte anzusehen. Der zu erschließende Entwicklungszusammenhang sollte daher in aller Regel die historischen Handlungsbedingungen sowie das Denken, Handeln und Leiden der früher lebenden Menschen beinhalten: Der Blick richtet sich dann auch auf historische Formen des Glaubens, Wollens und Hoffens, die bedacht, und auf Erfolge und Niederlagen, die als Erfahrung erinnert werden können.

Thematische Längsschnitte also beruhen auf gegenwärtigen Fragen und suchen nach unterschiedlichen und miteinander nicht durch Ursachen verbundenen einschlägigen Erscheinungsformen in der Vergangenheit. Sie sind viel mehr an *Kontiguitäten* als an Kontinuitäten, mehr an Sinnzusammenhängen als an Ursachenzusammenhängen interessiert. Dabei bedarf der hier verwendete Begriff der Kontiguität gegenüber dem Begriff der Kontinuität der Erläuterung: Unter Kontiguität („Berührungsassoziation") wird in der philosophischen Fachsprache etwas verstanden, was miteinander Berührungspunkte hat und Assoziationen auslöst. Armut in der Gegenwart hat Berührungspunkte mit Armut in der Vergangenheit und löst Assoziationen über vergangene Armut aus (oder umgekehrt) – bei allen historischen Differenzen in Umständen, Erscheinungsformen, Reaktionen geht es um „Armut".

Beispiel
Armut in der Geschichte

Gegenwart: „Armut ist in die westeuropäischen Staaten als soziales Problem zurückgekehrt. Nach dem Proletarisierungsprozess des 19. Jahrhunderts, der durch Gewerkschaften und Entwicklung des Wohlfahrtsstaates aufgehalten wurde, haben wir es in der Gegenwart wieder mit Armut zu tun. (...) Im Unterschied zur traditionellen Armut des 19. Jahrhunderts, die auf Arbeitsunfähigkeit, Krankheit und Alter beruhte, spricht man von ‚neuer Armut'. Sie ist durch quantitative und qualitative Veränderungen der Arbeitsbevölkerung (Verarmung Arbeitsloser, junger und arbeitsfähiger Menschen) und durch den Abbau von Sozialleistungen gekennzeichnet. (...) Es gibt in der BRD ‚verdeckte Armut', also Personen, die unterhalb des Existenzminimums leben und dennoch die ihnen zustehende Sozialhilfe oder Mitbeihilfe nicht in Anspruch nehmen. Auf vier Sozialhilfeempfänger kommen drei ‚verdeckt Arme'. Die Zahl der Sozialhilfeempfänger ist von 2,1 Millionen (1981) auf 4,9 Millionen (1993) angewachsen. Im Gegensatz zu dieser (vom Staat) bekämpften Armut lebt ein Drittel der Weltbevölkerung in ‚absoluter Armut'."[25]

Geschichtsdidaktische Frage: Dieser Befund, der durch regierungsamtliche „Armutsberichte" ständig bestätigt wird, begründet Fragen nach historischer Armut – nach der Entstehung und Entwicklung von Armut, nach dem Umgang mit Armut und nach den Besonderheiten von Armut in den verschiedenen Epochen.[26] Gefragt werden kann etwa nach

- Armut und Caritas im frühen Mittelalter
- Massenarmut im späten Mittelalter
- Armut im Zeitalter der Konfessionalisierung
- Armut in der frühen Neuzeit
- Pauperismus um die Wende zum 19. Jahrhundert
- Armut im 19. Jahrhundert
- Armut und Volksgemeinschaft: „Die NS-Volksgemeinschaft half nicht dort, wo es Bedürftige gab, sondern nur dort, wo sie Berechtigte sah. Juden und Kommunisten waren ausgeschlossen"[27].

Beispiel
Frauen in der Geschichte

Gegenwart: Dass die „Geschlechtergeschichte" in der allgemeinen Geschichtswissenschaft als ein wesentlicher Zugriff auf die Vergangenheit anerkannt und gelegentlich auch gefördert wird, ist ein starker Beleg für die Gegenwarts- und Zukunftsbezogenheit von Geschichte. Erst seit wenigen Jahrzehnten wird der Blick auf die Geschichte der Hälfte der Menschheit gerichtet. Dass es dazu gekommen ist, hat sicherlich zu tun mit dem Aufkommen einer Frauenbewegung, die energisch gegen eine durch und durch männlich bestimmte Welt aufgestanden ist. Es ist zugleich ein Zeichen dafür, dass die Geschichtswissenschaft nicht mehr so gut wie ausschließlich an einer Erfolgsgeschichte als der Geschichte dessen, was sich letztendlich durchgesetzt hat, interessiert ist: Sie richtet ihre Fragestellungen auch auf das, was nicht erfolgreich

25 Pandel, Hans-Jürgen, Armut in der Geschichte, in: Geschichte lernen 78 (2000), S. 11 f.

26 Die folgende Zusammenstellung nach Pandel, Armut, S. 14 ff.; Unterrichtsbeispiele zu den erwähnten Epochen finden sich in: Geschichte lernen 78 (2000).

27 Pandel, Armut, S. 16.

war, sich nicht durchgesetzt hat, gescheitert ist oder in seiner Zeit der Beachtung nicht wert war.

Die Frage nach der Gleichberechtigung und Gleichstellung von Frauen, nach dem Abbau von Diskriminierungen und Vorenthaltungen gehört jedenfalls offenkundig zu den wesentlichen Fragen der Gegenwart und absehbaren Zukunft.

Geschichtsdidaktische Fragen: Die gegenwärtige Frage begründet Fragen nach historischen weiblichen Lebenszusammenhängen und nach dem Verhältnis der Geschlechter in verschiedenen Epochen der Vergangenheit.

Es muss allerdings darauf hingewiesen werden, dass ein thematischer Längsschnitt über „Frauen in der Geschichte" auch auf Widerstände stoßen kann. Mentalitäten sind sehr dauerhaft: Viele der noch immer „männlich" denkenden Schüler haben Vorbehalte und Aversionen gegenüber einem Thema, das ihrer Meinung nach allenfalls die Schülerinnen betreffen kann. Insofern ist man gut beraten, wenn man im Unterricht nicht nach „Frauengeschichte" fragt, sondern Geschlechterverhältnisse in der Vergangenheit bespricht.

Beispiel
Lebensalter in der Geschichte

Gegenwart: Die Lebensverhältnisse der Generationen zueinander und untereinander stellen zu jeder Zeit wichtige Fragen dar. Für Kinder und Jugendliche heute wird von einer „veränderten Kindheit" gesprochen. In gleicher Weise könnte man von einem „veränderten Alter" sprechen. Veränderte Kindheit und verändertes Alter werfen in unserer Gesellschaft verschiedene Probleme auf, die immer wieder mal in der Presse angesprochen werden, wenn einschlägige Studien („Shell-Studie") oder Berichte von Regierungskommissionen („Jugendbericht", „Altersbericht") veröffentlicht werden.

Geschichtsdidaktische Fragen richten sich auf die Denkweisen und Lebensverhältnisse in verschiedenen Epochen der Vergangenheit, die so ganz anders waren.

Beispiel
Demokratie

Gegenwart: Die parlamentarische Demokratie gilt in der Gegenwart als eine historische Errungenschaft: Sie ist die Regierungsform, die in großen Gesellschaften am ehesten die Gewähr dafür bietet, dass von einem bestimmten Alter an alle Menschen in öffentlichen Angelegenheiten mitbestimmen und die Politik beeinflussen können.

Geschichtsdidaktische Fragen: Die parlamentarische Demokratie hat sich in langen historischen Prozessen zu ihrer jetzigen Verfasstheit entwickelt. Verschiedene historische Formen der Mitbestimmung und Partizipation geraten in den Blick, ohne dass dabei ein Ursachenzusammenhang einer bruchlosen Kontinuität hergestellt wird: Die attische Demokratie ist durch kein Kontinuum von Ursachen und Folgen mit gegenwärtigen Erscheinungsformen von Demokratie verbunden. Sie war lange aus dem kollektiven Gedächtnis getilgt, bis sie in der Aufklärungszeit wieder erinnert wurde. Die Geschichte von „Demokratie“ ist geradezu von Diskontinuitäten, von Abbrechungen und Unterbrechungen geprägt. „Demokratie“ ist geradezu ein Musterbeispiel dafür, wie historische Erinnerung – wie im 18. Jahrhundert geschehen – eine Kraft entfalten kann, gegenwärtige Verhältnisse in Frage zu stellen und zu verändern. Ein thematischer Längsschnitt wird verschiedene Epochen der Vergangenheit daraufhin befragen, ob und wie Mitbestimmung und gleichberechtigte oder auch ungleiche Teilhabe an Macht und Herrschaft in Gesellschaft und Wirtschaft gefordert, eingeklagt, in unterschiedlichen Formen verwirklicht waren und welche Prozesse und Erfahrungen festzustellen sind.

Dieser thematische Längsschnitt kann zugleich zu der Erkenntnis führen, dass die gegenwärtigen Formen von parlamentarischer Demokratie nicht die einzig denkbaren Formen sind. Historisch gibt es auch Versuche „direkter Demokratie“ (eingeschränkt im klassischen Athen, Rätedemokratie im 20. Jahrhundert). Unerledigt ist die Frage nach der Durchsetzung demokratischer Grundsätze in anderen als politischen Lebensbereichen, vor allem in der Wirtschaft, in Institutionen usw.

Beispiel
Neue Sklaverei

Gegenwart: Die älteste Menschenrechtsorganisation, die Anti Slavery International, wurde 1839 gegründet. Sie besteht noch heute, weil es auch nach dem weltweiten Verbot von Sklaverei und Sklavenhandel noch immer Sklaverei und Sklavenhandel gibt. „Nach den einleuchtenden Kriterien des Soziologen Kevin Bales, die die Armen von den Sklaven, die Kinderarbeiter von den Kindersklaven und die Prostituierten von den Sexsklaven zu sondern erlauben, gibt es gegenwärtig 27 Millionen Sklaven. Kinder, Frauen, Männer, die, im Unterschied zu den Sklaven der Antike, keine Rechte haben und als Wegwerfware

Mensch nur solange erhalten und ausgebeutet werden, solange sie ebenso fleißig wie hilf- und willenlos dem Herrn zur Verfügung stehen und gebraucht werden."[28]

Geschichtsdidaktische Fragen: Die Gegenwart von Sklaverei und Sklavenhandel ist Ausgangspunkt einer Unterrichtseinheit oder mehrerer Unterrichtseinheiten über Sklaverei in der Vergangenheit und über historische Bestrebungen, Sklaverei abzuschaffen und zu verbieten. Gegenwärtige Formen von Sklaverei sind durch kein Kontinuum von Ursachen und Folgen mit der Sklaverei in der griechisch-römischen Antike verbunden. Ein thematischer Längsschnitt wird nach Formen von Sklaverei in unterschiedlichen Epochen und nach epochentypischen Erscheinungsformen, Wirklichkeiten, Begründungen, Rechtfertigungen, ausgebliebenen oder ausgesprochenen Protesten und nach Entwicklungen fragen. Dabei kommen – je nach Ausdehnung der Unterrichtseinheiten – in erster Linie etwa folgende historische Sachverhalte in den Blick:

- Sklaverei in der Antike und die Gesellschaftsstruktur im antiken Griechenland und im antiken Rom, antike Einstellungen zur Sklaverei und antike Infragestellungen der Sklaverei, Widerstand von Sklaven bis hin zum Spartakus-Aufstand, Einfluss des frühen Christentums auf die Beurteilung und Verurteilung von Sklaverei;
- Sklaverei und Sklavenhandel in der Neuzeit, europäischer Kolonialismus in der Neuzeit, Dreieckshandel und (ungleich verteilte) ökonomische Prosperität in den „Mutter"ländern der Kolonien, Aufstieg der USA und amerikanischer Bürgerkrieg;
- Die Sklaverei und die Französische Revolution mit den weltweit wirkenden Forderungen nach Freiheit, Gleichheit, Brüderlichkeit, Sklavenaufstände in den europäischen Besitzungen;
- Die Anti-Sklaverei-Bewegung, ihre Wirkungen, ihre Erfolge und ihre Niederlagen;
- Sklaverei und Zwangsarbeit in der NS-Zeit.

☛ M 8: Sklaverei im globalen Dorf

Rund 2000 Dollar, eine für thailändische Reisbauern atemberaubende Summe, erhielten die Eltern der 15-jährigen Sin für ihre Tochter – rückzahlbar durch die Arbeit des Mädchens in einem schäbigen Bordell. Bilal, ungefähr 20 Jahre alt, verteilt in Nuakschott im afrikanischen Maureta-

---

28 Katharina Rutschky in einer Besprechung des Buches von Bales, Kevin, Die neue Sklaverei, München 2001, in: Frankfurter Rundschau, 18.6.2001.

nien Wasser – statt Lohn erhält er nur Verpflegung und Unterkunft von einer Familie, der schon Vater und Großvater dienen mussten. Der Brasilianer Renaldo hat sich zur Arbeit als Kühler anwerben lassen und endet – ohne Geld und Papiere – in einem bewachten Höllencamp im Urwald. Anhand dieser und ähnlicher Fallstudien schildert Kevin Bales Wege in die Sklaverei. Der amerikanische Soziologe definiert diesen Zustand als „vollkommene Beherrschung einer Person durch eine andere zum Zwecke wirtschaftlicher Ausbeutung" und schätzt, dass es derzeit weltweit 27 Millionen Sklaven gibt – mehr als je von Händlern aus Afrika nach Amerika verschifft wurden.
Der Handel mit der Ware Mensch floriert auch im Zeitalter des globalen Dorfes. Allein in Asien schuften 15 bis 20 Millionen Menschen in Schuldknechtschaft. Hunderttausende verrichten Sklavenarbeit auf afrikanischen Plantagen und in arabischen Ölstaaten. Doch auch in westlichen Demokratien werden entwurzelte, rechtlose Menschen gnadenlos ausgebeutet: So befreit selbst die US-Polizei immer wieder rechtlos festgehaltene Tagelöhner. In Westeuropa dienen Frauen aus der Dritten Welt und der ehemaligen Sowjetunion als Haushalts- und Sexsklavinnen. Falsche Einreisedokumente und Arbeitsverträge verschleiern den wahren Status dieser missbrauchten Menschen. „Sklaven stellen ein ungeheures Arbeitskräftepotenzial für die globale Wirtschaft dar", resümiert Bales.
(Der Spiegel 28 [2001], S. 113)

An diesem letzten Beispiel wird zugleich noch einmal sichtbar, dass die Vertiefung in die historischen Aspekte und Entwicklungen einer gegenwärtigen Herausforderung – in diesem Falle eines gegenwärtigen, weithin übersehenen Skandals – eine Fülle an allgemeinen historischen Informationen, in diesem Fall über die griechische und römische Antike, über die Bedeutung des Christentums, über den Kolonialismus der Neuzeit, über die Französische Revolution, über die USA im 18. und 19. Jahrhundert und über den Nationalsozialismus mit sich bringen kann. Alle diese Informationen stehen in einem inneren Zusammenhang mit einem Thema, das sich heute stellt und historisch vertieft wird. Sie sind in diesem Zusammenhang mit an Sicherheit grenzender Wahrscheinlichkeit für die Schülerinnen und Schüler nicht „Pensum", das von Lehrerin oder Lehrer oder einer Kultusbürokratie vorgegeben wird, sondern erkennbar notwendige Informationen, die darum auch behalten werden. Auf diese Weise entsteht im Laufe der Zeit sogar jenes „Überblickswissen" (vgl. S. 156 ff.), das noch immer vom Geschichtsunterricht gefordert wird, beim traditionellen Unterricht als rein äußerlich bleibendes Wissen in der Regel eben nicht erworben wird.

Beispiel
Tiere in der Geschichte[29]

Gegenwart: Pressemeldungen über BSE und Maul- und Klauenseuche, über das „Keulen" von Millionen von Tieren, Massentierhaltung, Forderungen von Tierschutzorganisationen und Bestrebungen, „Rechte der Tiere" durchzusetzen, deuten auf gravierende Probleme und eine wachsende Sensibilität im Verhältnis zwischen Mensch und Tier hin.

Geschichtsdidaktische Fragen richten sich auf historische, ganz und gar andersartige Ausprägungen des Verhältnisses.[30]

3.6 Von der Gegenwart in die Geschichte und zurück: Die historische Fallstudie

Ausgehend von gegenwärtigen, etwa auch im politischen Unterricht besprochenen Themen, kann im Geschichtsunterricht ein „historischer Fall in seiner Entwicklung" innerhalb eines größeren Zeitraumes, aber nicht wie beim Längsschnitt epochenübergreifend, thematisiert werden – ein unvermittelter Sprung in eine andere Zeit, ohne schon ihre Vorgeschichte zu kennen. Es handelt sich um „Fallstudien". Auch hier geht es um die Kontiguität zwischen gegenwärtigen und voraussichtlich künftigen Problemen einerseits und historischen Konstellationen und Entwicklungen andererseits, um Sinnzusammenhänge. Analogie und Vergleich stehen dabei im Vordergrund. Analogie besteht zwischen zwei Erscheinungen, die bei aller Differenz viele Merkmale der Ähnlichkeit haben. Beim Vergleich wird danach gefragt, was es zwischen zwei Erscheinungen Gleichartiges, Ähnliches und Differentes gibt.

Beispiele

Als Beispiele sind alle Einzelfälle geeignet, die bei den Beispielen zu den „thematischen Längsschnitten" herausgelöst werden können (vgl. S. 47 ff.). Es geht dabei um die begründete Auswahl eines einzigen historischen Falles aus einer einzigen historischen Epoche – etwa

- Armut und Caritas im frühen Mittelalter,

---

29 Vgl. Geschichte lernen 64 (1998): „Tiere in der Geschichte" und darin den Basisartikel von Hans-Jürgen Pandel sowie zahlreiche Unterrichtsvorschläge.

30 Vgl. die Unterrichtsbeispiele in Geschichte lernen 64 (1998).

- Frauen in der Französischen Revolution,
- Alter in der frühen Neuzeit,
- Wirtschaftsdemokratie in der frühen Bundesrepublik,
- Anti-Sklaverei-Bewegung im späten 18. und im 19. Jahrhundert,
- Das Pferd als Herrschaftsinstrument im Hochmittelalter.

Beispiel
Der Umgang mit Fremden / Der Umgang mit Minderheiten

Gegenwart: Der Umgang mit Fremden – allmählich schält sich in der politischen Debatte in der Bundesrepublik die Erkenntnis heraus, dass Deutschland ein „Einwanderungsland" ist. Es ist hier unerheblich, auf semantische Unterschiede bei der Darstellung des Sachverhalts einzugehen, dass in Deutschland Millionen von Ausländern leben und leben werden. Ob man von „multikultureller Gesellschaft", von „multiethnischer Gesellschaft" oder von der Existenz von „Parallelgesellschaften" spricht, ist sekundär gegenüber den Fragen, welche Probleme sich im Zusammenleben ergeben, wie die Mehrheit mit „den Anderen" umgeht und welche Vorurteile und Feindbilder verbreitet werden.

Und wie sieht es aus mit dem Umgang mit anderen Minderheiten in der Gesellschaft – mit Punkern, Schwulen und Lesben, „Zigeunern", Behinderten, Aids-Kranken, Kommunisten, Unangepassten, „Abweichlern", Obdachlosen, Nichtsesshaften?

Geschichtsdidaktische Frage: Zur historischen Vertiefung und Verfremdung, zur Analogie und zum Vergleich bieten sich viele „historische Fälle in ihrer Entwicklung" an – etwa

- Griechen und Barbaren,
- Rom als „multikulturelle" Gesellschaft,
- Christen im antiken Rom,
- Randgruppen im Mittelalter und in der frühen Neuzeit
- Ketzer im Mittelalter,
- Juden in der Geschichte,
- „Abweichler" und Dissidenten in der Geschichte,
- Hugenotten in Preußen,
- Italienische „Gastarbeiter" in der frühen Bundesrepublik.

☛ M 9: Inquisition – Tod den Ketzern

Um Glaubensabweichler, so genannte Ketzer, zur Räson zu bringen, bestellte 1231 Papst Gregor IX. Inquisitoren. Nach unterschiedlichen Schätzungen wurden bis 1859 zwischen einer und zehn Millionen Menschen ermordet. Am schlimmsten wütete die Glaubenspolizei in Spanien, wo 1826 in Valencia der letzte Ketzer gehenkt wurde. Die „Heilige Kongregation der Römischen und Universalen Inquisition“ im Vatikan existierte bis 1908, dann wurde sie umbenannt. Heute führt die ehemalige Inquisitionsbehörde den Titel „Kongregation für die Glaubenslehre“, ihr Chef ist der deutsche Kardinal Joseph Ratzinger. Die prominentesten Opfer der römischen Inquisition waren der abtrünnige Dominikanermönch Giordano Bruno (1600 verbrannt) und der Gelehrte Galileo Galilei (1633 zum Widerruf gezwungen). *(Der Spiegel 17 [2000], S. 112 ff.)*

Abb. 6: Häretiker beim Verhör

Jeder einzelne Fall kann „herausgegriffen“ und intensiv befragt werden: Wo kommen die Anderen her? Warum sind sie gekommen? Gezwungen, aus Not, aus kultureller Neigung? Wie wurden sie aufgenommen und angesehen? Welche Urteile und Vorurteile gab es? Wie war das Zusammenleben zwischen den Einheimischen und den Anderen? Wie entwickelte sich das Zusammenleben? Welche Formen der Ausgrenzung und Verfolgung mit welchen Folgen gab es? Welche Ängste wurden offenbar? Welche Identitätsformen gab es und welche Rolle war dabei den Anderen zugewiesen? Was war anders als heute?

Beispiel
Umgang mit der Natur: Umweltprobleme

Gegenwart: Mitte Juli 2001: Weltklimakonferenz in Bonn. Presse, Funk und Fernsehen berichten ausführlich über die Konferenz und die dort besprochenen Probleme. Eine kurze Zeitungsnotiz referiert über die Prognosen von Wissenschaftlern und die Brisanz der Probleme. (Zeitungsnotiz aus der Neuen Westfälischen; vgl. S. 56 f.)

Geschichtsdidaktische Frage: Welche Umweltprobleme gab es in früheren Zeiten – in den alten Hochkulturen, in der Antike, im Mittelalter, zur Zeit der industriellen Revolution? Wie sind diese Probleme durch Einwirkungen von Menschen auf die Natur entstanden? Welche Folgen hatten sie? Konnten die Probleme gelöst werden oder führten sie zu dauerhaften Schäden? Wer hatte unter den Problemen am stärksten zu leiden? Folgende historische Sachverhalte können etwa in den Blick kommen[31]:

- Umweltsünden im Zweistromland: Salz statt Brot,
- Die griechische Kultur ist vom Holz abhängig,
- Die Römer haben Großstadtprobleme,
- Die Menschen werden Opfer von Seuchen,
- Wasserversorgung und -entsorgung im römischen Reich[32],
- Umweltschäden im 19. Jahrhundert[33].

Zum Thema Umweltgeschichte enthalten die Zeitschriften „Geschichte lernen" und „Praxis Geschichte" immer wieder mal anregende Unterrichtseinheiten.

☛ M 10:

Die Warnungen der Wissenschaftler vor den katastrophalen Folgen der globalen Erwärmung werden immer eindringlicher. Robert Watson, Vorsitzender der Expertengruppe der Weltklimakonferenz, wird nicht müde die schon jetzt absehbaren Schäden zu schildern, wenn die Polkappen und die Gletscher abschmelzen, der Meeresspiegel steigt, Dürren, Überschwemmungen und zerstörerische Wirbelstürme an Heftigkeit und Häufigkeit dramatisch zunehmen. Weil die Länder der Dritten Welt aufgrund ihrer geographischen Lage besonders betroffen sind, werden alle Entwicklungsanstrengungen der letzten Jahrzehnte zunichte gemacht werden. Es drohen Hungerkatastrophen, es drohen Kriege um Trinkwasser, es drohen Insektenplagen bislang ungekannten Ausmaßes. Krankheiten wie Malaria, Cholera und Dengue-Fieber werden sich ausbreiten und Hunderttausende werden daran sterben. Trocken ergänzt sein niederländischer Stellvertreter Bert Mats, die technologischen Möglichkeiten seien schon vorhanden, den Ausstoß von Kohlendioxid – das Gas ist hauptverantwortlich für die Veränderung des Klimas – zu bremsen und mittelfristig zurückzuführen. Man muss es nur wollen.

Von diesem Willen ist auf der Konferenz nicht unbedingt etwas zu spüren.
(Neue Westfälische, 21./22.7.2001)

---

31 Die ersten vier Beispiele aus dem Schulbuch: Geschichte konkret 1. Ein Lern- und Arbeitsbuch, Hannover 1996, S. 176 ff.: „Längsschnitt: Umwelt hat Geschichte".

32 Vgl. Callies, Horst, Wasserver- und -entsorgung im römischen Reich, in: Geschichte lernen 4 (1988).

33 Vgl. Hottes, Christiane, „Ein wahrer Vorhof des Orkus". Umweltschäden und deren Wahrnehmung im 19. Jahrhundert, in: Geschichte lernen 4 (1988).

☛ M 11: Freispruch für das Klima – Der Mensch war schuld am Artensterben vor Jahrtausenden

Nordamerika und Australien waren Paradiese für Mammuts und andere exotische Riesensauger, bis die ersten Menschen sich auf den Kontinenten ansiedelten. Dann setzte mit einem Schlag ein Massensterben ein. Zwei Forscher meinen jetzt den Nachweis führen zu können, dass es auf das Konto der frühen Jäger ging.

In zwei Artikeln im US-Wissenschaftsjournal Science (Bd. 292, S. 888 und S. 1893) heißt es, dass Analysen der Wissenschaftler aus Australien und den USA mit Thorium und Uran nunmehr zweifelsfrei den Menschen für das große Artensterben vor rund 46000 Jahren in Australien und vor 12000 Jahren in Nordamerika verantwortlich machen. Die lange als Ursache verdächtigten Klimaverschiebungen kommen demnach nicht mehr als Ursache in Frage.

In Australien wurden alle Landsäuger, Reptilien und Vögel mit einem Gewicht von mehr als etwa 100 Kilogramm ausgerottet, ebenso fast alle Arten, die wenigstens 45 Kilo auf die Waage brachten. Unter den Opfern waren 55 besonders gewaltige Tierarten, unter anderen ein rund 300 Kilogramm schweres, Furcht erregendes Känguru und der gewaltige Genyornis, der mit etwa 100 Kilo schwerste Vogel aller Zeiten.

Im eiszeitlichen Nordamerika rottete der Mensch laut Science die gewaltigen Säbelzahn-Tiger, das wollene Bison und das wollene Mammut sowie einige Riesenantilopenarten aus. In der Folge hatte Amerika dann vor rund 11000 Jahren etwa zwei Drittel seiner großen Säugetier-Arten verloren.

Allerdings erklären der australische Forscher Richard Roberts (Melbourne) und sein US-Kollege, der Geochronologe Gifford Miller (Boulder/Colorado) die Jäger nur für indirekt schuldig. Die Aborigines zum Beispiel, die Ureinwohner Australiens, veränderten nach den Erkenntnissen der Forscher die Vegetation durch Buschfeuer und hängten den hungrigen Säugern damit den Brotkorb höher. Durch den Nahrungsmangel bereits angeschlagen, wurden sie dann zu leichter Beute, erläutern die Forscher in dem Wissenschaftsmagazin.

Allerdings sind nicht alle Experten von der These von Roberts und Miller überzeugt. Ross MacPhee und Alex Greenwood, beide Biologen am Amerikanischen Museum für Naturgeschichte in New York, fragen sich unter anderem, warum das große Artensterben auf beiden Kontinenten dann plötzlich beendet war. Hierfür lieferten Roberts und Miller keine ausreichende Erklärung. (dpa)

(FR, 12.1.2001)

Beispiel
G-8-Gipfel in Genua: Probleme der Globalisierung

Gegenwart: Begleitet von heftigen, zu einem geringeren Teil gewalttätigen Protestdemonstrationen findet im Juli 2001 in Genua ein Gipfeltreffen der 8 wichtigsten Industrienationen zu Fragen der Globalisierung statt. Die Proteste richten sich gegen einen scheinbar selbstlaufenden Prozess eines entfesselten Kapitalismus, in dem Wirtschaftsabläufe nur unter Fragen ökonomischer Effizienz gesehen werden. Als Folgen des Neoliberalismus werden befürchtet: Zunehmende Armut in allen Teilen der Welt, Abbau von Sozialleistungen und -garantien, Umweltzerstörung, Ausbruch von Hunger- und Krankheitsepidemien, Kapitulation der Politik gegenüber der „Herrschaft des internationalen Finanzkapitals" …

Geschichtsdidaktische Frage: Können wir aus der Geschichte des 19. Jahrhunderts und der Industrialisierung lernen? Welche Folgen ergaben sich damals aus der wirtschaftlichen Entwicklung? Wie wurde aus dem „Nachtwächterstaat" ein Staat, der auch regulierend in das Geschehen eingriff? Wie litten und handelten die betroffenen Menschen in dieser Entwicklung? Wie konnten sie sie beeinflussen? Welche Möglichkeiten des Protestes, Widerstandes, solidarischen Handelns gab es? Wie wurden sie genutzt mit welchen Folgen?

☛ M 12: „Widerspruch"

Total global: Eine neue, erstmals wirklich internationale Protestgeneration heizt Politikern und Konzernchefs ein – und zwar zu Recht. Die globale Weltwirtschaft, mächtig und krisenanfällig zugleich, braucht neue Spielregeln.

Für die Chefs der globalen Großkonzerne war es ein Freitagnachmittag wie immer.

DaimlerChrysler-Chef Jürgen Schrempp hatte internationale Top-Analysten zur Telefonkonferenz geladen, im Konferenzraum 3, einem mit Hightech voll gestopften Besprechungszimmer, beantwortete er brav die Fragen der Investoren. Wann gibt es Gewinne bei Chrysler? Wie läuft die Sanierung in Japan? Danach ging es ab ins Wochenende.

Rupert Murdoch, der Medientycoon, kreuzte am Freitag mit seiner Yacht vor der Insel Mauritius im Indischen Ozean. Er entspannte mit seiner schwangeren Frau Wendy Deng.

Auch Frank Harrison, Chef von Coca Cola Bottling, ist samt Familie im Urlaub, Exxon-Chef Lee Reymond war am Freitag auf Dienstreise unterwegs.

Abends bei den TV-Nachrichten aber wird jeder gezuckt haben. Was ist da los, beim großen Gipfel in Genua? Warum ist der Bildschirm in feuriges Rot getaucht? Wer ist der Mann, der da leblos auf dem Asphalt liegt?
Die internationalen TV-Stationen berichteten aus der italienischen Hafenstadt wie aus einem Bürgerkriegsgebiet. Der Tod des 23-jährigen Italieners Carlo Giuliani, der am Freitagabend bei den Auseinandersetzungen mit der Polizei erschossen wurde, hat die Welt geschockt. (...)
Doch die schlimmste Befürchtung wurde wahr. Mit dem toten Demonstranten hat die Protestbewegung gegen die Globalisierung ihren ersten politischen Toten. Bundeskanzler Gerhard Schröder äußerte sich „erschüttert" über die Ereignisse.
Die Staats- und Regierungschef sahen plötzlich wie Getriebene aus, die sich vor ihrem Volk verschanzen müssen. Dabei hatten sich die meisten der über 150000 Protestler am Freitagabend bereits aus der Altstadt zurückgezogen.
Sie lehnten Gewalt ab, wollten weiterhin friedlich ihren Unmut über den neuen Globalkapitalismus demonstrieren. Auf vielen T-Shirts fand sich nur ein Wort: „Widerspruch!" (...)
Die Fakten sind auch von den Politikern unbestritten: Der Globalkapitalismus hat den Reichtum vieler gemehrt und den Abstand zu den Ärmsten dennoch vergrößert. In den Industriestaaten wird die Fraktion der Genießer und Gourmets immer größer, anderswo auf der Welt fehlt vielen die Kraft, sich die Fliegen aus dem Gesicht zu wischen.
Immer weniger Menschen haben immer mehr Macht, die Konzentrationswelle hat ganze Branchen erfasst. Konglomerate, die über alle Klima- und Zeitzonen rund um die Uhr produzieren, sind entstanden – groß, mächtig, kaum mehr steuerbar. Unternehmen Größenwahn.
Dagegen rührt sich jetzt erstmals ein internationaler Widerstand, der mehr ist als ein Haufen versprengter Protestler.
Genua, das war im Kern nicht ideologische Gesellschaftskritik alten Stils, sondern eher ein lauter Weckruf. Eine Aufforderung an alle, die sich für mehr verantwortlich fühlen als das eigene Wohlbefinden. Und eine Ermahnung an die globale Spaßgesellschaft, bei all dem Spaß eben nicht die Gesellschaft zu vergessen.
(Der Spiegel 30 [2001])

Das Nachdenken über die Entstehung, Ausprägung und Folgen von bedingt vergleichbaren historischen Problemen kann zu tieferen Einsichten und Horizonterweiterungen gegenüber den gegenwärtigen und voraussichtlich künftigen Problemen führen, wenn dabei die jeweilige historische Andersartigkeit zureichend berücksichtigt wird.

Ohne die Betonung der Differenz kämen dabei nur „exemplarische Sinnbildungen“ (Rüsen) zustande, d.h. ziemlich unbrauchbare und unhistorische Übertragungen von der Vergangenheit auf die Gegenwart (und dann hätte der Geschichtslehrerverband Recht mit seiner Warnung vor der „Exemplumgeschichte“). Um bis zu „genetischen Sinnbildungen“ (Rüsen) vorzustoßen, ist es unerlässlich, die Differenz und die Entwicklung herauszuarbeiten.

Die scheinbar größte Schwierigkeit bei diesen Verfahren besteht in der Unkenntnis der Schülerinnen und Schüler über den historischen Zusammenhang des „historischen Falles“. Beim unvermittelten „Hineinspringen“ in eine vergangene Zeit stellt sich immer die Frage nach der Vorgeschichte des historischen Sachverhalts und seinen Rahmenbedingungen. Das „Hineinspringen“ verlangt immer nach der Herstellung eines zeitlich begrenzten historischen Ursachenzusammenhanges, durch den Vorgeschichte und Gewordensein des Sachverhalts erklärt werden. Es sind im Idealfall die Schülerinnen und Schüler selber, die darauf drängen, einen historischen Ursachenzusammenhang zu erschließen.

4. Vergangenheitsbezüge in der Gegenwart der Schülerinnen und Schüler

Gegenwarts- und Zukunftsbezüge werden durch Denkakte von Lehrenden und Lernenden ausdrücklich hergestellt, indem das Wissenschaftswissen der Geschichtswissenschaft daraufhin untersucht wird, ob Aspekte und Momente eines historischen Sachverhalts auf gegenwärtige Schlüsselprobleme bezogen werden können. Damit kommt das Historische Lernen wichtigen und für das Lernen erheblichen Bedürfnissen der Schülerinnen und Schüler entgegen.

Es gibt aber auch die Möglichkeit, erkennbare Vergangenheitsbezüge als Grundlage eines didaktisch wie methodisch guten Geschichtsunterrichts zu nutzen. Unter Vergangenheitsbezügen sind dabei materielle wie geistige Erscheinungen der Gegenwart zu verstehen, die erkennbar Bestandteile der Vergangenheit in sich bergen oder auf einer Auseinandersetzung mit Vergangenem beruhen. Insgesamt werden im Folgenden fünf solcher Vergangenheitsbezüge unterschieden:

1. Es gibt Vergangenheit, die sich – auf den ersten Blick oft unerkennbar – in den *Sachverhalten und Begriffen des Alltags* findet, die zu den Selbstverständlichkeiten der Gegenwart gehören. Sie lassen erst bei genauerem Fragen ihr geschichtliches Gewordensein erkennen. Zum Beispiel haben der Begriff und der Sachverhalt des „Boykotts" eine geschichtliche Herkunft, die der Nachfrage wert ist. Spürt man der Herkunftsgeschichte von „Boykott" nach, kann man wichtige Einsichten in Formen und Möglichkeiten politischen Handelns gewinnen. – Die aus der Vergangenheit überkommenen Dinge und Begriffe des Alltags ermöglichen die Erkenntnis der allgemeinen *Geschichtlichkeit der Gegenwart* und führen bei genauerem Nachfragen zu interessanten und wichtigen Einblicken in Vergangenheit und Gegenwart.
2. Es gibt Vergangenheit, die Spuren hinterlassen hat, die erkennbar und sichtbar, hörbar und greifbar, einfach „da" sind und in der Gegenwart von früheren Zeiten zeugen: Es sind *materielle Überbleibsel der Vergangenheit* wie etwa historische Bauwerke und Denkmäler, die sich gleichsam von selber darbieten; es sind aber auch Zeugnisse, die erst abgerufen werden müssen, um sichtbar oder hörbar zu sein, zum Beispiel stehende oder laufende Bilder, aufgezeichnete Reden, Dokumente aus der eigenen Familiengeschichte. – Sie ermöglichen

die Erkenntnis der *Gegenwärtigkeit von Vergangenheit* und eignen sich zu einer Spurensuche, die in größere historische Zusammenhänge führen kann.

3. Es gibt Vergangenheit, die sich in wesentlichen *Errungenschaften* zeigt, die unabhängig von sonst differenten politischen Ansichten als nicht hintergehbare, vielmehr bewahrenswerte Ergebnisse historischen Denkens und Handelns in der Gegenwart gelten – wie immer (noch) im Einzelfall gegen sie verstoßen wird, zum Beispiel Menschenrechte, Demokratie, rechtliche Gleichstellung von Frauen, soziale Sicherheit. – Sie ermöglichen die Erkenntnis einer *Gegenwärtigkeit von Vergangenheit,* die sich in hohen Gütern zeigt, die Anstrengungen zu ihrer Bewahrung, Verteidigung und Fortführung rechtfertigen.
4. Es gibt Vergangenheit, die als *Hypothek* auf der Gegenwart lastet und sich in Denkweisen und Handlungen zeigt, die historisch nicht mehr legitimierbar sind, zum Beispiel in Fundamentalismus, Nationalismus oder Rassismus, die zu Konflikten in der Gegenwart führen. Daneben gibt es auch eine „Vergangenheit, die nicht vergehen will" – die unfassbare, gegenwärtige Vergangenheit des Holocaust: „Unbewältigt, nicht zu bewältigen, wie ein Mühlstein hängt uns Deutschen, auch den nachgeborenen, der geplante, vollstreckte, geleugnete, verdrängte und doch offen zutage liegende Völkermord an."[1] – Die Erkenntnis dieser *Gegenwärtigkeit von Vergangenheit* kann zur Einsicht in gegenwärtige Aufgaben politischen Handelns führen, bei dem es um die Aufarbeitung oder um die Befreiung von einer Vergangenheit geht, „die wie ein Alb auf den Gehirnen der Lebenden lastet" (Marx).
5. Es gibt Vergangenheit, die Menschen in der Gegenwart reizt, sich mit ihr aus kognitiven, politischen, ästhetischen oder ökonomischen Gründen zu beschäftigen. Sie zeigt sich in der sogenannten *„Geschichtskultur"* – in den Veröffentlichungen und Kontroversen der Geschichtswissenschaft, in Formen der Erinnerungspolitik, in künstlerischen Formen der Auseinandersetzung mit Vergangenem oder in der für touristische und im weiteren Sinne ökonomische Zwecke nutzbar gemachten Geschichte. – Die Erkenntnis dieser *Gegenwärtigkeit von Geschichte* kann und sollte zu einem wachsamen und kritischen Umgang mit den Erscheinungsformen der Geschichtskultur führen.

1 Grass, Günter, Geschenkte Freiheit – Rede zum 8. Mai 1945, in: Akademie der Künste – Anmerkungen zur Zeit 24, Berlin 1985.

In der Auseinandersetzung mit diesen Vergangenheitsbezügen können die Schülerinnen und Schüler Geschichte da vertiefen, wo und wann sie ihnen begegnet und sie sie brauchen können. Sie können lernen, zunächst unter Anleitung, dann zunehmend selbständiger, nach der historischen Herkunft von Sachverhalten und Begriffen, von materiellen Überbleibseln der Vergangenheit, nach Hypotheken und Errungenschaften der Vergangenheit und nach dem Umgang mit Vergangenheit und Geschichte in ihrer Gegenwart zu fragen. In der Regel geht es darum, von der Gegenwart her Ursachenzusammenhänge zu entdecken. Gelegentlich kann es aber auch um thematische Längsschnitte gehen.

Gegenwart →	**Sachverhalte und Begriffe des Alltags**	**Materielle Überbleibsel der Vergangenheit**	**Errungenschaften der Vergangenheit**	**Hypotheken der Vergangenheit**	**Geschichtskultur**
Beispiele →	„Rechts-Links" Blue Jeans, Boykott	Bauwerke, Denkmäler, Friedhöfe	Menschenrechte, Rechtliche Gleichstellung von Frauen	Palästina-Konflikt, Diskriminierung von Frauen	Gedenktage, Werbung mit Geschichte, Comics
Didaktisches Ziel: Erkenntnis von →	Geschichtlichkeit der Gegenwart	Gegenwärtigkeit von Vergangenheit	Gegenwärtigkeit von bewahrenswerter Vergangenheit	Gegenwärtigkeit von belastender Vergangenheit	Gegenwärtigkeit von Geschichte, Probleme der Geschichtskultur
Verfahren →	Ermittlung von Herkunftsgeschichten	Situative historische Aufklärung	Ermittlung von Ursachenzusammenhängen	Ermittlung von Ursachenzusammenhängen	Kritische Auseinandersetzung
Möglichkeiten im Unterricht →	Einstiege und Ausweitung zu U-Einheit	Einstiege und Ausweitung zu U-Einheit	Einstiege und Ausweitung zu U-Einheit	Einstiege und Ausweitung zu U-Einheit	Einstiege und Ausweitung zu U-Einheit: 1. Historischer Fall als Thema 2. Geschichtskultur als Thema

4.1 Vergangenheitsbezüge: Sachverhalte und Begriffe des Alltags

Jeder Sachverhalt und jeder Begriff der Gegenwart haben ihre Geschichte, sind in einem mehr oder weniger langen Prozess entstanden und so geworden wie gegenwärtig vorhanden. Alles – so die didaktisch wichtige Einsicht für Schülerinnen und Schüler – kann in seiner Komplexität nur voll erfasst werden, wenn man dieses „Gewordensein" (Droysen) oder diese *Geschichtlichkeit der Gegenwart* erkennt. „Historische Gegenwartskunde" nennt Peter Schulz-Hageleit diesen Ansatz[2], bei dem Erscheinungen der Gegenwart auf ihre Entstehung und Ursprünge befragt werden. Jeder Sachverhalt, jeder Begriff der Gegenwart kann so Ausgangspunkt des Unterrichts werden – die Eisenbahn als Verkehrsmittel, der Fußball als Massensport, Bestandteile der gegenwärtigen Jugendkultur, die Kleidung mit „Blue Jeans" oder die Begriffe „Boykott" und „Asyl" (...) Es geht um die „historische Dimension" gegenwärtiger Selbstverständlichkeiten, die in einer Unterrichtseinheit erschlossen wird. Der historischen Dimension nachzuspüren, bedeutet immer zugleich, das historische gesellschaftliche Umfeld zu erschließen und die Andersartigkeit („Alterität") und die Differenz in der Kohärenz kennenzulernen, zunächst befremdliche, dann aber vielleicht „verstehbare" Wertvorstellungen zu entdecken und Erfahrungen zu bedenken.

Didaktisches Ziel: Aufmerksamwerden auf die Geschichtlichkeit der Gegenwart

Beispiel „Blue Jeans"

Gegenwart: „Jeans" und „Blue Jeans" sind die am weitesten verbreiteten Kleidungsstücke unserer Zeit. Kinder und Jugendliche, Mädchen und Jungen tragen gleichermaßen Jeans in ihrem schulischen und außerschulischen Alltag und unterscheiden sich nur durch die Marken, die sie bevorzugen oder sich finanziell leisten können. Und auch viele Erwachsene aller Altersstufen kleiden sich gerne mit den (gelegentlich sperrigen und einzwängenden) Hosen, damit ihre Jugendlichkeit oder Alterslosigkeit vorzeigend.

Geschichtsdidaktische Fragen: Woher kommen und seit wann gibt es „Blue Jeans"?

Der 20-jährige Textilkaufmann Levi Strauss aus Fürth wandert 1850 in die USA aus. Seine wichtigste Habe besteht aus drei Ballen Segeltuchstoff, den er mit der Farbe „Bleu de Gênes" (Blau von Genua) einfärbt und zu Hosen und Jacken verarbeitet. (Aus „Bleu de Gênes"

---

2 Schulz-Hageleit, Peter, „Gegenwartsbezüge" als Problem und Aufgabe des Geschichtsunterrichts (1), in: Geschichtsdidaktik 1 (1976), H. 1, S. 62.

wird im Amerikanischen „Blue Jeans“, wie aus „Bleu de Nîmes“ schließlich „Blue Denim“ wird).

Welche Situation war in Deutschland gegeben? Viele Deutsche wanderten in jenen Jahren um 1848 in die USA aus. Aus welchen Gründen? Hatte die Auswanderung von Levi Strauss mit seinem jüdischen Glauben zu tun? Oder war sie nur durch Liebeskummer bedingt? Mit welchen Absichten und Aussichten wanderte er aus? Warum gerade in die USA? Warum gerade nach San Francisco? Was waren die Gründe für seinen Erfolg? Goldgräber und Cowboys trugen Blue Jeans. Wie kommen die Hosen nach Deutschland – in die Heimat von Levi Strauss? Nach dem Krieg gelten sie als „Nietenhosen“, die man bei der Arbeit tragen kann, während Hosen für sonstige Gelegenheiten aus feinem Tuch hergestellt wurden. Jeans galten als Import aus den USA – und waren damit bei vielen älteren Leuten suspekt wie die ebenfalls aus den USA kommenden Kugelschreiber, mit denen man sich angeblich die Handschrift verdarb. Jugendliche scherten sich nicht um antiamerikanische Vorurteile, trugen Jeans, und selbst Mädchen wechselten vom Rock und Kleid auf Hosen – Zeichen einer eigenen neuen Jugendkultur. Und dann wurden die Jeans zur Freizeitkleidung auch bei Erwachsenen, die in der Freizeit auf Bügelfalten verzichteten und die Jeans auch bald bei anderen Gelegenheiten anzogen. Heute gibt es „Edel-Jeans“ von Textildesignern. Ein gewandeltes Lebensgefühl drückt sich im Tragen von Jeans aus: Man ist nicht mehr nur dann gut angezogen, wenn man eine Hose aus feinem Tuch mit einer scharfen Bügelfalte trägt.

Die Geschichte der Jeans ermöglicht Einblicke in wesentliche politik-, wirtschafts- und kulturgeschichtliche Zusammenhänge.

Beispiel
Voraussetzungen für heutige Mobilität – Die Eisenbahn[3]

Gegenwart: Man fährt heute in einer früher unvorstellbar kurzen Zeit über mehrere hundert Kilometer von einem Ort zum anderen – und dies gehört heute zu den Selbstverständlichkeiten unserer Zeit.

---

3 Vgl. die Zusammenstellung von Quellen zum Thema „‚Vorwärts, mit Dampf!‘ Die Eisenbahn – ein Vehikel des Fortschritts?“ von Klaus Bergmann und Susanne Thurn, in: Geschichte lernen 1 (1987), S. 44 ff. und zum Thema „Die Eisenbahn – eine Lokomotive des Fortschritts?“, in: Bergmann, Klaus, Multiperspektivität. Geschichte selber denken, Schwalbach/Ts. 2000, S. 103-110.

Geschichtsdidaktische Frage: Die Eisenbahn war eine revolutionäre Erfindung, die die traditionellen Vorstellungen von Raum und Zeit durcheinanderbrachte: 1850 warb eine Eisenbahngesellschaft mit dem Hinweis, man könne jetzt „anderthalb Stunden in 10 Minuten" zurücklegen, und Jacob Burckhardt fuhr 1840 in 33 Minuten von Berlin „nach dem 5 Stunden entfernten Potsdam". Seit wann gibt es die „Eisenbahn"? Welche Verkehrsmittel gab es vorher für wen? Wann wurde sie „erfunden"? Wann wurde sie eingesetzt? Welche Erwartungen verknüpften die Zeitgenossen mit ihr? Welche Erfahrungen machten sie mit ihr? Welche Vorteile, welche Nachteile waren mit ihr nach dem Urteil von Zeitgenossen verbunden? Welche Gründe brachten die Gegner, welche die Befürworter der Eisenbahn vor? Welche unbedachten und unbeabsichtigten Nebenwirkungen hatte die Eisenbahn? Was wurde durch die Eisenbahn gewonnen, was ging verloren?

Man kann sich bei der Deutschen Bahn AG Unterlagen über die Entwicklung der Eisenbahn beschaffen, über das Internet Informationsmaterial durch die Schülerinnen und Schüler bestellen lassen und den Schülerinnen und Schülern selber vielfältige historische Quellen zur Verfügung stellen, die durch die Fremdartigkeit und Unterschiedlichkeit historischer Vorstellungen über die Eisenbahn eine Fülle von Fragen zum historischen Kontext auslösen.

Beispiel
Geschichte des Zuckers und des süßen Geschmacks

Gegenwart: Zucker als Thema des Geschichtsunterrichts? Zucker und süßer Geschmack erscheinen uns als überhistorische Größen. Haben Menschen nicht immer Lust auf Zucker und süßen Geschmack gehabt? Ist für uns Anderes überhaupt vorstellbar? Handelt es sich nicht um eine menschliche Konstante, so dass die Historische Anthropologie hier kein Forschungsfeld finden kann? Es scheint zunächst eine absonderliche Idee, Zucker und süßen Geschmack im Geschichtsunterricht zu besprechen – und dann zeigt sich eben doch, dass man auch hier vom Besonderen zum Allgemeinen kommt, wenn man dem Thema nachgeht.

Geschichtsdidaktische Frage: Das Thema reicht nämlich bis in die Geschichte der kolonialen Ausbreitung Europas und der Ausbeutung der Kolonien hinein, ermöglicht wesentliche Einblicke in das 19. Jahrhundert, die Soziale Frage und die Rolle von Interessenverbänden im Kaiserreich und hat sogar mit der Ermordung der europäischen Juden im Holocaust zu tun.

Der Historiker Hans Medick rezensiert das Buch des amerikanische Ethnologen Sidney W. Mintz über die Kulturgeschichte des Zuckers[4] und knüpft daran weitergehende Überlegungen. „Mintz zeigt, wie die Vorliebe unseres Geschmacks für das Süße, die wir oft als die Wirkung eines in der menschlichen Physiologie verankerten, natürlichen Sinnesvermögen anzusehen geneigt sind, keineswegs zeitlos ist, sondern vielmehr Bestandteil und Ergebnis eines historischen Prozesses (...) Die große Bedeutung des Süßen in unserer gegenwärtigen Gesellschaft, so die Hauptthese des Buches, lässt sich nicht lösen von der Geschichte der kolonialen Produktion und Vermarktung des Zuckers als Ware in der frühneuzeitlichen Übergangsepoche. Die Geschichte des Zuckers und der zunehmenden Veralltäglichung seines Konsums ist ein wichtiger Bestandteil der Macht-, Herrschafts- und Ausbeutungsverhältnisse dieser Epoche." (9)

Im Mittelalter und in der vorkolonialen Epoche galt Zucker vor allem als Medizin und als Würzmittel bei Speisen, die durchaus keinen süßen Geschmack hatten. Zucker war zudem ein Luxusgut, das dem Adel und den städtischen Patriziern vorbehalten war. Der Konsum von (wenig) Zucker blieb auf eine Oberschicht begrenzt.

„Zur wesentlichen Ausweitung des Zuckerkonsums und zur parallelen Entfaltung und Verinnerlichung des süßen Geschmacks kam es jedoch erst aufgrund der kolonialen Produktion des Zuckers in der fast ausschließlich von afrikanischen Sklaven betriebenen Plantagenwirtschaft Mittel- und Südamerikas seit dem 16., verstärkt seit dem 17. Jahrhundert. (...) Sensiblen und aufgeklärten Zeitgenossen war dies in aller Deutlichkeit bewusst, wie etwa einem französischen Reisendes des 18. Jahrhunderts, den Mintz zitiert: ‚Ob Kaffee und Zucker für das Glück Europas entscheidend wichtig sind, weiß ich nicht; was ich aber sehr wohl weiß, ist, dass diese beiden Erzeugnisse das Unglück zweier großer Weltregionen begründet haben: Amerika wurde entvölkert, weil man Land haben wollte für ihren Anbau, und Afrika wurde entvölkert, weil man Menschen haben wollte, die sie anbauten'" (9 f.). Zucker wurde seit dem 18. Jahrhundert auch für die Unterschichten in den europäischen Städten bedeutsam: Er war ein wichtiger Kalorienträger der alltäglichen Ernährung und galt als Nahrung. Zugleich zeigt

---

4 Medick, Hans, Süße und bittere Seiten des Zuckers. Zum Erscheinen von Sidney W. Mintz, Die süße Macht, in: Geschichtswerkstatt 12 (1987), S. 8-19; der vollständige Titel des Buches: Mintz, Sidney W., Die süße Macht. Kulturgeschichte des Zuckers, Frankfurt/M.–New York 1987.

sich im 19. Jahrhundert, dass Zucker in der geschlechts- und altersspezifischen Ernährung eine wichtige Rolle spielte. Die historisch gegebene Familienstruktur brachte es mit sich, dass der arbeitende Ehemann Fleisch bekam, während die Ehefrau und die Kinder sich weitgehend von Sucrose ernähren mussten.

Es würde hier zu weit führen, weitere Zusammenhänge darzulegen, um die Bedeutung des Zuckers für Produktions- und Konsumtionsverhältnisse, für die Ausbreitung des merkantilen und später industriellen Kapitalismus, für die Umstellung und Entwicklung von Geschmackspräferenzen und Ernährungsweisen hervorzuheben. Medick geht in seiner Besprechung des Buches auf weitere Aspekte ein, vor allem auf den Anbau und die industrielle Weiterverarbeitung der Zuckerrübe in Europa nach der napoleonischen Kontinentalsperre. „So hatte die Durchsetzung der Rübenzuckerfabrikation und ihrer agrarischen Voraussetzungen in der kapitalistischen Landwirtschaft die Proletarisierung weiter Teile der Landbevölkerung zur Vorbedingung wie auch verstärkt zur Folge“ (16). Vor allem der ostelbische Adel setzte verstärkt auf Zuckerproduktion, und die Zuckerproduzenten bildeten eine politisch besonders einflussreiche „pressure group“ im Kaiserreich.

Schließlich verweist Medick auf eine unvermutete Seite der Rübenzuckerproduktion in Deutschland: „Eine Geschichte des Zuckers und des süßen Geschmacks im Bereich deutscher Kultur, industrieller Technik und Machtausübung dürfte schließlich auch die bitterste Kehrseite nicht verschweigen: die Gewinnung des Todesstoffs Zyklon-B mithilfe der industriellen Zuckerproduktion“ (17, mit genaueren Angaben).[5]

Zur allseitigen Geschichtlichkeit ist auch die Geschichtlichkeit von Begriffen zu rechnen, die in unserer Zeit eine andere, mehr oder weniger stark veränderte Bedeutung haben als in früheren Zeiten. Jeder Begriff hat seine Geschichte: „Historische Begriffskunde“ nennt Peter Schulz-Hageleit diesen Ansatz eines gegenwartsbezogenen Geschichtsunterrichts.[6]

Vergangenheit zeigt sich auch in historisch überkommenen Flur- und Straßennamen, in Namen von Gaststätten („Zehntscheune“ oder

---

5 Vgl. zum Thema „Zucker“ auch die Unterrichtseinheit von Mögenburg, Harm, „... danke schön, Sarotti-Mohr“. Wie der Zucker die Umwelt und das Menschenbild veränderte, in: Geschichte lernen 4, 1988, S. 31-40.

6 Schulz-Hageleit, „Gegenwartsbezüge“, S. 63.

„Am Schlagbaum“), in Familiennamen („Schneider“ oder „Schuster“) oder Städtenamen („Köln“ oder „Ludwigsburg“) usw.

Bei bestimmten Sachverhalten, Begriffen oder Namen bietet es sich an, den Begriff oder Namen im Internet oder durch Lexikonartikel zu erschließen, in denen auch ein historischer Abriss gegeben wird, der immer wieder Fragen nach dem historischen Kontext aufwerfen wird. Wer über ältere Lexika verfügt, kann Vergleiche anstellen lassen zwischen verschiedenen, früheren und heutigen Lexikonartikeln. Entweder können die Lexikontexte von Lehrerin oder Lehrer kopiert werden oder aber die Schülerinnen und Schüler schauen in häuslichen Lexika nach, was sie an historischen Informationen finden. An jedem Sachverhalt und Begriff können Wandlungen, Veränderungen und jeweilige historische Zusammenhänge erschlossen werden.

Beispiel „Demokratie“

Gegenwart: „Demokratie“ begegnet den Schülerinnen und Schülern auf Schritt und Tritt als selbstverständlicher Begriff, der für sie eine sehr enge Bedeutung hat. Das Verständnis kann erweitert und vertieft werden durch gemeinsam verabredete Blicke in die Vergangenheit.

Geschichtsdidaktische Fragen: „Demokratie“ bedeutet in der Antike etwas anderes als in der Gegenwart: In der Antike waren Frauen, Sklaven und die Metöken von der Mitbestimmung in politischen Angelegenheiten ausgeschlossen, während heute nur die modernen Metöken, die in Deutschland lebenden Ausländer, ausgeschlossen sind. Demokratie bedeutet auch in der Frühgeschichte der USA oder im Zeitalter der Französischen Revolution etwas anderes als heute (Wahlrechtsfragen). Die parlamentarische Demokratie der Gegenwart ist nicht die einzig vorstellbare Form von Demokratie: Im frühen 20. Jahrhundert gibt es Ansätze und Bestrebungen zu direkten Formen von Demokratie – „Rätedemokratie“. Ist Demokratie historisch nur auf den politischen Bereich beschränkt oder wird sie auch für den wirtschaftlichen Bereich gefordert („Mitbestimmung“, „Betriebsverfassungsgesetz“)?

Beispiel „Muttertag“

Gegenwart: Jedes Jahr im Wonnemonat Mai wird international der „Muttertag“ begangen – angeblich zu Ehren der Mütter, tatsächlich zum Vorteil der Blumenindustrie und der Blumengeschäfte. Mit großem Aufwand wird Tage vorher in der Werbung auf den Muttertag hingewiesen. Kaum jemand, der nicht weiß, wann Muttertag ist und

Abb. 7: *„Muttertag"*, Plakat von Julius Gipkens um 1925. „Zum Muttertag am 2. Sonntag im Mai schenkt Blumen!" Auch der Muttertag war ein Import aus den USA. Die Amerikanerin Anne M. Jarvis hatte ihn 1907 „erfunden". (GuG IV)

wie man sich am Muttertag verhalten sollte. Einmal, an einem Tag im Jahr, solle man – so die Botschaft – der besonderen Rolle, Arbeit, Aufgabe der Mütter gedenken und den Müttern danken für ihre aufopferungsvolle Zuwendung zu Kindern und Ehemann.

Geschichtsdidaktische Frage: Seit wann gibt es den Muttertag? Wer hat ihn warum eingeführt? Welche Rolle spielte der Muttertag in verschiedenen Zeiten und Gesellschaften, etwa in der Zeit des Nationalsozialismus? Im Internet gibt es zahlreiche Hinweise zur Geschichte des Muttertags.

Beispiel „Asyl"

Gegenwart: „Asyl", „Asylsucher", „Asylanten", „Asylbewerber" – Begriffe, die täglich in Presse, Funk und Fernsehen auftauchen und auf komplexe Fragen verweisen: Flucht, Vertreibung, wirtschaftliche Not, Verfolgung, Bedrohung an Leib und Leben.

Geschichtsdidaktische Fragen: Was besagt der zugrundeliegende Begriff „Asyl"? Wo kommt er her? Wählen wir den Weg über ein älteres Lexikon aus dem Jahr 1951[7]: „*Asylrecht,* Freistättenrecht, das Recht auf Freiheit von Verfolgung bei Aufenthalt an einem Zufluchtsort. Es geht bis in die ältesten geschichtlichen Zeiten zurück und wirkt sich in der Weise aus, dass Verfolgte, selbst Verbrecher, in den Tempeln, später den christl. Kirchen, Sicherheit fanden. Die neuere Zeit kennt dieses A. nur noch bei Naturvölkern. – Eine bes. Art des A. ist der Schutz (Nichtauslieferung), den ein Staat den in einem anderen Staat aus polit. oder relig. Gründen Verfolgten gewährt." Nur noch bei Naturvölkern? Und wenn ein Staat keinen Schutz gewährt? Man kann die Suche nach den historischen Ursprüngen von Asyl und Asylrecht vertiefen – jedes Lexikon der antiken Welt und der Kirchengeschichte enthält eine Fülle von Informationen. Man kann – ausgehend vom gegenwärtigen „Kirchenasyl" (vgl. S. 28 f.) –, private Asylgewährung aus Zivilcourage und christlicher oder humanitärer Gesinnung für jüdische Deutsche in der Zeit des Nationalsozialismus oder für amerikanische Soldaten während des Vietnamkrieges oder die Flucht und Vertreibung von Deutschen während der NS-Zeit, die im Ausland um Asyl bitten mussten, thematisieren …

Nach der historischen Vertiefung bietet sich bei diesem Beispiel an, sprachkritisch auf den gegenwärtig oft verwendeten Begriff des „Asylanten" näher einzugehen.

„Asylant ist ein in allerjüngster Zeit (ca. 1980) aus *Asyl* und *-ant* geprägtes Wort. Dabei soll die Endung auf -ant vermutlich in vielfältigen Assoziationen von Bummelanten bis zum Querulanten auf den ‚schlechten' Charakter der so bezeichneten Person hinweisen. Denn

---

7 Der Kleine Brockhaus, Wiesbaden 1951, S. 71.

viele *-ant*-Substantive, die ohne Ausnahme Personenbezeichnungen sind, werden häufig abwertend, manchmal sogar als Schimpfwörter verwendet. Mit dem Ausdruck Asylant werden Personen charakterisiert, die aus politischen, rassischen oder religiösen Gründen ihr Heimatland verlassen (müssen), weil sie nach Einschätzung des Sprechers oft nur vorgeblich dort politisch verfolgt, unterdrückt oder gefoltert werden und in einem anderen Land um Asyl bitten (...) Zur Betonung des heute in der Bundesrepublik offenbar als negativ eingeschätzten brisanten politischen Sachverhalts der Asylrechtfrage (...) scheinen die eher positiv besetzten Ausdrücke *Asylbewerber, Asylsuchender, Emigrant* oder *politischer Flüchtling* vor allem im amtlichen Sprachgebrauch und in Politiker-Äußerungen durch das abschätzige Asylant weitgehend verdrängt zu werden."[8]

Die Schülerinnen und Schüler, die das historisch hohe Gut des Asylrechts kennengelernt haben, können in Tageszeitungen ggf. nach vorherrschenden Benennungen suchen.

Beispiel „American way of life"

Gegenwart: „American way of life" ist den Schülerinnen und Schülern in der Regel geläufig. Er bestimmt durch Werthaltungen, Kulturprodukte aus Film und Fernsehen, Musik, Konsumbedürfnisse und Konsumartikel alltägliches Leben im „globalisierten Dorf" und weckt in manchen Ländern eine fundamentalistische Opposition.

Geschichtsdidaktische Fragen: Wann und unter welchen Bedingungen ist der „American way of life" entstanden? Wann und wie hat er sich in den USA entfaltet? Wie hängt er mit dem „Amerikanischen System" zusammen? Wann und wie hat er zunächst nach Europa, später in die ganze Welt hineingewirkt? Welche Probleme waren und sind mit ihm verbunden? Was hat er mit US-amerikanischem Imperialismus und Dollar-Imperialismus zu tun?

Beispiel „Boykott"

Gegenwart: Soll der Irak weiter „boykottiert" werden? Sollen die Olympischen Spiele wegen Menschenrechtsverletzungen „boykot-

---

8 Strauß, Gerhard; Haß, Ulrike; Harras, Gisela, Brisante Wörter von Agitation bis Zeitgeist. Ein Lexikon zum öffentlichen Sprachgebrauch, Berlin–New York 1989, S. 86 f.

tiert" werden? Sollen Erzeugnisse bestimmter Konzerne, bestimmter Länder, aus bestimmten Tierhaltungen „boykottiert" werden? Boykott, Forderungen nach und Androhungen von Boykott machen Schlagzeilen in der Presse. Boykott ist zu einem öfter angewendeten oder angedrohten Mittel der politischen, gesellschaftlichen und wirtschaftlichen Auseinandersetzung geworden.

Geschichtsdidaktische Fragen: Woher kommt „Boykott". Ein Lexikon gibt Auskunft (☛ M 14).[9]

Welche historischen Boykotts hat es gegeben? Und wenn dabei nur der Boykott englischer Waren durch die Inder sowie Gandhis und der Inder Kampf um die Unabhängigkeit im Unterricht in Ursachen und Folgen besprochen würden – es hätte sich gelohnt.

☛ M 13: Vereinte Nationen
USA drohen mit Boykott der Rassismus-Konferenz

Washington, 27. Juli (dpa/rtr). Die USA wollen die geplante UN-Weltkonferenz gegen Rassismus boykottieren, wenn auf der Tagesordnung auch Diskussionen über Entschädigungen für Sklaverei und über Zionismus als Rassismus stehen. Wie die *Washington Post* am Freitag unter Berufung auf einen hohen Regierungsbeamten berichtete, wollten die USA noch am Freitag Botschafter aus verschiedenen Ländern in Washington über diese Position unterrichten: Ziel sei es, möglichst viele Staaten für eine Streichung dieser Tagesordnungspunkte zu gewinnen. Die Konferenz soll vom 31. August bis 7. September in Durban (Südafrika) stattfinden.
Die UN-Menschenrechtskommissarin Mary Robinson warnte am Freitag arabische Staaten vor dem Scheitern der Konferenz, sollten sie weiter versuchen, das Thema Zionismus auf die Tagesordnung zu setzen. Wenn die Einstellung wiederbelebt würde, Zionismus als Rassimus zu begreifen, werde es keine erfolgreiche Konferenz geben, sagte Robinson in Genf. Ziel der Konferenz ist es, eine Erklärung abzugeben, die begangenes Unrecht des Kolonialismus anerkennt. Zudem soll ein Aktionsprogramm gegen Rassismus und Fremdenfeindlichkeit beschlossen werden.
(FR, 28.7.2001)

☛ M 14: Boykott

Als der von Lord Erne auf seinen irischen Gütern in der Grafschaft *Mayo* eingesetzte Verwalter Capitän Charles Cunningham Boycott

9 Berndorf, Wilhelm (Hrsg.), Wörterbuch der Soziologie, Stuttgart 1969, S. 132 f.

noch das in seiner Zeit übliche Maß an Härte und Grausamkeit der Güterverwalter gegenüber Pächtern, Landarbeitern und sozial Abhängigen überschritt, zwang ihn 1880 die *Irish Land League*, der Schutzbund der irischen Pächter, durch Unterbindung allen wirtschaftlichen Verkehrs, Abwanderung der Landarbeiter und völlige gesellschaftliche Isolierung zum Verlassen des Landes. Von diesem Tag an trägt – zunächst im englischen Sprachbereich, doch bald schon international – jede von einer Personengruppe zwecks Beeinflussung, Maßregelung oder gewaltloser Ausschaltung einer Person oder einer Personengruppe gegen diese spontan oder planmäßig geübte und – mit oder ohne ausdrückliche öffentliche Verrufserklärung – verabredete Verweigerung gesellschaftlichen Kontaktes oder wirtschaftlichen Verkehrs den Namen B. (frz. *boycottage*, ital. *boicottagio*), wenngleich die Handhabung der Sache selbst – sei es von seiten der ökonomisch Mächtigen und gesellschaftlich Tonangebenden zwecks Bewahrung ihres wirtschaftlichen Monopols oder ihrer gesellschaftlichen Exklusivität, sei es von seiten der sozial Abhängigen vornehmlich als Notwehr gegen ökonomische Ausbeutung – so alt ist, wie auf ökonomischer oder rechtlicher Ungleichheit basierende Gesellschaftssysteme bestehen (z.B.: das mittelalterliche „Schelten", das „Auftreiben" von Zunftgenossen, – nicht aber die häufig fälschlich angeführte „in Acht und Bann"-Erklärung, die ein Rechtsinstitut war).
Die von den *Boykottierern*, die zum B. aufrufen, an die Boykottanten, die den B. durchführen (Boykottierer und Boykottanten sind meist identisch), gerichtete Aufforderung zum B. gegen den oder die *Boykottierten* ist als Kampfmittel der Abwehr zwischen Klassen, Ständen, Schichten, wirtschaftlichen Gruppen oder auch in diesen gegen einen oder mehrere Outsider – sei es zwecks Wahrung der Konvention, der Exklusivität, sozialer Privilegien, ökonomischer Monopole, sei es als Protest gegen ökonomische Monopolgewalt, Versagung sozialer Gleichberechtigung, Ausschließlichkeit von Standessitten etc. – immer so lange gebräuchlich, als der Rechtszwang nicht ausreicht, versagt oder ganz fehlt, um die aus der Ungleichheit resultierenden Auseinandersetzungen in der Gesellschaft rechtlich normalisieren zu können.

(Berndorf, Wilhelm [Hrsg.], Wörterbuch der Soziologie, Stuttgart 1969, S. 132 f.)

Beispiel
„Rechts" und „Links" in der Politik

Gegenwart: Die Begriffe tauchen fast täglich in der Presse oder in den anderen Medien auf und stehen für entgegengesetzte politische Gesinnungen.

Geschichtsdidaktische Frage: Woher kommen die politischen Begriffe „Rechts“ und „Links“. Die Suche führt zurück bis in die Geschichte der Französischen Revolution (Nationalversammlung von 1790) und auf die – vom Parlamentspräsidenten her gesehen – auf der rechten und linken Seite des Parlaments sitzenden Parteien oder Gruppierungen, die diametral unterschiedliche politische Gesinnungen vertreten.

☛ M 15: Brandenburg –
Rechte überfallen Mitglieder der linken Szene

Rathenow/Potsdam, 8. August (ap). Rechtsextremisten haben in der Nacht zum Mittwoch zwei junge Männer im brandenburgischen Rathenow überfallen und geschlagen. Ein 23-Jähriger habe mit Kopfverletzungen in ein Krankenhaus eingeliefert werden müssen, teilte die Polizei in Oranienburg am Mittwoch mit.

Drei Jugendliche hätten die beiden der linken Szene zugerechneten Männer mit dem Auto durch die Stadt verfolgt und dann ohne ersichtlichen Grund auf sie eingeprügelt. Zwei von ihnen hätten bereits als dringend Tatverdächtige ermittelt werden können. Beide seien als Angehörige der rechten Szene einschlägig bekannt.

(FR, 9.8.2001)

4.2 Vergangenheitsbezüge: Materielle Überbleibsel der Vergangenheit

Vergangenheit ist sichtbar und greifbar in den materiellen Überbleibseln – in Bauwerken („Hütten“ wie „Palästen“), in Stadtmauern, in Zeugnissen einer historischen Geschichtskultur (Bismarcktürme und -Denkmäler etwa), in historischen Kriegerdenkmälern, auf Friedhöfen usw.

Didaktisches Ziel: Aufmerksamwerden auf die Gegenwärtigkeit von Vergangenem

Beispiel
Mannheim – ein rätselhafter Stadtplan

Gegenwart: Straßen nach Buchstaben und Ziffern – das kennen Jugendliche allenfalls durch die „Fifth Avenue“ in New York (wieso eigentlich „‚New‘ York“?). Mannheims planmäßig angelegte Altstadt mit schachbrettartigem Grundriss (insgesamt 136 mit Buchstaben und Ziffern markierte Rechtecke) weckt Fragen.

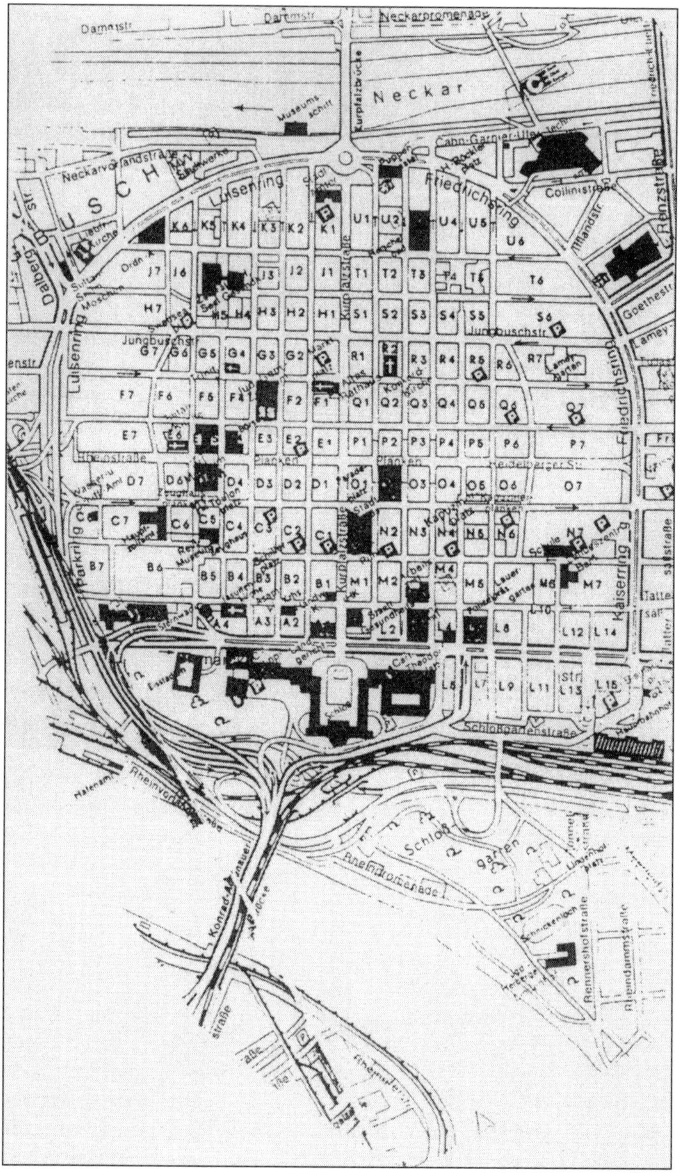

Abb. 8: Mannheim – ein rätselhafter Stadtplan

Geschichtsdidaktische Frage: Wie kam der ungewöhnliche Stadtplan zustande? Wann wurde die Stadt so angelegt? Welche Einsichten in das Denken der damaligen Zeit lassen sich gewinnen?

Familien-Geschichte

Jede Familie hat ihre Geschichte, die oft über mehrere Generationen zurückverfolgt werden kann. Es ist oft geradezu ein Abenteuer, die Geschichte der eigenen Familie zu entdecken, nach Spuren der Vergangenheit in der eigenen Geschichte zu suchen und dabei zu entdecken, wie sich in der Familien-Geschichte die allgemeine Geschichte zeigt. Gibt es noch Zeugnisse von den Vorfahren – Briefe, Photos, Bilder, Tagebücher, amtliche Dokumente? Fragen tun sich auf: War die Familie immer ortsansässig oder ist sie zugezogen? Welche Berufe haben die ortsansässigen Vorfahren ausgeübt? Warum und von wo sind die Zugezogenen gekommen? In welche allgemeinen Entwicklungen kann man die Familien-Geschichte einordnen?

Die großen realhistorischen Veränderungen und Prozesse haben sich bis in die Lebensläufe „einfacher Menschen" ausgewirkt und lassen sich methodisch von diesen „einfachen Menschen" her erschließen. Die Geschichte der Eltern und der Vorfahren ist mitgeprägt von überindividuellen Faktoren, von denen viele Menschen betroffen waren.

Didaktisches Ziel eines so gerichteten historischen Forschens und Nachdenkens ist die Erkenntnis, dass Familien-Geschichten zeigen, wie jeder und jede Einzelne von allgemeinen politischen, wirtschaftlichen, gesellschaftlichen und kulturellen Entwicklungen betroffen ist, dass die allgemeine Geschichte in jede Lebensgeschichte durchschlägt. Die Erkenntnis dieses Betroffenseins kann politisierend sein. Sie kann die Frage auslösen, wie man sich einmischen kann und dass man sich einmischen muss, will man nicht bloßes Objekt von Entwicklungen sein.

Beispiel Geschichte der eigenen Familie – Die eigene Familie in der Geschichte

Gegenwart: Schülerinnen und Schüler werden aufgefordert, zu Hause nach der Bedeutung des eigenen Familiennamens und des ggf. durch Heirat verschwundenen Familiennamens, nach der Geschichte der eigenen Familie und nach Relikten aus vergangenen Jahrzehnten zu fragen und zu suchen und die Materialien in die Schule mitzubringen. Es kommen nach allen Erfahrungen zusammen: Photos von befremdlicher Andersartigkeit, Briefe, Orden und Ehrenzeichen, Bücher und

Bildbände, Soldbücher und Personalausweise, „Ariernachweise" und Ahnentafeln, Gerätschaften, Briefmarken.

Geschichtsdidaktische Frage: Die Materialien werfen Fragen auf, verlangen nach Einordnung in größere Zusammenhänge – und man ist unversehens in einer spannenden Unterrichtseinheit, die einen großen didaktischen Ertrag verspricht. Zu bedenken ist allerdings, dass die Schülerinnen und Schüler unterschiedlich viel – und manche gar nichts – mitbringen können. Wer aus ärmlichen und beengten Lebensverhältnissen kommt, kann sich oft nicht leisten, „Zeugs" aus der Vergangenheit aufzubewahren.

In einem Seminar an der Justus-Liebig-Universität Gießen brachten die Studentinnen und Studenten alle oben angegebenen Materialien mit, dazu noch alte Filme aus den 1930er und 40er Jahren. Als habe ein Virus sie befallen, suchten und fanden sie in der eigenen Familie und bei Nachbarn immer neues Material, bis sie sich schließlich entschlossen, die Fülle von Zeugnissen in einem Quellenband zu sammeln (ohne für diese Leistung einen Seminarschein haben zu wollen!).

Denkmäler und Erinnerungstafeln

Denkmäler und Erinnerungstafeln, so weit sie Mittel eines historischen Personenkults oder einer vergangenen Geschichtskultur und Erinnerungspolitik waren, können im Unterricht entsprechend thematisiert und für kleinere oder weitgespannte Unterrichtsvorhaben genutzt werden. Bei aufwendigeren Unterrichtsvorhaben kann im örtlichen Archiv und in Pressearchiven nach den Begleitumständen der Errichtung und dabei aufgetretenen Kontroversen gesucht werden.

Hier gilt besonders für das Gebiet der ehemaligen DDR, dass dort Denkmäler und Erinnerungstafeln „geschleift" worden sind. Auch diese Akte eines gewollten Vergessens, einer damnatio memoriae, und einer ausgelöschten Erinnerung können im Unterricht gezielt besprochen werden: Daran können sowohl Informationen über historische Persönlichkeiten als auch Erkenntnisse über den politisch motivierten Umgang mit Geschichte gewonnen werden.

Beispiel

Gegenwart: Auf der belebtesten Einkaufsstraße von Gießen findet sich an einem Haus eine Inschrift, die darauf hinweist, dass in diesem Haus Georg Büchner gelebt hat: „Georg Büchner 1833-1834. Verfasser des Hessischen Landboten".

Geschichtsdidaktische Frage: Wer war Georg Büchner? Was war der „Hessische Landbote". Wir stoßen bald auf „Friede den Hütten! Krieg den Palästen!" und geraten vom Überbleibsel der Vergangenheit in eine andere Zeit, in die wir uns einarbeiten. Wir wählen den Weg über Lexikonartikel aus der BRD und aus der DDR. Sie enthalten kontroverse Darstellungen, die Fragen auslösen und zur Vertiefung reizen können.

Beispiel Friedhöfe

Gegenwart: Friedhöfe sind für Kinder und Jugendliche in der Regel unbekannte Orte in der Stadt. Sie haben eine Atmosphäre des Rätselhaften, Unbekannten und einer in jeder Hinsicht zeitlich fernen Welt.

Geschichtsdidaktische Frage: Was sagen Friedhöfe bei näherer Betrachtung und näherem Nachfragen über vergangene Zeiten aus? Die Notabeln und Honoratioren der Stadt, die teilweise über Jahrhunderte maßgeblichen Einfluss hatten, haben andere Ruhestätten als die einfachen Menschen. In den Grabmälern spiegeln sich gesellschaftliche Schichtungen, Kriege, ethnische Herkünfte, verschiedene Glaubensrichtungen usw. Präzise Beobachtungsaufgaben können Fragen über Fragen aufwerfen, die dann in Unterrichtseinheiten mit Hilfe bereitgestellter oder zu suchender Materialien beantwortet und ggf. in einem kleinen Buch behandelt werden können.

Bauliche Überreste

Es gibt sie in jeder Stadt, in jedem Dorf – Zeugnisse vergangenen Lebens, die zu genauerem Spurensuchen einladen und dazu dienen können, Fragen an die Geschichte zu stellen und interessante Projekte zu beginnen, die sich auf viele Bereiche historischen Lebens erstrecken können. Und auch hier geht es darum, von dieser Gegenwärtigkeit von Vergangenheit in allgemeinere Zusammenhänge vorzustoßen.

Eine jede Stadtrallye eignet sich dazu, Typisches aus Mittelalter, Neuzeit oder Zeitgeschichte zu entdecken, Fragen entstehen zu lassen und ein vertiefendes Einarbeiten in einen historischen Sachverhalt zu motivieren. Es empfiehlt sich dabei, die Rallye von Schülerinnen und Schülern selber erstellen zu lassen.

Beispiele

Gegenwart: So gibt es beispielsweise in nahezu jeder älteren Stadt Hinweise auf große Brandkatastrophen („Brandplatz"), auf die Pest („Pestgasse"), auf die Reformation (Kirchen), den 30-jährigen Krieg, das Kaiserreich, die Zeit des Nationalsozialismus.

Geschichtsdidaktische Frage: Die Hinweise und materiellen Überbleibsel werden wahrgenommen und auf lokale und überregionale historische Zusammenhänge befragt: Die große historische Welt zeigt sich im Kleinen in der Stadt, in der man lebt.

4.3 Vergangenheitsbezüge: Errungenschaften der Vergangenheit

Für Schülerinnen und Schüler sind die meisten Sachverhalte ihrer Gegenwart schiere Selbstverständlichkeiten, von denen sie nicht wissen, unter welchen Schwierigkeiten und Opfern sie durch ihre Vorfahren in langwierigen Prozessen von Erfolgen und Rückschlägen durchgesetzt worden sind. Auch wer Geschichte nicht als Fortschrittsprozess begreift, wird zugestehen können, dass es Normen und Regelungen menschlichen Zusammenlebens gibt, die historisch erkämpft worden und gegenwärtig allgemein anerkannt sind: Sie sind in einer sehr allgemeinen Form in den „Menschenrechten" niedergelegt und verdanken sich einer langen historischen Entwicklung: „Der höchste Begriff gesellschaftlicher Sittlichkeit aber, den die bisherige Geschichte hervorgebracht hat, ist derjenige der *allgemeinen Humanität.* In großartigem Vorgriff auf die reale Entwicklung der materiellen Wohlfahrtskräfte in der industriellen Welt der Folgezeit hat die *Aufklärung* das Bild einer einigen Weltgesellschaft entwickelt, in welcher der Widerstreit von Individuum und Gesamtheit, von Staat und Gesellschaft, von Nation und Menschheit, von Nützlichem und Sittlichem, von Natur und Vernunft geschlichtet und die ‚Hüllen des Standes' (*Schiller*) gefallen seien. In einem zyklopischen Prozess hat sich die Weltgeschichte zu jenem Stand emporgearbeitet, wo erstmals die Idee der Humanität ohne Ausschluss für die *ganze* Menschheit entworfen (…) werden konnte. (…) An ihr hat sich entschieden, was jeweils Progress und Rückschritt sei."[10] In der Tat: Die Aufhebung der Leibeigenschaft oder die Abschaffung der Sklaverei bedarf heute keiner Rechtfertigung mehr, und niemand hätte auch nur die geringste Chance, in Deutschland die Leibeigenschaft oder in den USA die Sklaverei wieder einführen zu können.

10 Hofmann, Werner, Gesellschaftslehre als Ordnungsmacht. Die Werturteilsfrage – heute, Berlin 1961.

So gibt es historische Errungenschaften, die die Schülerinnen und Schüler als mühsam erkämpfte Standards kennenlernen, hinter die man nicht zurückfallen, die man vielmehr bewahren, verteidigen und fortführen sollte.

Didaktisches Ziel: Aufmerksamwerden auf die Gegenwärtigkeit von bewahrenswerter Vergangenheit

Beispiele
„Menschenrechte"

Zu „Menschenrechten" vgl. das Beispiel und die Materialien auf S. 122 ff.

Beispiel
Systeme sozialer Sicherheit

Gegenwart: In den am weitesten entwickelten Ländern der Welt gibt es Systeme sozialer Sicherheit, die in langen Kämpfen vor allem von den Gewerkschaften und den Arbeiterparteien gegen große Widerstände durchgesetzt worden sind und im Zuge von „Deregulierungsmaßnahmen" in der Gegenwart gelegentlich in Frage gestellt werden (Sozialversicherung, Arbeitslosenunterstützung, Rentenversicherung, Krankenversicherung ...)

Geschichtsdidaktische Frage: Seit wann gibt es die heutigen Systeme sozialer Sicherheit? Wie sind sie entstanden? Wer hat sie mit welchen Mitteln und Erfahrungen durchgesetzt? Können, dürfen, sollen sie verändert werden?

Beispiel
Rechtliche Gleichstellung von Frauen

Gegenwart: In den Verfassungen vieler Staaten ist die rechtliche Gleichstellung der Frauen ausdrücklich garantiert. Auch hier handelt es sich um eine historische Errungenschaft, die in einem Prozess von Erfolgen und Rückschlägen durchgesetzt worden ist – wie auch immer die reale Lage von Frauen der rechtlichen Gleichstellung widerspricht.

Geschichtsdidaktische Frage: Wann hat der Kampf um die Gleichberechtigung von Frauen begonnen? Welche Fragen standen historisch jeweils auf der Tagesordnung? In welchen Etappen verlief der Prozess? Welche Mittel wurden eingesetzt, welche Erfahrungen gemacht? Steht die Frage noch heute auf der Tagesordnung?

4.4 Vergangenheitsbezüge: Hypotheken der Vergangenheit

Wenn es wahr ist, dass sich an der Idee gesellschaftlicher Sittlichkeit und der freien Gesellschaftlichkeit jeweils messen lässt, „was jeweils Progress und Rückschritt sei" (Werner Hofmann), dann lässt sich auch sagen, welche historisch überfälligen, nicht billigenswerten Wertvorstellungen und Verhalten der Vergangenheit bis in die Gegenwart überlebt haben und Urgrund von immer wieder aufbrechenden Konflikten und Problemen sind. Dazu gehören etwa fundamentalistische, nationalistische, rassistische Orientierungen und Handlungen.

Zu den Hypotheken der Vergangenheit zählt aber auch jene „Vergangenheit, die nicht vergehen will", wie sie im „Historikerstreit" beschworen und danach immer wieder sichtbar geworden ist (Goldhagen-Kontroverse, Walser-Bubis-Kontroverse).

Didaktisches Ziel: Aufmerksamwerden auf die Gegenwärtigkeit von belastender Vergangenheit

Beispiele
Bürgerkrieg im ehemaligen Jugoslawien/ Palästina-Konflikt/Nordirland

Gegenwart: Unberaten, unwissend und möglicherweise fassungslos stehen Schülerinnen und Schüler den Konfliktherden der Gegenwart gegenüber, die ja auch nur begreifbar sind, wenn man die historischen Ursachen und Entwicklungen kennt, die zu nationalistischen oder fundamentalistischen Exzessen führen.

Geschichtsdidaktische Frage: Die Frage richtet sich jeweils auf die Ursachen, die entscheidend zu den gegenwärtigen Konflikten geführt haben. Sie richtet sich auch auf die Dauerhaftigkeit von mentalen Strukturen, die bis in die Gegenwart fortdauern, während sie in anderen Ländern längst „der Vergangenheit angehören".

Beispiel
Probleme der ehemaligen Kolonialvölker

Gegenwart: Elend, Hunger, Ausbeutung, Unterdrückung, Naturkatastrophen, Bürgerkriege zwischen verfeindeten Stämmen und seuchenartige Krankheiten prägen das Leben in den ärmsten Ländern der Welt. Tägliche Meldungen in Presse, Funk und Fernsehen bestätigen den Befund. Als hätten die Menschen in diesen Ländern daran nicht genug zu tragen, sind sie gerade wegen ihrer Lage auch noch arroganten oder unterschwelligen rassistischen Vorurteilen aus den reichen Ländern ausgesetzt. Und – tauchen solche Vorurteile nicht auch bei Kindern und Jugendlichen auf? „Die da in Afrika (oder Asien oder Lateinamerika usw.) bringen's nicht, schaffen's nicht, können's nicht!" Als hätte das alles nicht Ursachen, in die die reichen Länder historisch tief verstrickt waren und sind.

Geschichtsdidaktische Frage: Woher kommt die Zurückgebliebenheit der ärmsten Länder der Welt? Abgesehen von gegenwärtigen weltwirtschaftlichen Zusammenhängen kann man historische Ursachen erkunden. Die ärmsten Länder der Welt haben sich nicht aus sich heraus entwickeln können: Sie waren als ehemalige Kolonialgebiete Opfer des Imperialismus und des Dollar-Imperialismus – Ausbeutungszonen, Rohstofflieferanten ohne eigenen Gewinn, Billiglohnländer. Nur wer die Ursachen der Unterentwicklung und die historische Schuld der Europäer und US-Amerikaner kennt, kann von seinen Vorurteilen abkommen und die Bringschuld der reichen Länder anerkennen.
(FR, 28.7.2001; vgl. auch „Boykott", S. 72 ff.)

☛ M 16: Vor der Weltkonferenz gegen Rassismus türmen sich die Probleme

USA drohen mit Boykott / Arabische Staaten verlangen Ächtung des Zionismus, Afrikaner wollen Entschädigung für Sklaverei [von Pierre Simonitsch (Genf)]

Wenige Wochen vor Beginn der Weltkonferenz gegen Rassismus, Rassendiskriminierung, Fremdenfeindlichkeit und damit zusammenhängender Intoleranz sind sich die Teilnehmerstaaten noch immer uneinig über ihre Ziele.

Der Vorbereitungsausschuss für die vom 28. August bis 7. September geplante Weltkonferenz im südafrikanischen Durban hat bisher mehr Probleme geschaffen als gelöst. Zu allem Ärger drohen jetzt die USA, die Konferenz zu boykottieren.

Zwei Vorstöße im Ausschuss haben den Zorn Washingtons erregt: erstens die von einigen arabischen Ländern aufgewärmte Behauptung, der Zionismus sei eine Form von Rassismus; zweitens die Forderung afrikanischer Staaten nach einer Entschädigung oder zumindest einer Entschuldigung für Sklaverei und Ausbeutung.

Der Sprecher des Weißen Hauses, Ari Fleischer, wurde am Wochenende deutlich: „Die Delegierten der US-Regierung haben ihre Koffer gepackt und sind bereit, an der Konferenz teilzunehmen. Das Einzige, das sie stop-

pen könnte, wäre die Ablenkung der Konferenz von ihrer wichtigen Aufgabe des Kampfes gegen den Rassismus, indem sie sich mit Themen wie dem Zionismus oder der Zahlung von Reparationen beschäftigen würde."
Die Menschenrechtsorganisation „Human Rights Watch" hält diese Taktik für falsch. „Die US-Regierung meint, sie könne der Konferenz ihre Legitimität entziehen, indem sie fernbleibt", sagte ihr Leiter Reed Brody. „In Wirklichkeit würden die USA nur die wichtigen Entscheidungen anderen Staaten überlassen."
Die EU-Staaten stimmen dagegen in der Sache mit den USA überein, ohne selbst mit Boykott zu drohen. Auch sie lehnen einen Schadenersatz für Sklaverei und Kolonialismus ab, wären aber mehrheitlich bereit, sich bei den Nachkommen der Opfer zu entschuldigen. Die Europäer argumentieren, dass nach ihrer Rechtsauffassung nur Menschen Anspruch auf Reparationen haben, die persönlich zu Schaden gekommen sind. Als Beispiel verweisen sie auf die individuelle Entschädigung von NS-Zwangsarbeitern. Eine posthume, kollektive Abgeltung in Form eines Entwicklungsfonds, welche die Gruppe der afrikanischen Staaten fordert, sei nicht möglich.
Die Europäer sind auch erbost darüber, dass einige arabische Staaten den Vergleich zwischen Zionismus und Rassismus wieder aufs Tapet gebracht haben. 1975 hatte die UN-Generalversammlung eine Resolution angenommen, die den Zionismus als rassistische Ideologie anprangert. Auf die heftigen Proteste Israels, der USA und der europäischen Staaten hob die Generalversammlung diese Entschließung 1991 auf, um den Friedensprozess zwischen Israel und den Palästinensern zu erleichtern. Nun wirkt sich aus, dass sich die Lage im Nahen Osten erneut zugespitzt hat.
Die UN-Hochkommissarin für Menschenrechte, Mary Robinson, warnte davor, die Zionismusdebatte neu zu beleben. Das gefährde den Erfolg der Konferenz von Durban. Sie sprach sich aber dafür aus, „die Auswirkungen der Sklaverei sowie anderer bis heute andauernder Ausbeutung anzuerkennen". Für dieses Unrecht sollten die früheren Kolonialmächte feierlich Abbitte leisten. Um die Debatte „auf ein höheres Niveau des politischen Bewusstseins zu heben", hat Robinson eine „Gruppe herausragender Persönlichkeiten" unter Führung des ehemaligen südafrikanischen Präsidenten Nelson Mandela zusammengestellt, die am Freitag in Genf mit Delegationsleitern und Vertretern nichtstaatlicher Organisationen diskutieren werden.
(Simonitsch, Pierre, in: FR, 1.8.2001)

Beispiel
Eine deutsche Geschichte – Zwei deutsche Familien

Gegenwart: Ein Journalist berichtet über ein Vorkommnis auf einer Tagung und seine Folgen – eine sehr deutsche Geschichte, die zum Nachdenken und Vertiefen anregen kann.

Geschichtsdidaktische Frage: Es gibt offenkundig eine „Vergangenheit, die nicht vergehen will" und nicht vergeht, solange sie nicht thematisiert und aufgearbeitet wird. Was veranlasst die Betroffenen zu ihren Bekenntnissen? Welcher Vergangenheit schämen sie sich? Auf welche Vergangenheit sind sie stolz? Wie verhalten sich die Familien?

☛ M 17: Ein Brief aus der Vergangenheit – Eine deutsche Geschichte

Liebe Leserin, lieber Leser,
das Leben schreibt bekanntlich nicht nur die schönsten Geschichten, sondern auch die grausamsten, hässlichsten oder auch nachdenklichsten. Und zuweilen schreibt es deutsche Geschichten, aus einer Vergangenheit, die nicht vergehen will, weil sie auch in der Gegenwart noch fortwirkt. Doch der Reihe nach.

Neulich weilte ich als Referent in der bekannten Gustav-Heinemann-Bildungsstätte in Malente, traumhaft gelegen an einem umwaldeten, blauen See zwischen Kiel und Lübeck. Das Seminar beschäftigte sich mit Lateinamerika, Schwerpunkt Argentinien, und die Gespräche wurden auch beim Nachmittagskaffee fortgesetzt. Von den Verschwundenen und Verschleppten während der unseligen Junta-Zeit war es nur ein kurzer Sprung zu den Zwangsarbeitern der Nazis und zu dem unwürdigen Hick-hack um die Entschädigung der Noch-Lebenden heute – und zu der Frage, auf wen oder was ein Deutscher heute stolz sein könnte. Da sagte eine Teilnehmerin, die gegen Ende des Krieges ein kleines Mädchen gewesen war, zur allgemeinen Überraschung: „Mein Vater war ein Nazi, und ich schäme mich dafür."

Schweigen. Dieses unvermittelte persönliche, ja intime Bekenntnis hatte Verwirrung ausgelöst. Die hielt aber nicht lange an, denn eine zweite Frau, die gleichaltrig sein mochte, bekannte ebenso unvermittelt: „Mein Großvater war ein Kommunist, und ich bin stolz auf ihn."

Nunmehr schien sich Verlegenheit breit zu machen. Es sah nach einer Konfrontation aus. Sollte man solche familiären Beziehungen nicht für sich behalten? Gleichzeitig aber waren die Zuhörer fasziniert: Die große Geschichte wird auch in persönlichen Geschichten sichtbar, ja durch sie vielfach erst nachvollziehbar.

Und dann erzählte die Tochter von ihrem Nazi-Vater, der als Hilfskraft der Stadtverwaltung von Neuburg a.d. Donau nur ein kleines Licht gewesen war, aber ein liebenswürdiger, lebenslustiger Typ, ein begnadeter Musikus mit, so vermutet sie, Zigeunerblut in den Adern, der bei Dorffesten aufspielte. Aber warum schämte sie sich seiner? Da war die Geschichte mit den Juden. Sie selbst wollte mit einem Judenmädchen spielen, durfte aber nicht, weil man es schlug und mied und schließlich die Eltern abholte. Es selber überlebte, weil die Mutter es in den Flügel gesteckt hatte, als die Schergen kamen.
Da hatte es die Enkelin leichter, sich zu identifizieren. Ihr Großvater widerstand den Nazis, selbst im KZ Neuengamme, wo sie das Lied von den Moorsoldaten komponiert haben, und selbst unter der Tortur. Als man ihn überraschend 1944 entließ, bildete er sofort wieder eine Widerstandszelle. Er war unbeugsam. Die Großmutter kam auch ins KZ, der Vater wurde in Sippenhaft genommen und in eine Strafkompanie gesteckt. Er fiel natürlich bald.
Die beiden Frauen schrieben ein anrührendes Buch, die eine, Brigitte Schönfeld-Sprenger, verfasste das Kapitel „Mein kommunistischer Großvater", die andere, Edith Schiller, schrieb über „Mein Vater war bei den Nazis." Sie stellten das Büchlein ins Internet. Doch damit fängt die Geschichte erst an: Der Familienvorstand ließ Edith Schiller brüsk mitteilen, dass man nichts mehr von ihr wissen wolle und für alle Zeiten die Kontakte abbreche. Sie habe Schande über die Familie gebracht.
Eine deutsche Geschichte
(Guha, Anton-Andreas, in: FR, 9.6.2001)

Beispiel Reale Diskriminierung von Frauen

Gegenwart: Unabhängig von der rechtlichen Gleichstellung von Frauen in vielen Ländern der Welt gibt es reale Diskriminierungen in unterschiedlichen Formen, die auf überkommenen und verteidigten Machtpositionen und auf traditionellen Denk- und Verhaltensweisen beruhen.

Geschichtsdidaktische Frage: Die Diskriminierungen sind historisch nicht mehr legitimierbar und sind doch Tatbestand einer Vergangenheit, die bis in die Gegenwart hineinreicht. Seit wann kämpfen Frauen und wenige Männer um die rechtliche Gleichstellung von Frauen? Gegen welche Vorbehalte und Widerstände mussten sie angehen? Woher erklären sich andauernde und historisch überkommene Vorbehalte und Widerstände?

4.5 Vergangenheitsbezüge: Geschichtskultur der Gegenwart

Die Gegenwärtigkeit von Geschichte in der „Geschichtskultur“ der Gegenwart ist ein wesentlicher Ausgangspunkt, um Schülerinnen und Schüler auf die Beziehungen zwischen Gegenwart, Vergangenheit und Zukunft aufmerksam zu machen. Unter „Geschichtskultur“ versteht man in der gegenwärtigen Fachsprache der Geschichtsdidaktik alle Formen des gegenwärtigen öffentlichen Umgangs mit Geschichte. Rüsen definiert Geschichtskultur als „praktisch wirksame Artikulation von Geschichtsbewusstsein im Leben einer Gesellschaft“[11]. Vor der Einführung des Begriffes „Geschichtskultur“ sprach man in der Geschichtsdidaktik von „Geschichte in der Alltagswelt“[12], von „Geschichte in der Öffentlichkeit“[13] oder von „Geschichte in der außerschulischen Öffentlichkeit“[14], um den Blick auf Formen und Inhalte des Geschichtsbewusstseins zu erweitern. In der Tat lässt sich feststellen: „So viel Geschichte wie heute war nie“[15]. Unsere Lebenswelt ist randvoll mit Geschichte. Geschichte taucht in sehr unterschiedlichen Formen im Leben der Gesellschaft auf – in Film- und Fernsehproduktionen, in der Presse, bei Gedenkjahren, als politisches Argument, in einer ständig wachsenden Zahl von Museen, in der Pflege und Restaurierung historischer Bauwerke, in historischen Romanen für Erwachsene und in Sach- und Jugendbüchern für Jugendliche, in Comics, im Internet und auf CD-ROMS ... Die geradezu wuchernde außerschulische Geschichtskultur belegt ein vielfältiges gesellschaftliches Interesse an Geschichte. „Nie war eine Zivilisation vergangenheitsbezogener

11 Rüsen, Jörn, Was ist Geschichtskultur? Überlegungen zu einer neuen Art, über Geschichte nachzudenken, in: Füßmann, Klaus; Grütter, Heinrich Theodor; Rüsen, Jörn (Hrsg.), Historische Faszination. Geschichtskultur heute, Köln–Weimar–Wien 1994.

12 Schörken, Rolf, Geschichte in der Alltagswelt, Stuttgart 1981.

13 Kampen, Wilhem van; Kirchhoff, Hans Georg (Hrsg.), Geschichte in der Öffentlichkeit, Stuttgart 1979.

14 So noch Kapitel IX „Geschichte in der außerschulischen Öffentlichkeit“ in: Handbuch der Geschichtsdidaktik, 4. Aufl., Seelze-Velber 1992, S. 715.

15 Bergmann, Klaus, „So viel Geschichte wie heute war nie“ – historische Bildung angesichts der Allgegenwart von Geschichte, in: Bergmann, Klaus, Geschichtsdidaktik. Beiträge zu einer Theorie historischen Lernens, 2. Aufl., Schwalbach/Ts. 2000, S. 17 ff.

als unsere eigene", stellt Hermann Lübbe fest und erklärt den Befund mit dem Hinweis: „Weltveränderung mehrt den Erinnerungsbedarf"[16]. In der Literatur werden vor allem – mit vielfältigen Möglichkeiten der Überschneidung – drei bis vier Dimensionen der Geschichtskultur unterschieden[17]: Die *kognitive Dimension* umfasst im wesentlichen die wissenschaftliche Auseinandersetzung mit Vergangenem (und den Geschichtsunterricht könnte man auch dazurechnen); die *politische Dimension* umgreift alle Formen der Auseinandersetzung mit Vergangenem und Geschichte, die sich vor allem politischen Motiven verdanken (als staatliche Veranstaltung kann man den Geschichtsunterricht auch dieser Dimension zurechnen); in der *ästhetischen Dimension* geht es um im weitesten Sinne künstlerische Formen der Beschäftigung mit Vergangenem und Geschichte; in der *ökonomischen Dimension* schließlich geht es um eine Nutzbarmachung von Vergangenheit und Geschichte zu wirtschaftlichen Zwecken. Der Begriff „Geschichtskultur" als kategorialer Begriff umschließt einen Bereich, der von der peniblen wissenschaftlichen Darstellung über mehr oder weniger seriöse Formen des Umgangs mit Geschichte bis hin zu Geschichtsklitterungen reicht. Wissenschaftliche Untersuchungen über den Holocaust gehören ebenso dazu wie die neonazistischen und rechtsextremistischen Artikel in Presse und Internet, die den Holocaust leugnen oder verharmlosen.

Vor und während ihrer Schulzeit lernen die Schülerinnen und Schüler mehr außerhalb der Schule als im Geschichtsunterricht „Geschichte". Sie lernen dabei nicht nur isolierte „Fakten" – Daten, Persönlichkeiten, Begriffe – kennen, sondern ganze Deutungsmuster von Geschichte: Geschichte als Fortschrittsprozess, Geschichte als „die gute alte Zeit", Geschichte als Feld männlichen Handelns. Und: Geschichte wird den Schülerinnen und Schülern in ihren späteren Lebenszusammenhängen fast ausschließlich in den Formen und Inhalten der außerschulischen und außerwissenschaftlichen Geschichtskultur begegnen. Allein dies ist ein hinreichender Grund, die außerschulische Geschichtskultur im Unterricht zu besprechen und dabei ihre Formen

---

16 Lübbe, Hermann, Zukunft der Erinnerung. Oder: Nie war eine Zivilisation vergangenheitsbezogener als unsere eigene, in: Frankfurter Rundschau, 30.6.2001.

17 Vgl. zu den ersten drei Dimensionen Jörn Rüsen, Geschichtskultur, in: Handbuch der Geschichtsdidaktik, 5. überarb. Aufl., Seelze-Velber 1997, S. 39 f.; zur ökonomischen Dimension vgl. Bergmann, Klaus, Multiperspektivität. Geschichte selber denken, Schwalbach/Ts. 2000, S. 45 f.

und Inhalte nicht nur für „gelungene Einstiege“ zu nutzen. Formen und Inhalte müssen thematischer Gegenstand des Geschichtsunterrichts werden, damit die Schülerinnen und Schüler lernen, sich kritisch mit ihnen auseinandersetzen zu können. Die Geschichtsdidaktik ist nicht an einer scheinbar „interesselosen“ Erforschung der Geschichtskultur interessiert, die darauf gerichtet ist, „was es nicht alles gibt“, sondern am kritischen Umgang mit ihr: Die Schülerinnen und Schüler sollen lernen, der außerschulischen Geschichtskultur nicht unberaten und unbeholfen gegenüberzustehen, sie unter Verdacht zu stellen und ihr mit Wachsamkeit zu begegnen.

Öffentliche Kontroversen über Geschichte

Insbesondere, aber nicht ausschließlich sind Entwicklungen und Ereignisse der Zeitgeschichte Themen öffentlicher Kontroversen, bei denen es offenkundig um Fragen historischer Identität geht. Unterschiedliche Deutungen historischer Sachverhalte finden sich dabei sowohl in der Fachöffentlichkeit der Wissenschaft als auch in der politischen Öffentlichkeit. Bei solchen Kontroversen ist auch für Schülerinnen und Schüler bereits erkennbar, dass unterschiedliche Erinnerungen und unterschiedliche Deutungen der Vergangenheit in den Lebenszusammenhängen der Gegenwart einen zuweilen hohen Stellenwert haben, dass es Vergangenheit gibt, die nicht vergeht oder dass es Vergangenheit gibt, die plötzlich aus bestimmten Gründen in ihrer Gegenwart entdeckt und erinnert wird.

Beispiel
Historiker und Archäologen streiten über Troja

Gegenwart: Seit dem Frühjahr 2001 gibt es eine monumentale Wanderausstellung über „Troja – Traum und Wirklichkeit“. Allein in Stuttgart kamen 250 000 Besucher. Die Ausstellung wird verantwortet von dem Archäologen, der die Ausgrabungen in Troja leitet – Manfred Korfmann. Andere Archäologen und Althistoriker bestreiten die Darstellung Trojas, wie sie Korfmann in der opulenten Ausstellung gibt.

Geschichtsdidaktische Frage: Was war Troja, was der „Trojanische Krieg“? Woher wissen wir über einen „Trojanischen Krieg“? Wie und warum streiten Wissenschaftler über einen Sachverhalt, der im 13. oder 12. Jahrhundert v. Chr. stattgefunden hat?

☛ M 18: Archäologie – Aufstand gegen den Zampano

Wie bedeutend war Troja wirklich? Deutsche Gelehrte führen einen giftigen Streit über die antike Sagenmetropole.

(...)

Seit diesem Frühjahr präsentiert Korfmann sein neues Bild von Troja in einer monumentalen Wanderausstellung („Troja – Traum und Wirklichkeit"); 250 000 Besucher kamen allein nach Stuttgart. Die protzige Schau hat einige seiner Fachkollegen so sehr provoziert, dass sie Korfmann derzeit mächtig unter Beschuss nehmen.

Das Sommertheater der Gelehrten eröffnete der Tübinger Althistoriker Frank Kolb. In einem Zeitungsinterview beschimpfte er Korfmann (den er in den achtziger Jahren als Mitglied einer Berufungskommission noch selber auf den Posten eines C-3-Professors gehievt hatte) als „Däniken der Archäologie". Kolb giftig: „Er hält die Leute mit seinem Troja-Bild zum Narren."

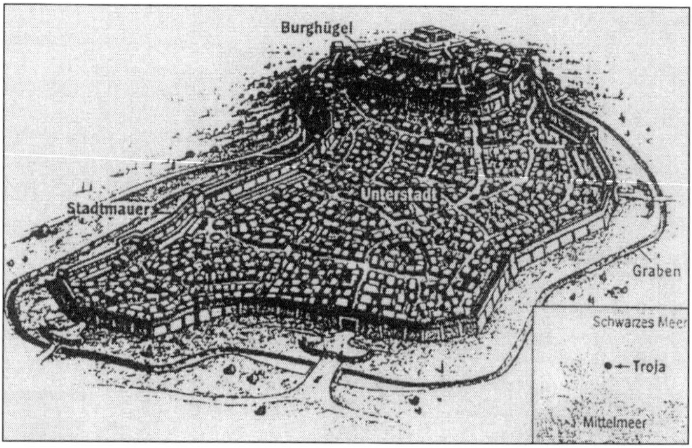

Abb. 9: Metropole der Bronzezeit – Troja (nach Funden von Korfmann)

Doch dieser kämpft nicht mehr allein auf weiter Flur. Ende vorletzter Woche warfen plötzlich auch andere Frühgeschichtler und Archäologen dem Troja-Zampano vor, mit den in der Ausstellung gezeigten Plänen und Modellen ein übertriebenes Bild von der legendären Stadt an den Dardanellen zu zeichnen. „Die Ausstellung", bemängelt etwa Karl-Joachim Hölkeskamp, Althistoriker an der Uni Köln, „verfestigt ein Bild, das noch überhaupt nicht konsolidiert ist."

Korfmanns Deutung der Grabungsbefunde heben das prähistorische Troja in den Rang einer mächtigen Residenz- und Handelsstadt, in der im 13.

und 12. Jahrhundert vor Christus – jener Zeit, in der der Trojanische Krieg angesiedelt wird, bereits über 10 000 Menschen lebten. Dieser nahe an Homers Ilias angesiedelten Lesart widersprechen Korfmanns Gegner vehement. „Die bisher veröffentlichten Grabungsdaten belegen die Existenz der Unterstadt nicht", glaubt Hölkeskamp. Die dichten Häuserreihen am Fuße des Burgbergs seien „pure Fiktion". Korfmann führe die Öffentlichkeit durch Spekulationen, die er als gesicherte Ergebnisse präsentiere, in die Irre.

Von den für eine altorientalische Großstadt zu erwartenden Tempeln, Magazinen, Archiven und Vorratsgebäuden habe der Ausgräber „bisher nichts gefunden", nörgelt auch der Essener Althistoriker Justus Cobet. Statt der großflächigen Bebauung außerhalb der Zitadelle habe es in der Troja-Schicht der Ilias vermutlich nur ein paar Gartenhäuser und Ställe gegeben. Cobet: „Aus drei Pfostenlöchern wird bei diesen Computersimulationen gleich ein ganzes Stadtviertel konstruiert."

Troja, so glauben die Korfmann-Kritiker, sei in der umstrittenen Phase zwischen 1700 und 1250 vor Christus zwar ein Herrschersitz mit Burganlage gewesen. Doch die Siedlung kontrollierte nur die umgebende Landschaft Trojas. Überregionale Bedeutung habe sie nicht besessen.

Korfmann hält seine Gegner für müde Schreibtischgelehrte, die sich aus der Ferne kein fundiertes Urteil erlauben könnten.

(...)

Besonders bemängeln Korfmanns Kritiker, dass sich der Ausgräber am Hisarlik dem fachlichen Disput verweigere. Kolb: „Korfmann meidet jede öffentliche Diskussion wie der Teufel das Weihwasser."

Andere haben für das autoritäre Gehabe des Star-Archäologen fast schon wieder Verständnis: „Wenn man seinen Geldgebern nicht jedes Jahr eine Sensation bietet", sagt Cobet, „gerät man schrecklich unter Druck."

(Stockinger, Günther, in: Der Spiegel 32 [2001], 6.8.2001)

Beispiel „Wehrmachtsausstellung"

Gegenwart: Kaum ein historischer Sachverhalt ist in den vergangenen Jahren so heftig diskutiert worden wie die in einer Ausstellung des Hamburger Instituts für Sozialforschung dokumentierten „Verbrechen der Wehrmacht". Auch die wissenschaftlichen Kritiker der Ausstellung haben „Verbrechen der Wehrmacht" nicht geleugnet. In der Fach-Öffentlichkeit sind „Verbrechen der Wehrmacht" seit vielen Jahren unbestritten. In der Fach-Öffentlichkeit wie in der politischen Öffentlichkeit stieß die Ausstellung auf Ablehnungen, die unterschiedlich begründet waren.

Geschichtsdidaktische Fragen: An diesem Beispiel lässt sich sowohl historisches Wissen erarbeiten („Gab es Verbrechen der Wehrmacht? Wo? Warum? Wie sind sie zu erklären?") als auch die Erkenntnis, wie unterschiedlich historische Erinnerung je nach Standort ausfallen kann.[18]

Beispiel Deserteure

Gegenwart: Politisch umstritten und immer wieder in der Debatte ist das Problem der Beurteilung von Deserteuren, die sich in Kriegen aus Gewissensgründen dem Dienst mit der Waffe entzogen haben und wegen „Fahnenflucht" verfolgt und in der Regel hingerichtet wurden. Umstritten sind vor allem Desertionen aus der Wehrmacht im Zweiten Weltkrieg. Immer wenn Bürgerinitiativen die Forderung aufstellen, statt oder neben Kriegerdenkmälern auch Denkmäler für Deserteure zu errichten, kommt es im lokalen Bereich zu kontroversen Stellungnahmen, die Ausgangspunkt einer Unterrichtseinheit sein können.[19] Umstrittene Aufrufe an Bundeswehrsoldaten, sich nicht „an dem rechtswidrigen Jugoslawienkrieg" zu beteiligen, haben in jüngster Zeit die Öffentlichkeit und die Gerichte beschäftigt.

Geschichtsdidaktische Fragen: Wer ist wann aus welchen Gründen desertiert? Im Ersten Weltkrieg, im Zweiten Weltkrieg? Wie sehen Vergleichs-Statistiken zwischen einzelnen kriegführenden Staaten aus? Warum sahen viele Deserteure „den Feind im eigenen Land" (Karl Kraus)?

☛ M 19: Jugoslawien-Krieg – Aufruf an Soldaten war nicht rechtswidrig

yell Frankfurt A.M., 23. Juli. Das Kammergericht Berlin hat den Hamburger Friedensforscher Volker Böge vom Vorwurf des öffentlichen Aufrufs zu Straftaten freigesprochen. Die rechtskräftige Entscheidung des 3. Strafsenats fiel bereits am 29. Juni und wurde jetzt durch das Komitee für Grundrechte und Demokratie, in dessen Vorstand Böge sitzt, bekannt gemacht. Das Kammergericht sei zu dem Ergebnis gelangt, dass dem Aufruf an die Soldaten der Bundeswehr, sich nicht „an dem rechtswidrigen Jugoslawien-Krieg" zu beteiligen, die Befehle zu verweigern und sich von der

---

18 Vgl. etwa die Zusammenstellung in: Verdrängen oder verarbeiten? Wehrmachtsverbrechen im Zweiten Weltkrieg, in: Geschichte aus erster Hand 2 (1999), H. 4.

19 Vgl. etwa Venhaus, Ruth; Venhaus, Jürgen, Ein Denkmal für Deserteure?, in: Geschichte lernen 8 (1989), S. 34 ff.

Truppe zu entfernen, der „tatbestandliche Charakter der Aufforderung" fehle. Den Aufruf zur „Fahnenflucht" im Kosovo-Krieg hatte Böge gemeinsam mit 27 weiteren Personen im April 1999 unterzeichnet und als Anzeige in der Berliner *tageszeitung* veröffentlicht.
In ihrer Urteilsbegründung erklärten die Richter, dass das im Grundgesetz verankerte Recht auf Meinungsfreiheit als Rechtsgut „extensiv" auszulegen sei. Angesichts der heutigen Reizüberflutungen aller Art müssten dabei „einprägsame, teilweise auch überpointierte Formulierungen" hingenommen werden.
Das Komitee für Grundrechte und Demokratie geht davon aus, dass von der Entscheidung des Berliner Gerichts eine „Signalwirkung" auf andere, noch ausstehende Verfahren in gleicher Sache ausgehen wird. In einer Serie von Prozessen wurden seit November 1999 in erster Instanz 33 Personen freigesprochen, sieben wurden zu Geldstrafen verurteilt. Vor dem Landgericht gab es bisher 13 Freisprüche und zwei Verurteilungen.
(FR, 24.7.2001)

☛ M 20: Die hingerichteten Söhne

Britanniens erstes Denkmal für Deserteure

Ein 17-Jähriger, mit einer Augenbinde unter der Haarsträhne, die Hände hinterm Rücken gefesselt, wartet in Lichfield auf seine Erschießung. Er ist nur aus Stein, und ein Erschießungskommando ist auf dem sonnenüberfluteten Gelände des Nationalparks von Alrewas in der englischen Grafschaft Staffordshire nicht in Sicht. Aber die Miene des Verurteilten, die Verzweiflung, die aus diesem stummen Stein spricht, hat bereits viele Briten angerührt. Das Bild der just enthüllten Statue hat unmittelbar zu neuen Amnestie-Appellen an die Adresse der britischen Regierung geführt.
Die Appelle gelten einer nachträglichen Generalamnestie für britische Deserteure des Ersten Weltkriegs – lange Zeit ein Tabuthema im Vereinigten Königreich, doch nun von den Nachkommen der erschossenen Soldaten in seiner Schmerzhaftigkeit wieder ausgegraben und der Nation zur Neubeurteilung vorgelegt. In der Tat wurden in den Jahren zwischen 1914 und 1918 mehr britische und Commonwealth-Soldaten von ihren eigenen Befehlshabern als Deserteure hingerichtet, als etwa deutsche oder französische Soldaten von ihren Offizieren im gleichen Zeitraum. Insgesamt 306 Tote verzeichnen die britischen Annalen an dieser Front.
Ihnen, den Opfern einer grimmigeren Zeit und Militärkultur, ist das neue Denkmal gewidmet, das Angehörige und Familien in eigener Initiative im Nationalpark von Alrewas haben erstellen lassen. Die Statue des gefesselten Teenagers stellt dabei den Gefreiten Herbert Burden dar, der sich im Alter von 16 Jahren zur Armee drängte (und die damaligen Rekrutierungs-

behörden über sein Alter belog, um aufgenommen zu werden), nach dem Schock des Massakers von Ypres aber die Nerven verlor. Er wurde, 17-jährig, verhaftet, als Fahnenflüchtiger verurteilt und erschossen. Hinter der Statue sammeln sich im Halbkreis 305 Holzpfosten, zur Erinnerung an all die anderen Erschossenen, jeweils mit Namensschildern und mit Hinweisen auf Alter, Rang und Todesdatum.

Als „stolz“ und als „sehr dankbar“ zeigte sich bei der Denkmalsenthüllung, stellvertretend für viele der Anwesenden, die 87-jährige Gracie Harris aus Harrow in Nord-London: „Nun habe man endlich einen Ort, an den man kommen und an dem man die Soldaten ehren kann, die nie hätten hingerichtet werden dürfen.“ Gerade drei Jahre war Gracie Harris alt, als ihr 25-jähriger Vater Harry Farr vor ein Kriegsgericht gestellt wurde. Harry Farr war nach einem Einsatz in Frankreich völlig verstört aufgefunden und monatelang wegen Kriegsneurose behandelt, bei der Somme-Offensive aber zurück an die Front beordert worden. Dort verlor er die Nerven und weigerte sich, weiterzumarschieren.

Ihre Mutter habe 37 Jahre gezögert, bis sie ihr die Wahrheit über den Tod des Vaters erzählt habe, berichtete Gracie Harris: „So bedrückt war sie, so sehr hat sie sich geschämt.“ Keine Orden, keine Kriegsrenten wurden den Witwen von der damaligen britischen Regierung angewiesen: Und noch heute, acht Jahrzehnte später, müssen die Familien der Erschossenen um Anerkennung ringen.

1997 zwar kündigte die neu gewählte Labour-Regierung Tony Blairs an, sie plane eine posthume Amnestie für die Betroffenen. Ein Jahr später aber zog sie, angesichts heftiger Proteste hoher Offiziere, das Vorhaben zurück. „Tief enttäuscht“ sei er ob dieser Weigerung, meint der Labour-Abgeordnete Andrew Mackinley, der sich im Parlament für die Rehabilitierung der Deserteure einsetzte. Das Denkmal von Alrewas, hofft er, werde seiner Forderung neuen Nachdruck geben: „Jedenfalls sind diese Leute vom höchsten Gericht im Lande schon rehabilitiert worden, von der Volksmeinung im Vereinigten Königreich.“

(Nonnenmacher, Peter, in: FR, 3.8.2001)

Beispiel
Der 9. November – ein möglicher Staatsfeiertag?

Gegenwart: Nach dem Fall der Berliner Mauer am 9. November 1989 entwickelte sich in der Bundesrepublik eine kontroverse Debatte darüber, ob der 9. November ein geeigneter Tag für einen oder den offiziellen Staatsfeiertag sein könne. Politiker, Historiker und Publizisten stritten ausführlich um das Für und Wider.

Geschichtsdidaktische Frage: Diese kontroverse Diskussion, die zuweilen auch wieder aufflammte, nachdem der 3. Oktober zum offiziellen Feiertag erklärt worden war, eignet sich sehr gut für ein Eindringen in die deutsche Geschichte des 20. Jahrhunderts und eröffnet zahlreiche Möglichkeiten zu vertiefenden Fragen der Schülerinnen und Schüler.[20]

Beispiel
Neunzehnhundertachtundsechzig – die '68er[21]

Gegenwart: Die ‚68er-Zeit' ist offensichtlich für die Geschichte der Bundesrepublik Deutschland von besonderer Bedeutung, wie gerade die höchst unterschiedlichen, immer wieder aufbrechenden und emotional hoch aufgeladenen Bewertungen zeigen – zuletzt in den Debatten über die Vergangenheit von Außenminister Joschka Fischer.

Geschichtsdidaktische Frage: Was geschah um 1968? Was gehört zur Vorgeschichte? Was wurde erreicht? Was ist warum umstritten? Was war die RAF? Was wollte sie wie erreichen? Was ist historisch „Terrorismus"?

Geschichte als politisches Argument

Geschichte als politisches Argument in der Debatte ist eine bekannte Verwendungsform von Geschichte in der Gegenwart. Sie soll dabei „als Beweismittel zur Begründung von Aussagen oder Behauptungen in der politischen Auseinandersetzung"[22] dienen und taucht entsprechend in vielen politischen Zusammenhängen auf: Im Parlament, bei politischen Stammtischgesprächen und alltäglichen Unterhaltungen, in Kommentaren und Leitartikeln, in Festreden, in programmatischen Erklärungen von Gruppen, Parteien, Verbänden. Beispiele sind etwa Verweise auf „Weimarer Verhältnisse" oder „Erfahrungen aus dem Nationalsozialismus" oder Erinnerungen an die Gründerzeit einer Partei oder ihre historischen Wurzeln. Erscheinungsformen sind Sätze wie „Die Geschichte lehrt/zeigt, dass …" oder „schon in der Weimarer Demokratie hat sich gezeigt, dass …" In der Regel geht es dabei um fragwürdige Analogiebildungen und eine Instrumentalisierung von Geschichte zu Zwecken der

---

20 Vgl. die Unterrichtseinheit von Christa Horn.

21 Vgl. das angekündigte Heft 86 der Zeitschrift Geschichte lernen mit dem Titel „Kulturrevolution 1968".

22 Calließ, Jörg, Geschichte als Argument, in: Handbuch der Geschichtsdidaktik, 5. überarb. Aufl., Seelze-Velber 1997, S. 72.

Identität und Machtbehauptung oder um Versuche, in einer Diskussion durch die Einführung eines historischen, scheinbar unwiderlegbaren Arguments zu obsiegen.[23] Solche häufig zu beobachtenden Verwendungen von Geschichte bedürfen im Geschichtsunterricht einer vertieften Aufklärung: Sie werden zum Anlass genommen, die behaupteten Lehren oder Analogiebildungen kritisch zu überprüfen, um sie gleichsam ein für allemal als fragwürdig zu erkennen. Ausgangspunkt des Unterrichts sind entsprechende Presseberichte, Auszüge aus Parlamentsdebatten in Protokollen, Tonband- oder Fernsehaufnahmen. Vor allem für die gymnasiale Oberstufe sind in diesem Bereich Unterrichtseinheiten erforderlich, aber auch schon am Ende der Sekundarstufe I sind solche Unterrichtseinheiten praktizierbar.

Beispiel

☛ M 21: Handelsboykott gegen Kuba

Schon Perikles lag falsch – Amerikas Handelsembargo gegen Kuba ist zum Scheitern verurteilt

Vor mehr als zweitausend Jahren beschrieb der griechische Geschichtsschreiber Thukydides das „megarische Psephisma". Athen als die damals bedeutendste Wirtschaftsmacht im Mittelmeerraum belegte 433/432 v. Chr. seine Nachbarstadt Megara mit einem „Psephisma", dem wahrscheinlich ersten Handelsembargo der Geschichte. Verhängt worden war dieses „Psephisma", weil der athenische Staatsmann Perikles auf Drängen der konservativen Opposition zum Nachweis seiner staatsmännischen Fähigkeiten ein Exempel gegenüber der aufmüpfigen Kleinstadt Megara statuieren wollte. Doch die Megarer suchten Hilfe bei den Spartanern, und das Embargo wurde einer der unmittelbaren Auslöser des Peloponnesischen Krieges – an dessen Ende Athen als großer Verlierer dastand. Das Handelsembargo erwies sich also schon damals als ein untaugliches Mittel der auswärtigen Politik.
Das gilt auch für das langjährige US-Wirtschaftsembargo gegen Kuba. Schon seit dem Frühjahr 1996 sieht das Helms/Burton-Gesetz zusätzlich vor, Länder und Firmen, die mit Kuba Handel treiben oder dort investieren, mit einschneidenden Sanktionen zu belegen. Zwar ist die Anwendung des Gesetzes ausgesetzt, doch sein politischer Schaden ist groß.
(Hofmeister, Wilhelm, in: Die Zeit, 14.11.1997, S. 16)

---

23 Vgl. Bach, Wolfgang, Geschichte als politisches Argument. Eine Untersuchung an ausgewählten Debatten des Deutschen Bundestages, Stuttgart 1977.

Geschichte wird hier als „Lehrmeisterin des Lebens" (Cicero: „historia vitae magistra") begriffen: Die Geschichte des „megarischen Psephisma" wird als eine „exemplarische" Geschichte erzählt, in der Regeln und Prinzipien zum Ausdruck kommen, die auch für die Gegenwart und die Zukunft gelten sollen. Das athenische Handelsembargo war zum Scheitern verurteilt, und als Lehre der Geschichte wird angenommen, dass auch das US-amerikanische Handelsembargo gegen Kuba scheitern wird.

Straßennamen

Dass Straßen nach Persönlichkeiten („Adenauer-Allee") oder historischen Ereignissen („Straße des 17. Juni") benannt sind, ist Teil einer gezielten Erinnerungspolitik, die auf Geschichtsbewusstsein zielt. Straßennamen, in denen wirtschaftliche Tätigkeiten angesprochen werden („Schustergasse", „Braugasse", „Schneiderstraße") sind in der Regel als Zentren verschiedener Zünfte historisch überkommen.

Straßennamen können zum Ausgangspunkt verschiedener Unterrichtseinheiten werden: Sie können als Einstieg benutzt und/oder historisch geklärt werden („Wer war Adenauer und warum ist die Straße nach ihm benannt?", „Was war am 17. Juni?", „Was sagen uns heutige Straßennamen über die mittelalterliche Stadt?"). Sie können auch als Gesamtkomplex daraufhin untersucht werden, was und wer in einer Stadt historisch erinnert wird (dabei kommt in aller Regel heraus, dass es sich um „historische Persönlichkeiten", selten um „einfache Menschen", um Männer und nur in verschwindend geringer Zahl um Frauen handelt). In einem besonderen Projekt können auch historische Umbenennungen von Straßennamen besprochen (Von der „Kaiser Wilhelm-Straße" zur „Hindenburgstraße", zur „Adolf Hitler-Straße", zur „Kurt Schumacher-Straße" oder „Jacob Kaiser-Straße" oder zur „Kennedy-Allee") und dabei zeitgeschichtliche Einsichten gewonnen werden. Im Gebiet der ehemaligen DDR hat es nach 1990 solche Umbenennungen in großem Maßstab gegeben: Sie sind Zeugnisse einer gezielten Erinnerungspolitik, die Züge einer gezielten Vergessenspolitik angenommen hat: Die Tilgung von Straßennamen, die an die DDR hätten erinnern können, war ein Akt des gewollten Vergessens – ein Vorgang der Steuerung von Geschichtsbewusstsein, über den man trefflich streiten kann.

Beispiel Straßennamen im Wandel der Zeit

- In jeder größeren Stadt hat es im Verlauf des 20. Jahrhunderts Benennungen und Umbenennungen von Straßen nach historischen Persönlichkeiten oder nach Persönlichkeiten der Zeitgeschichte gegeben. Lehrer können sich im örtlichen Stadtarchiv Unterlagen besorgen oder mit Gruppen ins Archiv gehen, um dort nach Benennungen und Umbenennungen zu forschen. Die Befunde wecken Fragen nach Gründen und Absichten, und eben diese Fragen können zu einem vertieften Eindringen in die Stadtgeschichte und die allgemeine Geschichte und zu einer Unterrichtseinheit von unbestimmter Dauer führen, in der sich immer wieder neue Fragen aufdrängen.

- Es kann in einer anderen Unterrichtseinheit auch gezielt nach Frauennamen in der Stadt gesucht werden. Fragen tun sich auf: Warum sind so wenige Straßen nach Frauen benannt? Welche Frauen werden durch Straßennamen geehrt? Haben Frauen nur wenig zur „Geschichte" beigetragen? Welche Kriterien werden bei der Benennung nach Personen offensichtlich angelegt? Können wir selber eine Initiative für Straßennamen in einem Neubaugebiet starten?
- Bei gelegentlich vorgenommenen gegenwärtigen Straßenumbenennungen – so etwas kommt ja nicht alle Tage vor – können die Schülerinnen und Schüler darauf vorbereitet werden, sich in die öffentliche Debatte durch Leserbriefe oder Briefe an Behörden und Lokalpolitiker einzumischen, nachdem sie sich zuvor historisch kundig gemacht haben.

Kalender-Geschichte(n)

An Gedenktagen und in Gedenkjahren werden, vor allem wenn der Kalender runde Jahreszahlen hergibt, historische Ereignisse oder Persönlichkeiten in Erinnerung gerufen und mit häufig sehr hohem Aufwand in den Medien, in Festreden, Ausstellungen sehr gezielt auf die Gegenwart und Zukunft bezogen.

Schon im Jahre 1842 veröffentlichte der preußische Seminardirektor Anton Wilhelm Ferdinand Stiehl eine Schrift mit dem Titel „Der vaterländische Geschichtsunterricht in unseren Elementarschulen", in der er seine „kalendarische Methode" begründete.[24] Er schlug vor, den Geschichtsunterricht um „vaterländische" und (protestantisch) kirchliche Gedenktage zu gruppieren und an diesen Tagen den Schülerinnen und Schülern Geschichte zu vermitteln. Nach Stiehl sollten die Königskrönung von 1701, Luthers Geburts- und Todestag, die Schlacht bei Belle

---

24 Vgl. zum Folgenden Bergmann, Klaus, Gedenktage, Gedenkjahre und historische Vernunft, in: ders., Geschichtsdidaktik, S. 244 ff.

Alliance, die Geburtstage von Friedrich Wilhelm III. und Friedrich Wilhelm IV., die Schlacht bei Leipzig und der Reformationstag Gelegenheit bieten, elementarisches historisches Wissen an die nachwachsenden Untertanen des preußischen Staates zu vermitteln. Es ging bei dieser „kalendarischen Methode" erklärtermaßen darum, die Schüler durch Geschichtsunterricht an den preußischen Staat zu binden. Nach Stiehl eignete sich die „kalendarische Methode" besonders gut, um den Geist der Aufklärung zu bekämpfen und gegen alles das vorzugehen, was Friedrich Wilhelm IV. 1849 als Ursachen der Revolution ausmachen sollte: „Afterbildung", „irreligiöse Menschenweisheit", „unheilvolle Einflüsse eines verpesteten Zeitalters" und „unheilige Lehren einer modernen frivolen Weltweisheit". Um die schulischen und gesellschaftlichen Lernziele Vaterlandsliebe, Gottesfurcht und Herrscherverehrung zu erreichen, wurden ausgewählte Ereignisse der Vergangenheit so auf die Gegenwart bezogen, als sei die Gegenwart das gute Ende aller Tage.

Rudimente der kalendarischen Methode finden sich derzeit noch unter anderen Vorzeichen in einigen Erlassen von Kultusministerien, die zu runden Jahrestagen ausgegeben werden. Sonst ist die „kalendarische Methode" tot und sie soll hier auch nicht wiederbelebt werden. Hier wird nur darauf verwiesen, dass sich in der Öffentlichkeit begangene und oft kontrovers diskutierte Gedenktage und Gedenkjahre gut dazu eignen, die Gegenwärtigkeit von Geschichte erkennen und besprechen zu lassen. Anlässlich dieser Gedenktage und Gedenkjahre werden formal und inhaltlich sehr unterschiedliche Produkte angeboten, die Ausgangspunkt von Unterricht sein können. Unterschiedliche Deutungen etwa eignen sich gut dazu, eine historische Frage zu formulieren, der dann eine historische Selbstaufklärung folgen kann. Sie ist notwendig, weil – wie beim Fall „Geschichte als politisches Argument" – platte Instrumentalisierungen neben bedenkenswerten Gegenwarts- und Zukunftsbezügen stehen können. Gedenktage werden häufig benutzt, um den status quo historisch zu begründen und ihn zu enthistorisieren. Daneben gibt es aber auch Gedenktage, die einen utopischen Überschuss in sich bergen, an dem die Unvollkommenheit der Gegenwart und des status quo gemessen werden (vgl. das Beispiel des Internationalen Frauentages am 8. März).

Und auch hier geht es bei entsprechenden Unterrichtseinheiten darum, eine historische Wachsamkeit anzulernen, um einer politisch oder ökonomisch begründeten Erinnerungspolitik oder Geschichtspolitik nicht unbeholfen gegenüberzustehen. Überdies sind Gedenktage und Gedenkjahre stark ereignisgeschichtlich und personalisierend orientiert: Mentalitäten und Strukturen lassen sich nicht auf ein Datum fixieren. Es ist daher notwendig, Gedenktage und Gedenkjahre in ihren historischen Kontext einzuordnen.

In allen Fällen, die lange vorher absehbar sind und in Steins „Kulturfahrplan" als künftige Gedenktage und -jahre nachgeschlagen werden können, bieten sich Unterrichtseinheiten geradezu an, die eine doppelte Funktion erfüllen können: Sie können erstens Ausgangspunkt einer Unterrichtseinheit über eine Persönlichkeit oder über ein Ereignis sein, bei der die Materialien als „Einstieg" benutzt werden können, die anlässlich des Gedenktages oder -jahres öffentlich produziert werden; sie können zweitens dazu dienen, die produzierten Materialien in kritischer Absicht zum Gegenstand des Unterrichts zu machen und die in ihnen enthaltenen Aussagen durch die Befragung von Schulbüchern und anderen Geschichts-Darstellungen zu überprüfen. In jedem Falle geht es darum, danach zu fragen, um welchen historischen Sachverhalt es ging und zugleich danach zu fragen, warum diesem historischen Sachverhalt in der Gegenwart eine so deutlich erkennbare massenmediale und politische Aufmerksamkeit gilt.

☛ M 22: Gedenktage und Gedenkjahre – allgemeine didaktische und methodische Anregungen

Didaktische Hinweise

- Die Schülerinnen und Schüler sollen die politischen Absichten und Motive erkennen, die den historischen Sinnbildungen anläßlich von Gedenktagen und Gedenkjahren zugrundeliegen: Identitätsbildung und -festigung, Loyalitätssicherung, nationale oder andere kollektive Konsensstiftung mit der jeweiligen Kehrseite der Herstellung und Bewahrung von Feindbildern.
- Die Schülerinnen und Schüler sollen wissen, daß Gedenktage und Gedenkjahre auch ökonomisch genutzt werden.
- Die Schülerinnen und Schüler sollen an Einzelbeispielen die Grundmuster der Gedenk-Geschichte als Grundmuster von Geschichtsbewußtsein erkennen – die Verbindung von Vergangenheitsdeutung (Herkunftsgeschichte), Gegenwartszustand und Zukunftserwartung.
- Die Schülerinnen und Schüler sollen in der Besprechung unterschiedlicher Gedenktage und Gedenkjahre und der dabei verbreiteten Gedenkgeschichten (z.B. Sedanfeiern vs. Lassalle-Feiern im Kaiserreich) die Unterschiedlichkeit von statischem und dynamischem Geschichtsbewußtsein erkennen.
- Die Schülerinnen und Schüler sollen lernen, daß Gedenktage und Gedenkjahre in diachroner und in synchroner Sicht sehr unterschiedlich begangen werden. Welche Variationen und Versionen historischer Sinn-

bildung zeigen sich im Lauf der Zeit nach 5, 10, 20, 25 usw. Jahren? Welche Variationen und Versionen zeigen sich innerhalb einer Gesellschaft? Auf welchen gesellschaftsgeschichtlichen, politikgeschichtlichen oder mentalitätsgeschichtlichen Ursachen und Bedingungen beruhen die jeweiligen Sinnbildungen?

Methodische Hinweise

- In jeder Stadt und in jedem Ort gibt es immer wieder Gelegenheiten, städtische und örtliche, geschäftliche, gewerkschaftliche oder Parteijubiläen auf Absichten und Grundmuster zu untersuchen und kritisch zu befragen. Örtliche Archive, Zeitungsarchive und Archive von Verbänden und Parteien bergen viel ungehobenes Material.
- Schülerinnen und Schüler können dazu bewogen werden, ein „kritisches Jubiläum" vorzubereiten und durchzuführen, wenn auf lokaler, regionaler oder nationaler Ebene ein Jubiläum ansteht, dessen Politiker und Medien mit Sicherheit gedenken werden. Dafür sind unterschiedliche Formen denkbar: Tribunal, Zeitung, Glossen, Kommentare, Ausstellung, Video-Feature, Kabarett, Flugblätter für die Öffentlichkeit, unterschiedliche Leserbriefe an Zeitungen usw.

(Geschichte lernen 49 [1996], S. 16)

Beispiel „9. November"

Gegenwart: Der 9. November ist als Beispiel besonders geeignet, weil in jedem Jahr am 9. November in den öffentlichen Medien auf die verschiedenen historischen Ereignisse Bezug genommen wird, die mit diesem Tag verbunden sind.

Geschichtsdidaktische Frage: Was macht den 9. November zu einem so bedeutenden Datum in der deutschen Geschichte des 20. Jahrhunderts? 1918 Ausrufung der Republik, 1923 Hitler-Putsch, 1938 Reichspogromnacht, 1939 Attentat von Georg Elser auf Hitler, 1989 Fall der Berliner Mauer. Schülerinnen und Schüler können aufgefordert werden, alles zu sammeln, was um den 9. November herum zu diesem Tag in der Presse veröffentlicht wird, und in den Unterricht mitzubringen. Sie können auch an diesem Tag mit Cassettenrekordern und Notizblock Passanten befragen und ihre Ergebnisse im Unterricht vorstellen. Mit Sicherheit entwickeln sich dann weitere Fragen, die eine ganze Unterrichtseinheit entweder über einen historischen November oder über alle Ereignisse, die mit dem 9. November verbunden sind, tragen können. Selber gesuchte und/oder von Lehrerin und Lehrer bereitgestellte Bücher, Bildbände, Broschüren und weitere Materialien (etwa mitgeschnittene Fernsehsendungen, Internet-Materialien) erlauben ein vertieftes Eindringen in das Thema.

Beispiel „3. Oktober"

Gegenwart: Auch der 3. Oktober als offizieller Staatsfeiertag gibt in jedem Jahr Anlass, in historischen Rückblicken an die Geschichte der BRD und der DDR und an die Vereinigung der beiden deutschen Staaten zu erinnern.

Geschichtsdidaktische Frage: Warum ist der 3. Oktober offizieller Staatsfeiertag der Bundesrepublik Deutschland? Was geschah am 3. Oktober in welchem Jahr? Auch hier können die Schülerinnen und Schüler Presseveröffentlichungen (Berichte, Kommentare, Stellungnahmen der politischen Parteien und großen Verbände) sammeln und Zeitzeugen befragen und ihre Ergebnisse zum Ausgangspunkt einer verabredeten Unterrichtseinheit machen. Wie bei jeder Befragung von Zeitzeugen müssen sie sich auf die Befragung gut vorbereiten und miteinander Fragen verabreden, die sie für ergiebig halten. Auch hier bereitet es keine große Schwierigkeiten, Material zu finden und bereitzustellen.

Beispiel
1200 Jahre Kaiserkrönung Karls des Großen

Hier handelt es sich um ein Beispiel, das auf ähnliche Gedenkjahre übertragbar ist. Es zeigt zugleich, dass sich bei Gedenkjahren auch die Möglichkeit bietet, sehr weit zurückliegende Ereignisse zu erinnern und den Schülerinnen und Schülern bewusst zu machen, dass in ihrer Gegenwart Ereignisse eine Rolle spielen, die zeitlich sehr weit entfernt sind. Anlässlich solcher Gedenkjahre findet eine Fülle von Veranstaltungen und Ausstellungen statt (Staufer-Ausstellung, Ausstellung zu Karl V., Ausstellung zu Kaiser Otto ...).

Gegenwart: An die Kaiserkrönung Karls des Großen wurde im Jahre 2000 mit großem Aufwand in den Medien und durch Ausstellungen erinnert. Schon 1999 hatte in Paderborn eine große Ausstellung stattgefunden. Im Jahr 2000 gab es in Aachen eine Fülle von Ausstellungen und Veranstaltungen – u.a. wurde auch der Historikertag in Aachen abgehalten –; die Stadt Aachen stellte ihre Image-Werbung für die Touristen ganz auf Karl den Großen ab; die Aachener Geschäftswelt überbot sich in den Schaufenstern mit Hinweisen auf Karl den Großen, und die berühmte Aachener Printen-Industrie warb mit dem

Konterfei Karls des Großen; in den Massenmedien wurde in kleineren und größeren Beiträgen auf das Gedenkjahr hingewiesen.

Geschichtsdidaktische Frage: Wer war Karl der Große und warum wird nach 1200 Jahren so viel Aufhebens um ihn gemacht? Man kann die Schülerinnen und Schüler sammeln lassen, was ihnen begegnet und selber Auszüge aus Zeitungen und Zeitschriften in den Unterricht mitbringen; die Schülerinnen und Schüler können an das Tourismus-Büro schreiben und um Unterlagen bitten. Auf diese Weise kommt eine Fülle von Materialien zusammen, die gemeinsam gesichtet werden, zu Fragen anregen, erste Hypothesen ermöglichen, denen die Schülerinnen und Schüler einzeln oder in Gruppen nachgehen können. Anderes Material – Schulbücher, Sachbücher, Jugendbücher – wird hinzugezogen; Internet-Recherchen ergeben neues Material und neue Fragen – welche Möglichkeiten, sich einer historischen Persönlichkeit zu nähern, historisches Wissen selber zu erwerben und zugleich zu erkennen, wer warum in der Gegenwart mit welchen Absichten sich einer Persönlichkeit erinnert, die vor 1200 Jahren gelebt hat und – warum? – den Namen „Karl der Große" erhalten hat!

Beispiel
Der Internationale Frauentag

Gegenwart: Alljährlich wird weltweit am 8. März der „Internationale Frauentag" gefeiert. Anlässlich dieses Tages wird immer wieder auf die Lage von Frauen in aller Welt hingewiesen, werden Forderungen nach rechtlicher oder tatsächlicher Gleichstellung und Gleichberechtigung erhoben und unerledigte Versprechungen eingeklagt.

Geschichtsdidaktische Frage: Seit wann gibt es den Internationalen Frauentag? Mit welchen Forderungen von Frauen war und ist er historisch verbunden? Auf der II. Internationalen Sozialistischen Frauenkonferenz im August 1910 beantragten die deutschen Delegierten unter Leitung von Clara Zetkin, den 8. März als Kampftag der Frauen für das Frauenwahlrecht und die Gleichberechtigung der Frauen zu begehen. Das Datum des 8. März verweist zum einen auf einen Streik New Yorker Textilarbeiterinnen am 8. März 1857, zum anderen auf den Tod von 129 Textilarbeiterinnen am 8. März 1908, die in einer von ihnen bestreikten Fabrik bei einem Brand ums Leben kamen. Eine Internet-Recherche zum „Internationalen Frauentag" erbringt eine Unmenge von Informationen über die Lage der Frauen im 19. und frühen 20. Jahrhundert, die proletarische Frauenbewegung und die feministische Bewegung, über die Bedeutung des Tages in der DDR usw.

Beispiel
Der 8. Mai 1945 im Wandel des Gedenkens

Gegenwart: Es handelt sich um ein Beispiel, das jährlich zum 8. Mai, besonders aber in der Vorausplanung zur 60. Wiederkehr des 8. Mai 1945 im Jahre 2005 im Unterricht besprochen werden kann. In jedem Jahr wird – auch wenn keine „runden“ Daten gegeben sind – in den Medien der 8. Mai 1945 als Tag des Kriegsendes in Europa erwähnt.

Geschichtsdidaktische Frage: Wesentlicher Gesichtspunkt ist die Frage nach unterschiedlichen Deutungen des 8. Mai 1945 im Laufe der letzten 50 Jahre in der DDR und in der BRD, wie sie sich etwa in den Benennungen „Tag der Kapitulation“ oder „Tag der Befreiung vom Faschismus“ bzw. „Nationalsozialismus“ niederschlägt.

In einer Zusammenstellung von Materialien aus den letzten 50 Jahren für eine Unterrichtseinheit betonen die Verfasserinnen und Verfasser folgende didaktische Absichten[25]:

☛ M 23:

Die Schülerinnen und Schüler können an dem öffentlichen Umgang mit diesem historischen Datum wichtige Erkenntnisse darüber gewinnen, welche Ursachen, Absichten und Funktionen dem Umgang mit Vergangenheit und Geschichte in bestimmten realhistorischen Zusammenhängen zugrundeliegen. Im einzelnen können sie erkennen, daß

- historische Daten im Lauf der Zeit sehr unterschiedliche Sinngebungen erfahren, die auf bestimmten Legitimations- und Identitätsbedürfnissen beruhen,
- der 8. Mai in der DDR als Staatsfeiertag und als „Tag der Befreiung vom Faschismus“ begangen wurde,
- die DDR sich als antifaschistischer Staat legitimierte und deshalb den 8. Mai als Staatsfeiertag beging,
- in der DDR der Anteil der Sowjetunion beim Sieg, der Alliierten über den Faschismus hervorgehoben wurde,
- in der DDR der Anspruch betont wurde, die wahren Lehren aus der deutschen Geschichte gezogen zu haben und auf der „richtigen“, zukunftsträchtigen Seite zu stehen,

---

25 Niederlage, Kriegsende, Befreiung? Der 8. Mai im Wandel des Gedenkens, von einer Studentengruppe der Justus-Liebig-Universität Gießen, in: Geschichte lernen 43 (1995), S. 53 ff.

- in der DDR der Kalte Krieg die Deutungen des 8. Mai bestimmte (Imperialismus und Monopolkapitalismus als Verursacher der Spaltung Deutschlands),
- der 8. Mai in der Bundesrepublik bei weitem nicht den Stellenwert besaß wie in der DDR,
- in der Bundesrepublik der 8. Mai nicht einheitlich begangen wurde,
- im Laufe der Jahrzehnte sehr unterschiedliche Deutungen und Benennungen für den 8. Mai 1945 galten (Tag der Niederlage, Tag der Kapitulation, Tag des Kriegsendes und erst spät und nicht unumstritten „Tag der Befreiung"),
- auch in der Bundesrepublik der Anspruch erhoben wurde, die wahren Lehren aus der deutschen Geschichte gezogen zu haben und auf der „richtigen", zukunftsträchtigen Seite zu stehen,
- auch in der Bundesrepublik der Kalte Krieg die Sinngebung des 8. Mai bestimmte (Hinweise auf Flucht, Vertreibung, Unrecht an Deutschen, Spaltung Deutschlands durch Kommunisten).

(Geschichte lernen 43 [1995], S. 53 ff.; vgl. Anm. 25)

An diesem Beispiel kann jenseits des möglichen Ziels, Wissen über das Kriegsende zu vermitteln und die Stellungnahmen als Einstiegsmaterial zu nutzen, zugleich besprochen werden, dass historische Erinnerung offensichtlich zeitabhängig ist, in verschiedenen Zeiten unterschiedlich ausfällt und letztlich eine gegenwarts- und zukunftsbezogene Deutung vergangenen Geschehens ist.

Museen und Ausstellungen

In jeder Stadt gibt es Museen als öffentliche Erinnerungsstätten, an denen Kinder und Jugendliche die Gegenwärtigkeit von Relikten der Vergangenheit und auch den gegenwärtigen Umgang mit Geschichte erfahren können. „Von 1100 Gemeinden in Baden-Württemberg haben mehr als 1000 ein Museum. Der museale Versorgungsgrad ist total"[26]. Die Gründe für die Errichtung von Museen liegen häufig im ökonomischen und politischen Bereich. Museen sollen in der Regel Touristen anlocken und einer lokalen, regionalen oder nationalen Identität dienen. In vielen Fällen liegt der Errichtung von Museen und Ausstellungen eine

---

26 Korff, Gottfried, Musealisierung total, in: Füßmann, Klaus; Grütter, Heinrich Theodor; Rüsen, Jörn (Hrsg.), Historische Faszination. Geschichtskultur heute, Köln–Weimar–Wien 1994, S. 132.

gezielte „Erinnerungspolitik“ zugrunde, die sich auch in Gedenktagen und Gedenkjahren, Straßenbenennungen, Denkmälern, Inschriften usw. zeigt.[27]

Beispiel

Gegenwart: Viele historische Museen, vor allem die „Großmuseen“ in Bonn und Berlin, aber auch das Museum der deutschen Freiheitsbewegungen in Rastatt oder das Museum der Arbeit in Hamburg, bieten umfangreiches Informationsmaterial an oder sind im Internet vertreten.

Geschichtsdidaktische Frage: Vor dem Besuch eines lokalen Museums können die Selbstdarstellungen dieser Museen auf ihre Absichten befragt werden, um eine gleiche Frage auf das lokale Museum zu übertragen (wenn es nicht selber schon in Prospekten darauf hinweist). Daraus ergeben sich Erkenntnisse über Museen und über den Umgang mit Geschichte, über Erinnerungspolitik und angestrebte Identitätsbildungen, über ökonomische und touristische Funktionen. Und natürlich ergibt sich dabei auch historisches Wissen ...

Comics, Jugendbücher

Jugendliche seien desinteressiert an Geschichte? Die Verkaufszahlen von Comics über Geschichte und Jugendbüchern über Geschichte – Sachbücher („Was ist was?“ u.a.) und Belletristik – lassen anderes vermuten, belegen vielmehr ein gegenwärtiges Interesse an Geschichte. Während Jugendbücher zum traditionellen Bestand gehören, sind Comics in der Schule relativ neue Medien, die – obwohl mittlerweile anerkannte Kunstgattung – noch immer mit Vorbehalten von Lehrenden rechnen müssen. Geschichtscomics sind Geschichtsdarstellungen in der Form „gezeichneter Narrativität“ (Pandel), die – wie etwa der Holocaust-Comic „Maus“ von Art Spiegelman oder der Comic „Hitler“ – durchaus als seriöse und häufig didaktisch inspirierte Geschichtsschreibung gelten können. Die verschiedenen Formen von Jugendliteratur eignen sich methodisch für den Einsatz im Unterricht, weil sie offensichtlich für Jugendliche reizvoll sind und in ihren außerschulischen Lebenszusammenhängen eine Rolle spielen. Sie sind auch didaktisch ertragreich: Sie können die „historische Imagination“ beflügeln und an ihnen kann man den Unterschied zwischen historischer

---

27 Vgl. Reichel, Peter, Politik mit der Erinnerung, München–Wien 1995.

Realität und der – abgestuft vorhandenen – Fiktionalität der Darstellung erkennen lernen. Sie sollten vor allem zu Beginn einer Unterrichtseinheit eingeführt werden, um den Schülerinnen und Schülern den Eindruck zu vermitteln, dass das Thema der Unterrichtseinheit in ihrer eigenen außerschulischen Lebenswelt präsent ist. In unteren Klassen ist es auch möglich, Unterrichtsstunden mit dem Vorlesen aus einem Jugendbuch ausklingen zu lassen.

Beispiel
Das Mittelalter in Sachbüchern

Gegenwart: Es gibt eine Fülle von aufwändig gestalteten Sachbüchern, die das Mittelalter jugendlichen Leserinnen und Lesern näherbringen wollen. Die meisten Kinder und Jugendlichen kennen solche Sachbücher; viele, vor allem die Kinder und Jugendlichen aus „besser gestellten" Elternhäusern besitzen solche Bücher, die sie durch ihre Buntheit und Bilddominanz faszinieren.

Geschichtsdidaktische Frage: Diese Sachbücher tragen mit dazu bei, dass den Kindern und Jugendlichen ein bestimmtes Bild des Mittelalters vorschwebt, das mit der historischen Wirklichkeit nicht übereinstimmt. Die Sachbücher eignen sich ihrer Beliebtheit wegen hervorragend für „Einstiege" in Unterrichtseinheiten über das Mittelalter. Sie können zu Fragen anregen, Interessenschwerpunkte ermöglichen und bedingt als Informationsmaterial verwendet werden. Sie sollten aber auch am Ende einer Unterrichtseinheit noch einmal eigens thematisiert werden: Ihre fiktionalen und beschönigenden Bestandteile sollten den Ergebnissen gegenübergestellt werden, die in der Arbeit an Quellen und an anderen Darstellungen herausgearbeitet wurden. Ein solches Vorgehen dient der Förderung des „Wirklichkeitsbewusstseins".

Beispiel
Die Erfindung des Buchdrucks im Comic[28]

Gegenwart: Die Kinder und Jugendlichen wachsen wie selbstverständlich in einer Welt auf und in eine Welt hinein, die wesentlich auch durch eine Revolution der Medien geprägt ist. Sie kommunizieren lokal oder weltweit mit SMS, Handy und e-mails oder „chatten" im In-

---

28 Kolumbus. Text: Enzo Biagi, Zeichnung: Milo Manara und Giacinto Gaudenzi, Hamburg 1992, S. 32.

ternet. Sie holen ihre Informationen aus dem Internet – und erfahren das alles als selbstverständliche Bestandteile ihres Lebens.

Geschichtsdidaktische Frage: Ausgehend von der Medienrevolution der Gegenwart kann nach der Medienrevolution durch die Erfindung des Buchdrucks gefragt werden. Wie entstanden Bücher vor der Erfindung des Buchdrucks? Welche Folgen hatte die Erfindung? Die Seite kann als „Einstieg" in eine Unterrichtseinheit genutzt werden.

Abb. 10: Kolumbus. Text: Enzo Biagi, Zeichnung: Milo Manara und Giacinto Gaudenzi, Hamburg 1992, S. 32

Abb. 11: *Judenboykott:* Im Ausland wurde Hitlers Machtübernahme 1933 kritisch kommentiert. Der deutsche Diktator empfand das als „Hetze", sah „jüdische Drahtzieher" am Werk und gab seine zunächst geübte Zurückhaltung gegenüber den Juden auf. Mit einer reichsweiten antisemitischen Aktion am 1.4. wollte et die „Hintermänner" in London, Paris und New York zur „Mäßigung" bringen (vgl. S. 110).

Beispiel „Hitler-Comic“[29]

Gegenwart: Mit Elementen des Comics wird der Versuch gemacht, Kindern und Jugendlichen die Zeit des Nationalsozialismus nahezubringen. Der Comic war auf dem Markt ein großer Erfolg, gerade weil er ein schwieriges Thema durch ein modernes Medium neu erschließen wollte. Zu den Merkmalen des Comics gehört, dass Fotos der Zeit zeichnerisch verfremdet und collagenartig wiedergegeben werden. Durch Sprech- und Denkblasen werden belegte Äußerungen und fiktionale Gedanken mitgeteilt.

Geschichtsdidaktische Frage: Ist diese Art der Darstellung für den Unterricht geeignet? Spricht sie die Schülerinnen und Schüler mehr an als eine Schulbuchdarstellung? Sollte sie ergänzend zum Schulbuch verwendet werden? Der Comic entgeht nicht hinreichend den Gefahren der Personalisierung, kann aber, wenn auf dieses Manko aufmerksam gemacht wird, im Unterricht eingesetzt werden. Insbesondere der Vergleich zwischen historischen Fotos und zeichnerischen Verfremdungen ist dabei reizvoll und kann zu weiteren Fragen führen.

Beispiel „Jugendbuch über 1848“

☛ M 24: „Zum ersten Mal wollte ich wirklich wissen, was passiert war“ – Schülererfahrungen mit historischer Kinder- und Jugendliteratur

Das Buch „1848 – Die Geschichte von Jette und Frieder“ von Klaus Kordon ist der erste Geschichtsroman, den ich gelesen habe. Ich hatte davor noch nicht viel Geschichtsunterricht, aber der begann schon, mich zu langweilen. Ich habe die Herrscher und Regierenden verwechselt, ein Aufstand hier und einer da – immer das gleiche.

Und jetzt dieses Buch. Darin geht es um die Liebesgeschichte zwischen Jette und Frieder, die zur Zeit der deutschen Revolution von 1848 15 und 17 Jahre alt sind. Sie erleben diese Revolution mit, sie leben als einfache Leute in Berlin mitten im Geschehen. Klaus Kordon, der Autor, läßt sie aber auch Bekanntschaften mit vielen Menschen mit verschiedenen Ansichten und aus verschiedenen Gesellschaftsschichten machen und nennt deren Gedanken und Ziele.

---

29 Bedürftig, Friedemann; Kalenbach, Dieter, Hitler, 2. Aufl., Hamburg 1993; die Abbildung stammt aus dem Comic, ist hier aber kopiert aus: Bedürftig, Friedemann, Lexikon III. Reich, Hamburg 1994, S. 199.

Dieses Buch hat mich sofort gefesselt, ich fand es spannend und interessant. Ich wollte wissen, wie es mit Jette und Frieder, aber auch, wie es mit der Revolution weitergeht, wessen Ziele erreicht werden, wie die Reaktionen des Kaisers sind.
Nachdem ich das Buch gelesen und mich im ausführlichen Anhang weiter über den geschichtlichen Hintergrund informiert hatte, wußte ich ziemlich viel über diesen Abschnitt der Geschichte, ich fühlte mich richtig als Expertin. Aber das reichte mir nicht, mein Interesse war geweckt.
Ich hatte nämlich in einem anderen Buch über die gleiche Zeit etwas gefunden, was diesem Buch widersprach. Es war nicht aus der Sicht der Armen, sondern aus der Sicht ihrer Revolutionsgegner geschrieben und ich konnte mir gut vorstellen, warum sie das Ereignis umgedreht hatten – aber wer hatte es denn eigentlich umgedreht, wer hatte Recht, was war wirklich passiert? Zum ersten Mal wollte ich wirklich wissen, was zu einem bestimmten Zeitpunkt vor 150 Jahren passiert war.
Und als dann der 150. Jahrestag der Revolution kam, war es schon eine Weile her, dass ich das Buch gelesen hatte. Trotzdem wusste ich noch die genauen Daten und mir fiel auf, dass die Zahl der Opfer, die in einem Zeitungsartikel genannt wurde, nicht mit der im Buch übereinstimmte. Dabei hatte ich keine Zahl auswendig gelernt, ich habe sie mir einfach nebenbei, beim Lesen des Buches, gemerkt.
Seitdem habe ich viele Geschichtsromane gelesen, weil sie einfach interessanter sind als der Unterricht und man die Informationen trotzdem im Unterricht gut gebrauchen kann.
(Müttel, Janina, Ubbo-Emmius-Gymnasium Leer, Klasse 10, in: Geschichte Lernen 71 [1999], S. 20)

Das Beispiel zeigt die Attraktivität des Jugendbuchs für eine bestimmte Schülerin. Es zeigt aber zugleich auch, wie aus der Lektüre neue Fragen entstehen, die zu weiterer „Recherche" führen, bis die Leserin sich ein umfangreiches Wissen über die Revolution selber erarbeitet hat. Eine einfache Liebesgeschichte führt zu allgemeinen Einsichten in die Revolution von 1848, zu Erkenntnissen über Multiperspektivität, zur Erkenntnis widersprüchlicher gegenwärtiger Aussagen über die Revolution und zu bleibendem Wissen, und die Schülerin selber wundert sich, dass bei diesem Selberlernen so viel bleibendes Wissen entsteht.

Inszenierungen von Geschichte

In den Sommermonaten finden an vielen Orten „Mittelalter"-Märkte und „Ritter-Turniere" statt, die scheinbar zeigen, „wie es eigentlich gewesen“ im Mittelalter: Ritter, mittelalterliche Gaukler, Vaganten, Händler, Handwerker, Musikanten treten auf, „Ritterturniere“ kann man „live“ erleben.

☛ M 25: Das Mittelalter ist wieder zurück in Siegburg

Vogt, Büttel und Gaukler nahmen den Marktplatz in Besitz. „Kurtzweyl“ in der Kreisstadt. Das zünftige „Spektakulum“ lockte schon am Wochenende tausende von Besuchern

SIEGBURG. Irren Blicks und in ekstatischen Zuckungen drischt der Mann auf seinen Dudelsack ein, dem er über dem immer gleichen Grundton ein aberwitziges Crescendo aus fiepsenden und pfeifenden Tönen entlockt. Dann reckt er das Instrument, die Pfeifen immer noch mit den Fingern malträtierend, Richtung Publikum und heimst für sich, einen Kollegen, der nicht weniger ambitioniert trötet, den Beifall der Zuschauer ein. Der Siegburger Markt gehört seit Samstagmittag wieder dem Mittelalter – und den 140 Händlern und Gauklern von „Kramer Zunft und Kurtzweyl“, die mit ihrem „Spektakulum“ die Menschen mitnehmen in die Vergangenheit.

Abb. 12a: An den Ohren zieht der Büttel den Gaukler über den Markt (Foto: Andreas Helfer)

Gedacht ist das Ganze natürlich nicht für penible Historiker, sondern als Spaß für die ganze Familie – und der wird bis 21. Dezember nicht zu kurz kommen. Da lässt sich dem Schmied an Esse und Amboss über die Schultern schauen, gibt es ein Glücksrad und ein orientalisches Kaffeehaus im gelben Zelt, Besenbinder, Schreiner und Steinmetz, Met- und Weinstände, Reisfraß und vieles mehr. 47 Stände stehen auf dem Markt, und unter den Planen pflegt das fahrende Volk einen rüden Umgangston, parliert, flucht und schimpft in einem altmittelhochdeutsch angehauchten Kauderwelsch. Ungehobelt aber autoritär gibt sich der bärbeißige Büttel mit der schweren Hellebarde, der die Polizeigewalt hat: Da werden schon mal Gaukler an den Ohren über den Platz gezerrt oder Eltern zur Ordnung gemahnt, „besser auf ihre Brut aufzupassen“.

Abb. 12b: Unter den Augen des staunenden Publikums lässt der Schmied derweil das Eisen glühen (Foto: Andreas Helfer)

Abb. 12c: Stets zu Späßen aufgelegt sind die Gaukler, die beim Markt wie im Mittelalter für „Kurtzweyl" bei den Besuchern sorgen (Foto: Andreas Helfer)

Abb. 12d: Das Marktrecht zu Siegburg verkündete der Vogt mit Pauken und Trompeten (Foto: Andreas Helfer)

Zur Markteröffnung zeigte der Vogt, wer jetzt das Sagen hat, aber auch das Schweigen: Zwei Mädchen tuschelten und lachten bei der Verkündung der Markgesetze und wurden umgehend vom Büttel vor- und wieder abgeführt. Die Handwerker mussten dem Vogt wie alle Jahre wieder ihre Erzeugnisse vorführen: Der Silberschmied präsentierte eine Schatulle, der Steinmetz ein frisch gehauenes Wappen, und der Bäcker hatte ein großes Rundbrot für Bürgermeister Rolf Krieger mitgebracht. Der Bäckermeister lud aber auch zur Speisung der armen Kindlein in der Kreisstadt, und die Bachwaren in seinem Korb gingen weg wie warme Semmeln. Mehrere tausend Besucher freuten sich am Samstag und gestern, dass Siegburg seine mittelalterlichen Gesellen wieder zu Gast hat. Idyllisch war die Atmosphäre am Abend, als die Marktleute große Feuer anzündeten und das ganze Treiben in schummeriger Beleuchtung von Fackeln und Öllämpchen weiterging. *(Helfer, Andreas, in: General-Anzeiger, 4.12.2000)*

Beispiel
Inszenierungen zum Mittelalter

Gegenwart: Eine „Arbeitsgemeinschaft zur Erhaltung und Belebung mittelalterlicher Kultur e.V.“ mit dem Namen „Kramer Zunft und Kurtzweyl“[30] veranstaltet in vielen Städten Deutschlands „Mittelalterli-

30 Kramer Zunft und Kurtzweyl, Feste Nyestat, Burstenstr. 6, 51702 Bergneustadt, verschickt auch ausführliches Material.

che Spektakel“ in Form von zwei Projekten: „Mittelalterlicher Markt“ und „Mittelalterliches Lager der Spiel- und Handwerksleut“. In jeder Stadt können die Veranstalter mit einem großen Zustrom von -zigtausenden von Menschen rechnen, die offensichtlich ein großes Bedürfnis haben, in eine inszenierte Welt des Mittelalters einzutauchen.

Geschichtsdidaktische Frage: Man kann mit Schülerinnen und Schülern solche Veranstaltungen – gut vorbereitet – besuchen, Eindrücke sammeln, Veranstalter und Besucher befragen lassen. Die Fragen an Veranstalter und Besucher sollten vorher abgesprochen sein und könnten etwa lauten: Warum veranstalten Sie „Mittelalterliche Spektakel? Was wollen Sie den Besuchern vermitteln? Haben Sie andere als wirtschaftliche Gründe als Veranstalter? Warum kommen Sie als Besucher? Was erwarten Sie für sich? Glauben Sie, dass es im Mittelalter genau so war, wie es hier gezeigt wird? Warum glauben Sie das oder glauben Sie das nicht?“

Die Schülerinnen und Schüler können Interessenschwerpunkte entwickeln und begründen, sich weiterführende Fragen überlegen, so dass danach im Unterricht vor allem in Partner- und Gruppenarbeit einige Schwerpunkte bearbeitet werden, die später in zuvor abgesprochenen Produkten allen anderen und ggf. einer größeren Schulöffentlichkeit vorgestellt werden.

Beispiel
Eine mittelalterliche Stadt? Rothenburg ob der Tauber

Gegenwart: Zu den Inszenierungen von Geschichte gehören auch die herausgeputzten angeblich „mittelalterlichen“ Städte, die für touristische Zwecke hergerichtet worden sind – etwa Rothenburg ob der Tauber oder Dinkelsbühl, die ein völlig falsches Bild einer frühneuzeitlichen geschweige denn mittelalterlichen Stadt abgeben.

Geschichtsdidaktische Frage: Bei der Behandlung des Themas „Die Stadt im Mittelalter und in der frühen Neuzeit“ kann man sich frühzeitig Prospektmaterial der Stadt Rothenburg ob der Tauber und Materialien aus dem Internet über diese Stadt besorgen oder von den Schülerinnen und Schülern durch Schreiben an das Tourismusbüro der Stadt und durch eigene Internet-Recherche beibringen lassen. Diese Materialien können dann im Unterricht als Einstiegsmaterial und zur Entwicklung von Fragen und Schwerpunkten verwendet und am Schluss der Unterrichtseinheit noch einmal kritisch untersucht werden. Die Schülerinnen und Schüler erwerben dabei Kenntnisse über die mittelalterliche/frühneuzeitliche Stadt, machen zugleich aber auch die wichtige Erfahrung, wie Geschichte vermarktet wird. Sie können sich auch mit der Frage befassen, warum so viele Touristen aus Deutschland und dem Ausland diese Geschichts-Stadt besuchen.

Geschichte in der Werbung

Marketingstrategen und Werbemanager werben für Produkte auch mit Bezügen zwischen Vergangenheit, Gegenwart und Zukunft. Dabei verwenden sie Deutungsmuster von Geschichte, die sie als besonders ergiebig betrachten oder aber durch empirische Markt-Forschung als verbreitet ermittelt haben. Darunter fallen vor allem Deutungsmuster wie „Die gute alte Zeit“ oder als Gegenteil „Von wegen gute alte Zeit“. Mit dem Verweis auf das Alter eines Produktes wird die Gediegenheit einer Ware und die Verlässlichkeit ihrer Qualität begründet („Seit …“ oder „Since …“). Die Macher rufen per Bild und Schrift historische Grundkenntnisse ab, die einen hohen Erkennungswert haben („Metaxa – die klassische Traube aus Griechenland“ oder „Römerpils“). Solche Werbung mit Geschichte sollte aus zwei Gründen im Geschichtsunterricht eingesetzt werden: Erstens kann diese Werbung Material zum Einstieg in eine Unterrichtseinheit zu einem der klassischen Themen des Geschichtsunterrichts sein. Zweitens – und erheblich wichtiger – kann an dieser Werbung die Einsicht in die Beliebigkeit der Instrumentalisierung gewonnen werden. Historisierende Werbung kann im Geschichtsunterricht thematisiert werden.[31]

Beispiel
„In der guten alten Zeit“ / „Von wegen gute alte Zeit“

Die Anzeigen eignen sich besonders gut für die Aufarbeitung von Klischees und Deutungsmustern. Die kontroversen Aussagen ermöglichen wichtige grundsätzliche Unterrichtsgespräche; die Zusammenstellung von Quellen verlangt allerdings von den Lehrenden ein hohes Maß an Multiperspektivität, um einfache und scheinbar bündige Antworten zu erschweren. Bei der Suche nach geeigneten Quellen kann auf beschauliche und idyllisierende literarische Texte und romantische Gedichte ebenso zurückgegriffen werden wie auf Selbstzeugnisse von Arbeiterinnen und Arbeitern oder Berichte über Arbeitsverhältnisse auf dem Land und in den Großstädten. Es handelt sich hier um ein besonders wichtiges Thema, das in den alltäglichen Lebenszusammenhängen immer wieder auftaucht.

---

31 Vgl. Mike Seidensticker und das Unterrichtsbeispiel von Ingetraud Rüsen.

Abb. 13a: Heydt (Neue Osnabrücker Zeitung, 28.7.1977)

Abb. 13b: Der Spiegel 36 (1982), H. 9, 1.3.1982, S. 179

Beispiel „Reisen Sie in die Vergangenheit. Die Zukunft im Weltraum wird langweilig"

Vergangenheit – Gegenwart – Zukunft: In der Anzeige werden die drei Dimensionen der Zeit angesprochen. Der Betrachter sieht Trümmer und wird doch zugleich darauf hingewiesen: „Griechenland. Das ist Le-

Abb. 14: Vergangenheit – Gegenwart – Zukunft: In der Anzeige werden die drei Dimensionen der Zeit angesprochen (Zeitschriften-Anzeige)

ben!" und „Was für ein Leben!". Neugier auf das ganz Andere, auf „eine andere Welt" soll entstehen. Die ökonomisch begründete Anzeige eignet sich für einen „Einstieg" und kann die Frage nach einer „Welt der Schönheit, der Geheimnisse und Abenteuer" auslösen und damit die – kritische – Erarbeitung dieser Welt anleiten.

Oral history

Unter Oral history versteht man die „systematische Erhebung und Auswertung von mündlichen Quellen“[32]. Zeitzeugen, geprägt oder beeinflusst von der Zeitgeschichte, dokumentieren durch ihr Auftreten und ihre Berichte die Gegenwärtigkeit von Geschehenem, das für Kinder und Jugendliche schon unendlich lange vergangen scheint. Zeitzeugen in den Unterricht zu holen oder sie außerhalb des Unterrichts zu befragen, setzt wichtige Vorarbeiten voraus und muss gemeinsam mit den Kindern oder Jugendlichen geplant werden. Wenn die Befragung gut geplant ist und die Gefahren dabei bewusst werden, kann die eigentliche Befragung und ihre spätere Aufarbeitung ungemein fruchtbar sein: Die Schülerinnen und Schüler lernen, dass die große Politik in jedes Leben einwirkt. Sie lernen aber auch, dass die Erinnerungen von Zeitzeugen nicht schon dadurch „wahr“ sind, dass sie als Betroffene dabei waren. Diese Erkenntnis kann auch dadurch erreicht werden, dass man mehrere Zeitzeugen befragt und in der Aufarbeitung auf historiographisches Material (in der Regel: Schulbücher) zurückgreift, um die Aussagen von Zeitzeugen mit Forschungsergebnissen zu konfrontieren.[33]

Eine besondere didaktische Form der Oral history besteht darin, dass Schülerinnen und Schüler Erwachsene und/oder ältere Jugendliche befragen, was sie über ein historisches Thema wissen oder was ihnen dazu einfällt – antikes Griechenland oder Rom, Mittelalterliches, Reformation usw. –, ob sie dieses Thema für wichtig halten oder was sie daran noch interessieren würde. Die Ergebnisse der Befragung können in der Klasse besprochen werden und Fragen ergeben, mit denen man sich in den folgenden Stunden beschäftigen möchte.

Beispiel
Rolf Kralowitz erzählt aus seinem Leben

Rolf Kralowitz, ein deutscher jüdischer Journalist, dessen Familie im Konzentrationslager ermordet wurde und der das Konzentrationslager Buchenwald überlebt hat, erzählte 1994 auf einer Hörcassette seine Lebens- und Leidensgeschichte für Kinder eines vierten Schuljahres ei-

---

32 Vgl. Wierling, Dorothee, Oral History, in: Handbuch der Geschichtsdidaktik, 5., überarb. Aufl., Seelze-Velber 1997, S. 236.

33 Vgl. Geschichte lernen 76 (2000): „Oral History“.

ner Gießener Schule – ein ungemein beeindruckendes, anrührendes Dokument.[34]

Beispiel

Schülerinnen und Schüler der Laborschule an der Universität Bielefeld begeben sich in die riesige, immer belebte Halle der Universität, ausgerüstet mit Cassettenrekorder und Notizblöcken. Sie befinden sich in der Vorbereitungsphase einer Unterrichtseinheit über das Mittelalter. Sie haben sich vorgenommen, verschiedene Personen – Studierende, Garderobenfrauen, Hochschullehrer, Hausmeister – über das Mittelalter zu befragen. Sie haben sich Fragen ausgedacht, die sie allen stellen wollen. Die Fragen lauten: Was wissen Sie vom Mittelalter? Was fällt Ihnen zum Mittelalter ein? Von wann bis wann dauerte das Mittelalter? Ist es wichtig, etwas über das Mittelalter zu wissen? Die Schülerinnen und Schüler kommen mit einer Fülle von Informationen und mit noch mehr Fragen zurück in den Unterricht. Und nun wird festgehalten, wer welcher Frage genauer nachgehen möchte, wo und wie man Informationen findet, was man später wie den Anderen präsentieren möchte …

Beispiel

Eine Umfrage unter Mitschülerinnen und Mitschülern über Schwarze Magie oder Satanisten – Themen, die unter Kindern und Jugendlichen wieder eine Rolle spielen – kann zu Themen wie „Inquisition" und „Hexen" überleiten.

Geschichte in den „alten" Medien

Presse, Funk, Film (Geschichtsfilme wie „1492", „Gladiator", „Der Patriot" usw.) und Fernsehen (ältere Geschichtsfilme wie „Cleopatra", Dokumentationen wie die „Knoppiaden" oder Fernsehspiele) sind vor allem dadurch, dass sie keine als „Lernsoftware" erkennbare Verarbeitungen von Geschichte enthalten, in den Augen von Kindern und Ju-

---

34 Abgedr. in: Bergmann; Rohrbach, Kinder entdecken Geschichte, S. 346 ff.; die Cassette kann gegen einen geringen Unkostenbeitrag bei Rita Rohrbach, Seminar für Didaktik der Geschichte an der Justus-Liebig-Universität Gießen, bezogen werden.

gendlichen authentische Zeugen für die Gegenwärtigkeit von Geschichte. Zeitungen enthalten leicht kopierbare Nachrichten, Berichte und Kommentare, in denen sich die Großen Fragen der Gegenwart und absehbaren Zukunft ebenso spiegeln wie die Gegenwärtigkeit von Geschichte und die Geschichtlichkeit der Gegenwart in Form von Hintergrundinformationen, Berichten über historische Voraussetzungen und Kommentaren. Beispiele dafür sind in diesem Buch reichhaltig angeboten (und zeigen, wie schnell man in der Presse „Einstiegsmaterial" finden kann).

Beispiel „Menschenrechte"

Gegenwart: Am 13. Juli 2001 beschloß das Internationale Olympische Comitee (IOC) auf seiner Vollversammlung in Moskau, die Olympischen Sommerspiele des Jahres 2008 an Peking zu vergeben. Die Entscheidung war umstritten. Gegner des Austragungsortes Peking argumentierten mit Verletzungen der Menschenrechte in China. In den kommenden Jahren wird immer wieder zur Sprache kommen, ob und in welchem Maße die Menschenrechte in China geachtet oder verletzt werden.

Geschichtsdidaktische Frage: Seit wann gibt es die Menschenrechte? Was beinhalten sie? Ein knapper Lexikonartikel zeigt historische Ursprünge und Erweiterungen, denen weiter nachgegangen werden kann.[35] Internet-Recherchen ergeben viele „Links" zur Geschichte der Menschenrechte.

Weiter kann gefragt werden: Wo fanden in den letzten Jahrzehnten Olympische Spiele statt? Wie sah es mit Verletzungen der Menschenrechte in den Gastgeberstaaten aus? Gab es Boykotts (vgl. S. 72 ff.)? Wenn ja: Aus welchen Gründen? Mit welchen Erfahrungen? Was können wir über die Olympischen Spiele im nationalsozialistischen Deutschland erfahren?

☛ M 26: Menschenrechtler fordern Garantien

Peking. Die Wahl Pekings als Austragungsort der Olympischen Spiele 2008 war vom bitteren Streit um die Menschenrechtslage in China überschattet. Exiltibeter protestierten gegen die Unterdrückung im größten Hochland der Erde. Menschenrechtsaktivisten beklagten die verschärfte

---

35 Drechsler, Hanno; Hilligen, Wolfgang; Neumann, Franz, Gesellschaft und Staat. Lexikon der Politik, 5. Aufl. Baden-Baden 1980, S. 374 f.

Verfolgung von Bürgerrechtlern, die heute fast alle im Gefängnis sitzen. Amnesty International berichtete, dass in China allein in den vergangenen drei Monaten 1781 Menschen hingerichtet wurden – mehr als in drei Jahren in der ganzen Welt zusammen.

„Chinas Menschenrechtslage ist schlecht, weit unter internationalen Standards – mit willkürlichen Festnahmen, Folter, Verletzungen des Rechts auf freie Meinungsäußerung, der Versammlungs- und Religionsfreiheit", beklagte die Menschenrechtsorganisation Human Rights in China (HRiC). Doch selbst Kritiker waren gespalten. Während der Bürgerrechtler Wei Jingsheng gegen die Vergabe an Peking war, meinte der Ex-Studentenführer Wang Dan, zwar habe die Kommunistische Partei die Spiele nicht verdient, aber das chinesische Volk.

Auch mit der Entscheidung für Peking ist die Kontroverse lange nicht beendet. Auf dem Weg bis 2008 werden immer wieder Menschenrechte berührt werden – so etwa, wenn Bürger durch große Bauprojekte oder Infrastrukturmaßnahmen in Peking vertrieben werden oder vielleicht nur gegen zu hohe Finanzausgaben für die Spiele protestieren wollen.

Die Menschenrechtsorganisation HRiC forderte das Internationale Olympische Komitee (IOC) auf, sicher zu stellen, „dass die Spiele selbst in einer Atmosphäre stattfinden, die frei ist von Unterdrückung und Diskriminierung". Das IOC mache sich zum „Komplizen", wenn China beispielsweise Visa für Tibeter, Taiwanesen, vermeintliche Mitglieder der in China verbotenen Kultbewegung Falun Gong, von Menschenrechtsorganisationen oder für Journalisten von potenziell feindlich eingestuften ausländischen Medien verweigere.

Das IOC müsse von den Funktionären in Peking Garantien erhalten, Methoden der Überprüfung einführen und einen Verhaltenskodex verabschieden. Danach dürfe niemandem auf Grund seiner politischen Überzeugungen, Religion, seines Herkunftslandes, seiner sexueller Orientierung oder anderer Charakteristika der Zugang zu den Spielen verwehrt werden, sei es als Teilnehmer oder Zuschauer, verlangte die Menschenrechtsgruppe. (dpa)

(Frankfurter Neue Presse, 14.7.2001)

☛ M 27: Menschenrechte

Die jedem Menschen von Natur aus zukommenden unverlierbaren und unantastbaren Rechte. Sie sollen vor allem Übergriffe des Staates verhindern und die Würde des Menschen schützen. Im Grundgesetz für die BRD sind die Menschenrechte in den *Grundrechten verankert.

Historisch: Die Rechte, die dem englischen König von Adel und privilegierten Ständen abgetrotzt wurden, fanden ihren Niederschlag in: Magna

Charta (1215), Habeas Corpus Act (1679), Bill of Rights (1689). Zu Ende des 18. Jahrhunderts werden Menschenrechte in der Bill of Rights (Virginia), der amerikanischen Unabhängigkeitserklärung (1776) und durch die französische Nationalversammlung (1789) erklärt.
Diese Deklaration bestimmte die Menschenrechte als vom Staat unabhängige, in der *Natur des Menschen* liegende Rechte (*Naturrecht). Als solche können sie vom Staat weder aufgehoben noch eingeschränkt werden.
Als Menschenrechte wurden erklärt: Recht auf Leben, *Freiheit, Unverletzlichkeit der Person, *Gleichheit, Recht auf *Eigentum, *Glaubens-, *Gewissens- und *Meinungsfreiheit, Widerstandsrecht u.a. Sie können als *liberale Verteidigungsrechte* bezeichnet werden.
Im 19. und 20. Jahrhundert fanden weitere *politische* und *soziale* Rechte allgemeine Anerkennung: Allgemeines Wahlrecht, *Versammlungsfreiheit, Pressefreiheit, *Vereinigungsfreiheit, *Freizügigkeit, Recht auf Arbeit, gerechten Lohn, Urlaub, *Streikrecht, Recht auf Bildung (*Bildungschancen). Sie werden als *demokratische Mitbestimmungsrechte* und *soziale* Rechte bezeichnet. (Vgl. Erklärung der Menschenrechte durch die *Vereinten Nationen 1948 und Konvention zum Schutz der Menschenrechte durch den *Europarat 1950).
Erst die sozialen Rechte auf Arbeit und auf Bildung entfalten die anderen Menschenrechte voll. Denn: Welche Menschenrechte sind z.B. für einen Neger in den USA garantiert, der arbeitslos und ohne ausreichende Bildung ist?
Die Menschenrechte wurden zwar häufig feierlich proklamiert und in Verfassungen aufgenommen, sie werden aber täglich in aller Welt gebrochen. (Siehe die Berichte von *amnesty international)
Beispiele: Behandlung der Neger in den USA, der katholischen Minderheit in Nordirland, des schwarzen Teils der Bevölkerung in Südafrika, der *Dissidenten in der Sowjetunion und in der DDR. Gefoltert wurde im * Vietnam-Krieg und in vielen Militärdiktaturen.
In der Bundesrepublik und in anderen zivilisierten Staaten werden jährlich Tausende von *Kindern unmenschlich von ihren Eltern geschlagen, ja ermordet.
Keine Menschenrechte kannte der *Nationalsozialismus in Deutschland. Während der Kriege in Korea, im Nahen Osten und Kongo, im algerischen Unabhängigkeitskrieg und bei der Flucht und Vertreibung von Millionen Menschen nach dem Zweiten Weltkrieg in Europa und in Asien wurden die Menschenrechte mit Füßen getreten. In den Arbeitslagern der Sowjetunion und unter dem Terror des *Stalinismus waren die Opfer ohne Rechte. (fn)
(Drechsler, Hanno; Hilligen, Wolfgang; Neumann, Franz, Gesellschaft und Staat. Lexikon der Politik, 5. Aufl. Baden-Baden 1980, S. 374 f.)

Abb. 15: „Bewegung im Netz". Karikatur (FR, 3.8.2001)

Die neuen Medien – Internet und CD-ROM

Einen für die Lernenden erkennbaren Bezug zur Gegenwart kann man auch durch Verweis auf die und Einsatz der neuen Medien herstellen. Wenn die Schülerinnen und Schüler erkennen, dass das Unterrichtsthema auch in den neuen Medien auftaucht – und zwar gerade nicht als ausgesprochene Lernsoftware –, sind sie möglicherweise eher geneigt, dem historischen Thema eine Bedeutung für Gegenwart und Zukunft zuzumessen. Internet-Recherchen zeigen den Schülerinnen und Schülern zunächst einmal die beeindruckende Quantität von Geschichte im Internet. Zu jeder Epoche, zu jedem historischen Sachverhalt lässt sich eine Fülle von Materialien aus dem Internet herausholen. Viele „Links" führen zu immer neuen Details und Zusammenhängen.

Dass der Einsatz der neuen Medien auch wichtige didaktische und methodische Probleme aufwirft, sollte dabei nicht verkannt werden: Im Internet finden sich eben auch Geschichtsklitterungen – etwa von Alt- und Neonazis – und abstruser Geschichtsmüll, und die Geschichtsdarstellungen auf CD-ROM sind unter fachdidaktischen Gesichtspunkten zumeist noch sehr unzulänglich konzipiert. Gelegentlich bietet es sich eher an, die Darstellungen in den neuen Medien weniger als Medium denn als Gegenstand des Unterrichts zu nutzen, um etwa Geschichtsmüll in einer eigenen Unterrichtseinheit als Müll erkennen zu lassen – etwa durch den Vergleich mit Schulbuchdarstellungen und anderen Formen seriöser Geschichtsschreibung.

Beispiel
Französische Revolution – Olympe de Gouges

Gegenwart: Olympe de Gouges, die während der Französischen Revolution eine „Erklärung der Rechte der Frau und Bürgerin" verfasste und dafür unter der Guillotine endete, ist erst in den letzten Jahrzehnten durch die feministische Bewegung als eine beeindruckende Vorkämpferin „wiederentdeckt" worden. Mittlerweile steht sie in wohl jedem Geschichtsbuch. Die Suche im Internet ergibt auf Anhieb 105 Treffer und Hinweise auf das Leben der Olympe de Gouges.

Geschichtsdidaktische Frage: Die Ausbeute im Internet umfasst seriöse, wissenschaftliche Darstellungen wie auch gesinnungstüchtige Verehrungen, die aber nicht uninteressant sind und in eine Unterrichtseinheit einbezogen werden sollten. Man kann dieses Beispiel (oder andere Beispiele) nutzen, um einmal systematisch mit dem Internet zu arbeiten und gemeinsam zu erkunden, wie man die „Spreu vom Weizen trennen" kann.

Sammeln von Zeugnissen der Geschichtskultur

Die Gegenwärtigkeit von Vergangenheit und Geschichte ist eine Chance, Schülerinnen und Schülern die Bedeutsamkeit von Geschichte nahezubringen. Lehrerinnen und Lehrer tun gut daran, Zeugnisse aus der Geschichtskultur systematisch zu sammeln, um sie bei einer Unterrichtseinheit als Einstieg oder aber auch als Thema zu verwenden. Sie können ein Weiteres tun: Sie können die Schülerinnen und Schüler anhalten, selber Zeugnisse aus der außerschulischen Geschichtskultur zu sammeln und in den Unterricht mitzubringen. Dazu empfiehlt es sich, mit der Klasse einen „Geschichtsschrank" anzulegen, der mindestens 5 Schubladen enthält, die für verschiedene Epochen – Vor- und Frühgeschichte, Antike, Mittelalter, Neuzeit, Zeitgeschichte – Raum zur Ablage von gesammelten Zeugnissen aus der Geschichtskultur geben.[36] Die mitgebrachten und im Geschichtsschrank abgelegten Zeugnisse können zu Beginn jeder Unterrichtseinheit herausgeholt und zur Entwicklung von Fragestellungen und Interessensgebieten eingesetzt werden. Nebenbei lernen die Schülerinnen und Schüler Epocheneinteilungen und Inhalte von Epochen kennen und fördern selber ihr Zeitbewusstsein.

---

36 Vgl. Sprang, Helmuth, Geschichte ordnen – im Geschichtsschrank, in: Bergmann; Rohrbach, Kinder entdecken Geschichte, S. 117-122.

Abb. 16: Zeichnung eines Geschichtsschranks von Nike Thurn, mit Schubladen, die die gängigen Namen der jeweiligen Epoche tragen

5. Planung von Unterricht: Gegenwarts- und Zukunftsbezug in der „Didaktischen Analyse"

Bei jeder Planung von Geschichtsunterricht geht es um einen bewusst hergestellten Gegenwarts- und Zukunftsbezug. Es gibt keinen guten Geschichtsunterricht ohne Vorüberlegungen, was „meine Kinder" an einem historischen Sachverhalt für sich lernen können und wie ihnen auch vermittelt werden kann, was das Nachdenken über bestimmtes Vergangenes mit ihnen zu tun hat. Unterricht soll – so Wolfgang Klafki –, „indem er dem jungen Menschen in seiner gegenwärtigen Lebensphase Verstehens-, Urteils- und Handlungsmöglichkeiten eröffnet, ihm zugleich zu entsprechenden Entwicklungsmöglichkeiten auf seine Zukunft hin verhelfen. Deshalb müssen für den Unterricht vorgesehene Themen und die sie konstituierenden Ziele durch ihre Gegenwarts- und Zukunftsbedeutung für den jungen Menschen und *zunehmend mit ihnen zusammen*, begründet werden"[1]. Gegenwartsbedeutung und Zukunftsbedeutung werden – nach Klafki – ergänzt durch die exemplarische Bedeutung: „Am potentiellen Thema müssen sich allgemeinere Zusammenhänge, Beziehungen, Gesetzmäßigkeiten, Strukturen, Widersprüche, Handlungsmöglichkeiten erarbeiten lassen"[2] (vgl. Abb. 17, S. 129).

Entgegen den Befürchtungen und Vorbehalten, die es noch immer vor allem von Historikern gegenüber dem „Gegenwartsbezug" gibt, sobald Geschichtsdidaktiker ihn als Kern der Unterrichtsvorbereitung angeben, sind Klafkis Forderungen – Gegenwartsbedeutung, Zukunftsbedeutung, exemplarische Bedeutung – unabweisbar. Es ist wohl wahr, dass es immer wieder – vor allem in der außerschulischen Geschichtskultur, aber sicherlich auch im Geschichtsunterricht – zu problematischen oder dubiosen Gegenwartsbezügen kommt. Wenn Geschichte in

1 Klafki, Wolfgang, Die bildungstheoretische Didaktik im Rahmen kritisch-konstruktiver Erziehungswissenschaft – Oder: Zur Neufassung der Didaktischen Analyse, in: Gudjons, Herbert; Teske, Rita; Winkel, Rainer (Hrsg.), Didaktische Theorien, 4. Aufl., Hamburg 1987, S. 15 (Hervorhebung von mir, K.B.).

2 Klafki, Bildungstheoretische Didaktik, S. 17.

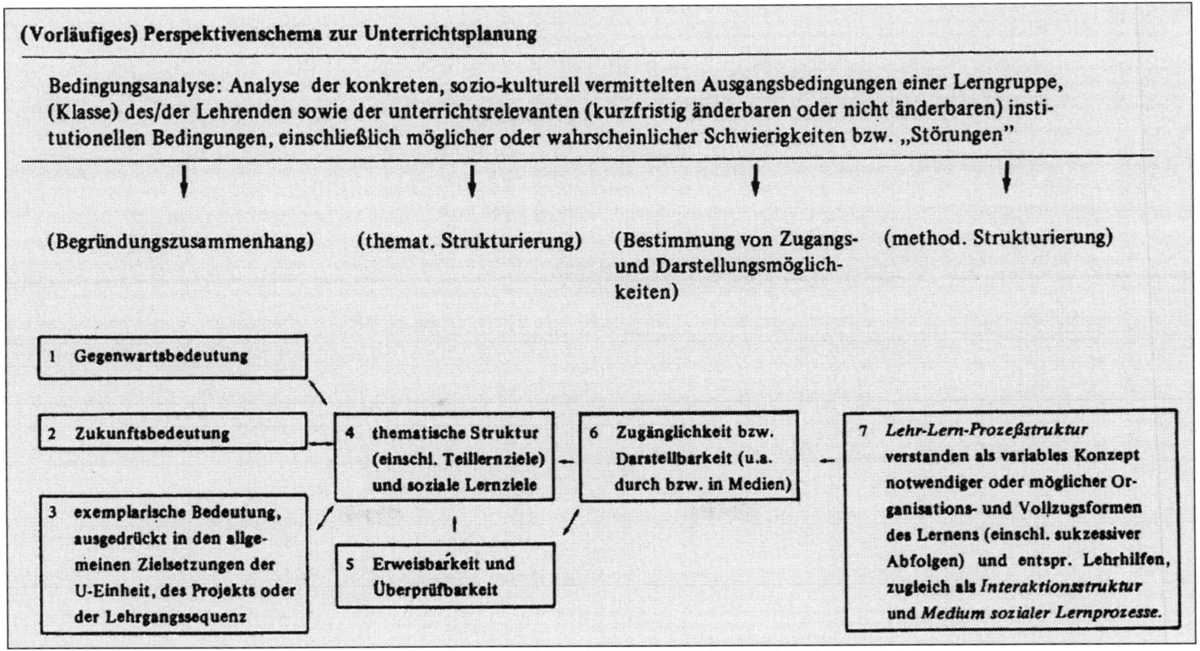

Abb. 17: Schaubild „(Vorläufiges) Perspektivenschema zur Unterrichtsplanung“ (Klafki, Bildungstheoretische Didaktik, S. 17)

der politischen Debatte der „Platzbehauptung" dient oder in der Werbung aus ökonomischen Motiven verwendet wird oder in alltäglichen Gesprächszusammenhängen Mittel eines Imponiergehabes wird, kann von wissenschaftlich verantwortbaren Gegenwartsbezügen kaum gesprochen werden. Und Gleiches gilt, wenn Lehrerinnen oder Lehrer aus Fahrlässigkeit, Unvermögen oder unzulässigen Versuchen der Beeinflussung gegenüber den Schülerinnen und Schülern die Geschichte so modeln, dass es an ihr nichts zu deuteln gibt. Anders verhält es sich, wenn geschichtsdidaktische Überlegungen auf konkrete und ergiebige Gegenwartsbezüge gerichtet werden: „Das bedeutet kein *Zurechtschneidern der Geschichte* nach ‚der Herren eigenem Geist', sondern eine legitime Frage aus der Perspektive der heute Lernenden. *Denn*: Die *Antwort* auf diese (historische) Frage, die Ausführungen zum Thema unterliegen dem selbstverständlichen Gesetz der größtmöglichen Objektivität"[3].

Gemeinhin nennt man die Überlegungen, die aus den Ergebnissen und Erkenntnissen einer Fachwissenschaft Funken schlagen, „didaktische Analyse" oder hier fachdidaktisch: „geschichtsdidaktische Analyse". Zu unterscheiden sind zwei mögliche Ausgangspunkte: Erstens ein Geschichtsunterricht, dem die „Stoffe" nicht von der Chronologie vorgegeben werden, der seine Themen vielmehr aus einer Gegenwartsanalyse gewinnt. Dabei wird nach der Ermittlung eines gegenwärtig und künftig relevanten Problems das von der Geschichtswissenschaft ermittelte Wissenschaftswissen nach einschlägig ergiebigen Sachverhalten durchsucht, die Berührungspunkte mit dem Ausgangsproblem haben. Zweitens ein Geschichtsunterricht, der – wie herkömmlich – seine „Stoffe" aus chronologisch gereihten Vorgaben ministerieller Curricula bezieht. Diese „Stoffe" werden dann dadurch zu „Themen", dass sie daraufhin geprüft werden, was an ihnen für diese Zeit und die nächste Zukunft lernbar, vor allem aber lernwürdig ist.

5.1 Gegenwarts- und Zukunftsbezug im nicht-chronologischen Geschichtsunterricht

Der einfachste Weg wäre, von einer Problemlage auszugehen, die in unserer Gegenwart und in der voraussehbaren Zukunft besteht und auch das Leben der Lernenden berührt. Von dieser Problemlage her

3 Lucas, Geschichte als engagierte Wissenschaft, S. 176 (Hervorhebungen im Original).

könnte nach historischen Ursachen und/oder historischen Erfahrungen in bedingt vergleichbaren Problemlagen gefragt werden, um damit ein historisches Thema überhaupt erst zu gewinnen. Nur hier stellt sich die „Auswahlfrage" im eigentlichen Sinne – und zwar im wesentlichen in zwei Richtungen:

1. Aus einigen sich zur Vertiefung anbietenden „historischen Fällen in ihrer Entwicklung" wird ein Fall als besonders geeignet ausgewählt. Es geht dabei um eine „historische Fallstudie".
2. Ein gegenwärtig bedeutsames Thema wird historisch vertieft, indem einige historische Erscheinungsformen und Ausprägungen thematisiert werden, die in chronologischer Reihenfolge nacheinander besprochen werden – etwa „Armut" in der Antike, im Mittelalter, in der Neuzeit ... Es geht dabei um einen „thematischen Längsschnitt".

Dieses Auswahlverfahren hat zudem den Vorteil, dass es zwanglos einen fächerverbindenden Unterricht ermöglicht. Themen wie Armut, Umwelt, Migration, Arbeitslosigkeit oder Frauen-Gleichstellung lassen sich auf diese Weise mit den Fragestellungen, Kategorien und Methoden unterschiedlicher Fächer bearbeiten, und der Geschichtsunterricht könnte ohne Schwierigkeiten an der Geschichte historischer Fälle von Armut, Umwelt, Migration, Arbeitslosigkeit oder Frauen- Gleichstellung bzw. -benachteiligung seine Perspektive auf diese gegenwärtigen Probleme einbringen. Ein solcher Unterricht ließe sich die Inhalte nicht von der Chronologie vorgeben, trüge vielmehr der Erkenntnis Rechnung, dass Geschichte aus Deutungsversuchen besteht, bei denen Vergangenes erinnernd auf gegenwärtige Problemlagen bezogen wird.[4]

Die geschichtsdidaktische Analyse besteht in diesem Fall zunächst in der Ermittlung eines gegenwärtigen und voraussehbar künftigen Problems, von dem begründet gesagt werden kann, dass es

- die Gesellschaft vordringlich beschäftigt,
- von vielen Seiten als vordringlich anerkannt wird,
- unterschiedliche Ansichten und Lösungsvorschläge gibt.

Von diesem Problem her werden die Lagerbestände des historischen Wissens durchsucht, wird ein „passender", für Analogie und Vergleich geeigneter „historischer Fall in seiner Entwicklung" gefunden und ge-

---

4 Vgl. dazu ausführlicher Bergmann, Klaus, Versuch über die Fragwürdigkeit des chronologischen Geschichtsunterrichts, in: Pandel, Hans-Jürgen; Schneider, Gerhard (Hrsg.), Wie weiter? Zur Zukunft des Geschichtsunterrichts, Schwalbach/Ts. 2001, S. 33-55.

meinsam mit den Lernenden als Thema des Unterrichts ausgewählt. Gefragt wird also von der Gegenwart her nach einschlägig interessanten „historischen Fällen“, deren Betrachtung zu einer Vergegenwärtigung von Wertvorstellungen und Erfahrungen führen kann. Die Auswahl wird ausführlich unter der Fragestellung begründet, warum dieser historische Sachverhalt besonders geeignet sein könnte, das zugrundeliegende „Schlüsselproblem“ der Gegenwart und Zukunft historisch zu beleuchten. Gleiches gilt für den „thematischen Längsschnitt“, bei dem ebenfalls von einem Problem der Gegenwart aus gefragt und epochenübergreifend nach epochentypischen Ausprägungen und Lösungen gesucht wird.

Dieses Verfahren hat in der Praxis nur einen Nachteil: Es bricht so sehr mit dem herkömmlichen Geschichtsunterricht und mit den seit jeher fest eingewurzelten Vorstellungen über die – angeblich selbstverständliche – Notwendigkeit eines sukzessive chronologisch fortschreitenden Geschichtsunterrichts, dass es mit einer Fülle von Widerständen rechnen muss: Lehrerinnen und Lehrer kennen nichts anderes als den chronologisch fortschreitenden Unterricht, der für die Schülerinnen und Schüler eine Quelle des Mißvergnügens ist; Verbände von Geschichtslehrerinnen und -lehrern und von Historikerinnen und Historikern sind dem Ansatz nicht eben zugeneigt; ministerielle Curricula fordern nach wie vor den chronologischen „Durchgang“ durch „die Geschichte“ und erlauben nur gelegentlich Abweichungen von der Norm. Dennoch ist – auf die Kraft guter Argumente setzend – zu hoffen, dass ein nicht-chronologischer Geschichtsunterricht in Zukunft an Bedeutung gewinnen wird. Schon heute ist zu beobachten, dass die Richtlinien einiger weniger Bundesländer die Möglichkeiten eröffnen, von wesentlichen gegenwärtigen Problemen aus thematische Längsschnitte im Unterricht durchzuführen. Einige neuere Schulbücher enthalten auch bereits solche Längsschnitte.[5] Jedenfalls ist Lehrerinnen und Lehrern anzuraten, in verstärktem Maße einen solchen

5 Vgl. z.B. Geschichte konkret 1. Ein Lehr- und Arbeitsbuch, Hannover 1996, S. 176 ff. zu dem Thema „Umwelt hat Geschichte“ mit den historischen Unterthemen „Umweltsünden im Zweistromland: Salz statt Brot“, „Die griechische Kultur ist vom Holz abhängig“, „Die Römer haben Großstadtprobleme“ und „Die Menschen werden Opfer von Seuchen“; vgl. auch in Geschichte und Geschehen A 4. Geschichtliches Unterrichtswerk für die Sekundarstufe I, Stuttgart 1997, S. 222 ff. das Kapitel „Auf der Suche nach einer besseren Zukunft – Wanderungsbewegungen von und nach Deutschland“.

Unterricht zu versuchen und dabei von den in Kapitel 3.2 genannten Schlüsselproblemen oder „Großen Fragen“ auszugehen.

Es ist hier nicht die Gelegenheit, ausführlich das Pro und Contra eines nicht-chronologischen Geschichtsunterrichts darzustellen, aber auf einen Vorteil und eine Notwendigkeit muss hier doch hingewiesen werden.

Der Vorteil liegt gerade da, wo die Gegner die größte Schwäche sehen. Durch ihre „Unwissenheit“ gegenüber einer ihnen noch weitgehend unbekannten oder nur in Versatzstücken aus der außerschulischen Geschichtskultur bekannten Zeit drängen sich bei jedem „Hineinspringen“ in eine Epoche Fragen auf, die immer wieder neue Fragen hecken und die zur Beantwortung der Ausgangsfrage wesentlich sind. Das sind dann keine Fragen von Lehrerinnen und Lehrern, sondern Fragen, die direkt den Schülerinnen und Schülern „auf den Nägeln brennen“. Das bedeutet – und darin liegt der unschätzbare Vorteil –, dass den Schülerinnen und Schülern kein historisches Wissen *vermittelt* wird, sondern dass sie das für die Ausgangsfrage benötigte historische Wissen selber *ermitteln* (wenn nach langer Vorarbeit und Eingewöhnung das Verfahren wie selbstverständlich gehandhabt wird) und dabei eben nicht nur Wissen, sondern auch Methoden und Kategorien historischen Denkens lernen.

Eine Notwendigkeit beim nicht-chronologischen Geschichtsunterricht besteht darin, Hilfsmittel einzusetzen, die es den Schülerinnen und Schülern ermöglichen, den ermittelten und besprochenen historischen Sachverhalt zeitlich in die geläufigen Epochen einzuordnen, ihr Zeitbewusstsein zu entwickeln und Grundkenntnisse eurozentrischer Epocheneinteilungen zu erwerben. Nach wie vor am besten geeignet ist dafür eine Zeitleiste, in die die besprochenen historischen Themen eingeordnet werden. Das dabei angewendete Verfahren ist gleichermaßen didaktisch wie methodisch wichtig: Die Schülerinnen und Schüler müssen wesentliche Momente des Themas begründend auswählen, zeitlich einordnen und in handlungsorientierten Verfahren (Herstellen von Symbolen, Collagen usw.) in die Zeitleiste einfügen. So entsteht im Laufe der Zeit eine immer dichter werdende chronologische Abfolge von Ereignissen, Daten, Persönlichkeiten und Strukturen auf der Zeitleiste – eine Abfolge, die den Vorteil hat, dass sie von den Schülerinnen und Schülern selber erarbeitet und gestaltet worden ist. Bedingt eignet sich auch der oben erwähnte Geschichtsschrank (vgl. S. 127): Seine Inhalte können bei der Gestaltung der Zeitleiste herangezogen und berücksichtigt werden.

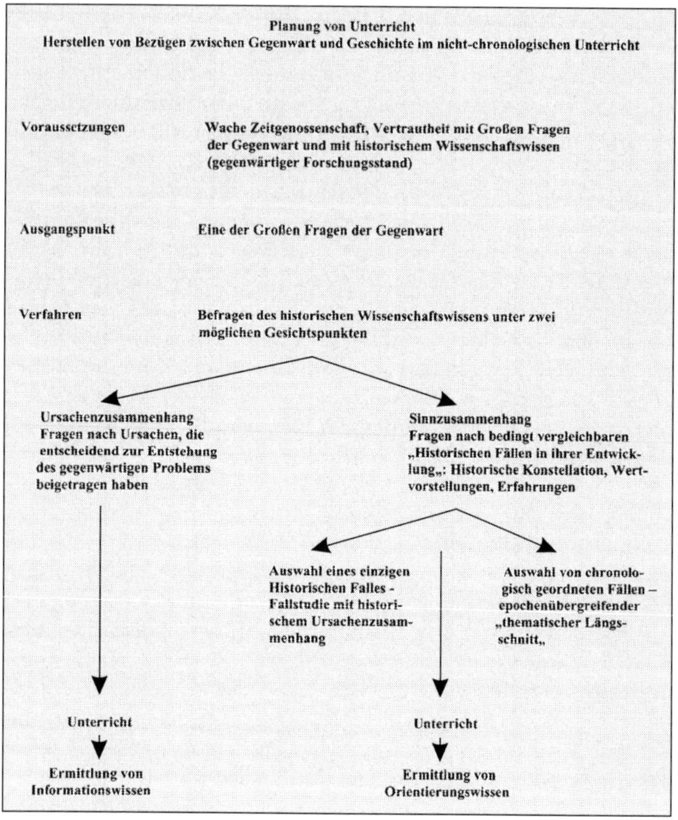

Abb. 18: Planung von Unterricht – Herstellen von Bezügen zwischen Gegenwart und Geschichte im nicht-chronologischen Unterricht

Beispiel einer „geschichtsdidaktischen Analyse“ für den Bereich der Erwachsenenbildung

Das Beispiel zeigt die didaktischen Überlegungen, die einer Tagung der Evangelischen Akademie Loccum zugrundeliegen. Eine knappe, aber einleuchtende Gegenwartsanalyse führt zu Fragen an die Geschichte, die dazu beitragen sollen, das gegenwärtige Problem „Gerechtigkeit“ historisch zu vertiefen und nach wie vor bedenkenswerte historische Vorstellungen über Gerechtigkeit zu entdecken und zu reflektieren. Ansatzweise geht es dabei um einen thematischen Längsschnitt.

Die Evangelische Akademie Loccum lädt ein zu einer Tagung unter dem Titel „Gerechtigkeit. Geschichte und Zukunftstauglichkeit eines politischen Leitbegriffs" (29.6.2001 bis 1.7.2001). Die Frage nach „Gerechtigkeit" ist eine der Fragen, die nach wie vor als wesentliche Fragen auf der historischen Tagesordnung stehen. In der Einladung zur Tagung heißt es in wenigen Worten des Tagungsleiters Prof. Dr. Jörg Calließ und des Akademiedirektors Dr. Fritz Erich Anhelm:

„Die Frage nach Gerechtigkeit stellt sich heute mit neuer Dringlichkeit. Die demographische Entwicklung, die rasante Veränderung von Arbeits- und Produktionsverhältnissen, die zunehmende Internationalisierung und Liberalisierung der Märkte und die damit verbundene Dynamisierung weltwirtschaftlicher Zusammenhänge – all das wirkt sich auf die Balance im Ausgleich von Interessen, Bedürfnissen und Ansprüchen und in der Verteilung von Prestige, Einfluss, Chancen, Lebensqualität, Partizipations- und Gestaltungsmöglichkeiten, Reichtum und Besitz:

Es gibt Aufsteiger und Absteiger, Gewinner und Verlierer, bestehende Ungerechtigkeiten werden verschärft, neue entstehen.

Vor diesem Hintergrund wird die Forderung nach Gerechtigkeit dringlich. Aber gibt es einen Konsens, was denn Gerechtigkeit ist?

Konsensfähig ist allenfalls ein allgemeines, moralisch gefärbtes und emotional aufgeladenes, dabei aber ziemlich diffus bleibendes Gerechtigkeitsansinnen für Staat und Gesellschaft. Und so ist es nicht verwunderlich, dass sich eine gesellschaftliche Gebrauchsrhetorik der Gerechtigkeit breitgemacht hat, die sich – darauf hat der Philosoph Wolfgang Kersting kritisch hingewiesen –, dem politischen Opportunismus wie den Begehrlichkeiten der Verteilungslobbies widerstandslos fügt'.

Not tut deshalb eine gründlichere Auseinandersetzung mit Tradition und Begriff der Gerechtigkeit. Wie wurde die Forderung nach Gerechtigkeit in früheren Epochen begrifflich gefasst und theoretisch ausgefaltet? Von woher wurde sie begründet? Welche Programme und Maßnahmen gab es, um gerechte Verfahren zu etablieren, gerechte Verteilung zu fördern und gerechte Verhältnisse zu gestalten? Welche Wirkung hatten sie? Welche maßgebenden Vorstellungen aus dem bisherigen Nachdenken über Gerechtigkeit sollten festgehalten und weiter entfaltet werden? Wo zwingen neue historische Realitäten, die inhaltliche Dimension der Gerechtigkeit und die Möglichkeiten ihrer Verwirklichung neu zu überdenken?"

Das sind Fragen an die Geschichte, die durch eine wache Zeitgenossenschaft und das Wissen um anstehende Probleme gestellt und als wichtig begründet werden. Der kurze Abriss der gegenwärtig und zukünftig anstehenden Probleme begründet eine interessierte Hin-Sicht auf die erkennbare Vergangenheit. Theologen und Historiker berichten aus ihrer Sicht:

- Prof. Dr. Frank Crüsemann: Rettung und Selbstverantwortung. Der doppelte Begriff der Gerechtigkeit (Gottes) in der (hebräischen) Bibel
- Prof. Dr. Wilfried Nippel: Gerechtigkeit durch Verfahren. Das Gerichtswesen in Athen
- Prof. Dr. Gerhard Dilcher: Friede, Recht und Gerechtigkeit. Zu ihrem Verhältnis in Theorie und Praxis des Mittelalters
- Prof. Dr. Heinz Gerhard Haupt, Bürgerliche Gesellschaft und Gerechtigkeit. Auf der Suche nach dem gerechten Markt
- Prof. Dr. Oskar Negt, Gerechtigkeit und Gemeinwesen. Kritik der kapitalistischen Wirtschaftswelt in der Tradition des Sozialismus

Historische Erinnerung als Hilfe zur Orientierung in der Gegenwart und anstehenden Zukunft, Erinnerung an historische Wertvorstellungen und historische Erfahrungen.

Für den zweiten Tag dieser Tagung ist die Bildung von Arbeitsgruppen vorgesehen, in denen die Teilnehmerinnen und Teilnehmer unter der Fragestellung „Was trägt noch vom Versprechen der Gerechtigkeit?“ miteinander sprechen sollen:

„Konstituierung von Arbeitsgruppen, die vor dem Hintergrund der vorgetragenen Referate prüfen und diskutieren, welche Elemente und welche Akzente ein Gerechtigkeitsbegriff haben müsste, der

- Traditionen und Erfahrungen aufnimmt und lebendig hält und zugleich
- Perspektiven für das Denken und Handeln in der Zukunft eröffnet.“

Beispiel einer geschichtsdidaktischen Analyse: Arbeit und Arbeitslosigkeit

Gegenwartsanalyse: „Im Jahre 1993 haben der McKinsey-Manager Herbert A. Henzler und der frühere Ministerpräsident von Baden-Württemberg und jetzige Chef von Jenoptik, Lothar Späth, errechnet: Wenn die modernste derzeit verfügbare Technik in Deutschland vollständig zum Einsatz käme, dann fielen allein in Westdeutschland etwa 9 Mio. Arbeitsplätze weg. Die Arbeitslosigkeit stiege dann auf 38%. 1996 versprach die Bundesregierung unter Kanzler Helmut Kohl, wenn man sie nur gewähren lasse, könne die Arbeitslosigkeit bis zum Jahr 2000 halbiert werden. So widersprüchlich diese Ausblicke auch sind, so ist ihnen doch gemeinsam, dass Arbeitslosigkeit als ein Problem aufgefasst wird, das dringend einer Lösung bedarf. Das Problem lässt sich in Ausmaß und Auswirkung ziemlich genau beschreiben. Umstritten ist aber, wie es sich in langfristiger Entwicklungsperspektive verändern wird und welche Art von Lösungen dann überhaupt noch denkbar sind."[6]

Wenn in der Gegenwart Millionen von Menschen in der Bundesrepublik ohne Erwerbsarbeit sind, vertrieben aus der Erwerbsarbeit, vertrieben aus ihren Arbeitsverhältnissen und gewohnten Lebensbezügen, abgebaut, abgewickelt und „freigesetzt", dann sind davon auch die Kinder der Arbeitslosen – Schülerinnen und Schüler – in vielfältiger Weise betroffen, so betroffen, dass ihre Lebensprobleme größer sind als ihre Lernprobleme und sogar Lernprobleme verursachen. Für die Zukunft ist zu erwarten, dass Arbeit und Arbeitslosigkeit geradezu Schicksalsfaktoren im Leben der Noch-Schülerinnen und -Schüler sein werden. Sie sind Bestandteile der „epochalen Strukturkrise der industriellen Zivilisation"[7]. Arbeit und Arbeitslosigkeit sind wesentliche, nicht randständige Problembereiche der Gegenwart

Arbeitslosigkeit ist eine der großen Herausforderungen unserer Zeit. In dieser Feststellung stimmen Politiker und Wissenschaftler überein. Auch über die Fragen nach dem Ausmaß und nach den Auswirkungen auf die betroffenen Menschen gibt es kaum unterschiedliche Auffassungen. Umstritten sind die Wege und Möglichkeiten, in Gegenwart und Zukunft mit dieser Herausforderung umzugehen, die das Leben von Millionen Arbeitslosen und ihrer Familien – vorsichtig ausgedrückt – belastet. Es gibt eine Fülle von Vorschlägen aus den Reihen der Arbeitgeberverbände und der Gewerkschaften, der Politiker und der Wissenschaftler, der Frauenverbände und der Jugend-Politiker, die teils auf die für möglich gehaltene Beseitigung der Arbeitslosigkeit, teils auf den Umgang mit der für unabwendbar gehaltenen Arbeitslosigkeit zielen. Die unmittelbaren Ursachen der gegenwärtigen und voraussichtlich dauerhaften Arbeitslosigkeit und die voneinander abweichenden Lösungsvorschläge sind Thema des politischen Unterrichts, der die drängenden und für das spätere Leben der Jugendlichen

---

6 Otto, Karl A., Notgedrungen untätig. Arbeitslosigkeit in der Geschichte (Geschichte aus erster Hand 2 [1999], H. 1), Schwalbach/Ts. 1999, S. 4.

7 Negt, Oskar, Lernen in einer Welt der gesellschaftlichen Umbrüche, in: Dieckmann, Heinrich; Schachtsiek, Bernd (Hrsg.), Lernkonzepte im Wandel. Die Zukunft der Bildung, Stuttgart 1998, S. 23.

wesentlichen Herausforderungen der Gegenwart und absehbaren Zukunft aufgreift.

Zeitgleich mit der Behandlung des Themas im politischen Unterricht und in Absprache mit Politiklehrerin oder Politiklehrer kann das Thema in einer Unterrichtseinheit des Geschichtsunterrichts besprochen werden, um „historische Phantasie" in die gegenwärtige Auseinandersetzung über Arbeit und Arbeitslosigkeit hineinzutragen. Historische Phantasie ist die Fähigkeit, die gegenwärtige Wirklichkeit zu konfrontieren mit historisch gedachten Vorstellungen und historisch gemachten Erfahrungen, die weithin vergessen oder gering geachtet werden: Im Rückblick auf die Vergangenheit können andere Formen der Arbeit, andere Ansichten über Sinn und Zweck der Arbeit, andere Regelungen der Arbeitsverhältnisse, Formen sozialer Auseinandersetzung über das Recht auf Arbeit, über Arbeitszeitverkürzung oder Arbeitslosigkeit entdeckt und sichtbar gemacht werden, um in die Auseinandersetzungen der Gegenwart und Zukunft die Erfahrungen und uneingelösten, vielleicht schon vergessenen oder erst jetzt einlösbaren Vorstellungen, ja Utopien der Vergangenheit einzubringen.

Geschichtsdidaktische Analyse: Das historische Thema „Arbeit" kann mit einem Fragenkatalog angegangen werden, der entweder von Lehrerin oder Lehrer vorgelegt oder aber gemeinsam mit den Schülerinnen und Schülern erarbeitet wird. Der Fragenkatalog kann auf verschiedene Epochen angewendet werden. Er könnte etwa wie folgt aussehen:

- Wie war die gesellschaftliche Arbeit organisiert und geteilt?
- Wer hat unmittelbar durch körperliche Arbeit Lebens-Mittel – im weiten Sinne: Essen, Wohnung, Kleidung – produziert?
- Wer hat welche Arbeit geleistet (Frauen, Kinder, Männer, geistige Arbeit, körperliche Arbeit, Sklavenarbeit, Fronarbeit, Lohnarbeit, selbständige Arbeit, selbstbestimmte oder mitbestimmte Arbeit)?
- Wer verfügte über die Arbeits- und Produktionsmittel?
- Wer bestimmte über die Arbeit und Arbeitsbedingungen?
- Welches quantitative Verhältnis bestand zwischen Arbeitenden und Nicht-Arbeitenden?
- Wer bestimmte über die Arbeitsprodukte und wie wurden die Arbeitsprodukte verteilt? („Die Weber gehen von ihren Webstühlen in Lumpen").
- Wo wurde gearbeitet (Stadt, Land, Handwerk, Manufaktur, Haus, Fabrik)?
- Welchen rechtlichen Status hatten die Arbeitenden, welchen die Nicht-Arbeitenden?

- Wie wurden die Arbeits- und Herrschaftsverhältnisse gerechtfertigt, d.h. ideologisch abgesichert?
- Welcher Sinn und Zweck wurde der Arbeit zugeschrieben? Wofür wurde gearbeitet?
- Wie haben die Menschen ihre Arbeit erfahren und eingeschätzt?
- Haben die Menschen die Arbeit und die Arbeitsbedingungen hingenommen oder haben sie opponiert, revoltiert oder Verbesserungen zu erkämpfen versucht?
- Welche Abläufe und Ergebnisse hatten die Versuche, die Arbeitsbedingungen zu verändern?
- Über welche realen und potentiellen Machtmittel verfügten die Arbeitenden gegenüber den Nicht-Arbeitenden?
- Hatte Arbeit subjektiv/objektiv den Charakter von Zwangsarbeit und entfremdeter Arbeit oder hatte sie auch befriedigende Seiten?
- Trug Arbeit Spuren der Mitbestimmung, der Selbstbestimmung und der Selbstverwirklichung?
- Welche subjektiven, gesellschaftlichen und politischen Folgen hatte Arbeitslosigkeit und welche Ansätze, mit Arbeitslosigkeit umzugehen und Arbeitslosigkeit zu bekämpfen, gab es mit welchen Folgen?

Auswahl: Die Auffassungen von Arbeit und vom Wert der Arbeit haben sich in der Geschichte erheblich gewandelt. Schon in der Vorstellung von dem, was überhaupt als Arbeit galt, unterscheiden sich historische Epochen. Während heute fast jede Tätigkeit – ob körperliche oder geistige – als „Arbeit“ aufgefasst wird, galt in der Antike und im Mittelalter nur die körperliche Tätigkeit als Arbeit. In beiden Epochen wiederum wurde die (körperliche) Arbeit sehr unterschiedlich eingeschätzt: In der Antike war Handarbeit verpönt, eines freien Vollbürgers unwürdig, und die Vollbürger befanden auch darüber, dass Handarbeit eine verachtenswerte Tätigkeit war. „Muße“ war der Gegenbegriff zu Arbeit und zugleich das Lebensideal des Vollbürgers. Im Mittelalter galt Arbeit dagegen als Dienst an Gott und an den Menschen. Der Gegenbegriff war nun auch nicht mehr „Muße“, sondern „Müßiggang“, der bekanntlich aller Laster Anfang ist.

Von diesen historischen Gegebenheiten her bietet es sich an, eine Unterrichtseinheit über Arbeit und die Einschätzung von Arbeit in der griechischen Antike oder im Mittelalter (oder über einen Vergleich zwischen Antike und Mittelalter) zu konzipieren, in der die Schülerinnen und Schüler sich mit gänzlich anderen Ansichten über Arbeit und Wert der Arbeit auseinandersetzen können. Die Erfahrung der Andersartigkeit, die Erfahrung der „Alterität“ und daraus möglicherweise entstehende, differenzierte Ansichten zu „Arbeit heute“ stehen dabei im Mittelpunkt der Unterrichtseinheit. Die Schülerinnen und Schüler können überlegen, was Arbeit heute bedeutet, ob das Ziel der „Muße" ein erstrebenswertes und realisierbares Ziel ist oder ob Arbeit als Dienst an Gott und den Menschen in die eigenen Wertvorstellungen eingehen kann.

5.2 Regelfall „Didaktische Analyse" im chronologisch gebundenen Geschichtsunterricht

Der Normalfall in den Regelschulen ist immer noch der chronologisch gebundene Geschichtsunterricht: Staatliche Curricula fordern nach wie vor den chronologisch orientierten „Durchgang" durch „die Geschichte". Die absolute Chronologie bestimmt, welcher Stoff auf welcher Jahrgangsstufe „dran" ist und „durchgenommen" werden muss. Dieses Vorgehen ist nur traditionell bedingt, theoretisch aber durchaus nicht zwingend. Dennoch ist mit den Vorgaben die Auswahlfrage nur scheinbar gelöst: Eine ministerielle Bestimmung, dass das deutsche Kaiserreich im Unterricht im 9. Schuljahr zu behandeln ist, sagt noch nichts darüber, welche Aspekte, Bereiche, Strukturen oder Ereigniszusammenhänge des Kaiserreichs im Unterricht besprochen werden sollen oder können. Hier setzt die eigentliche „geschichtsdidaktische Analyse" ein, die zu klären versucht, was an der Geschichte des deutschen Kaiserreichs lernwürdig ist für Schülerinnen und Schüler, die im Zeitalter der Globalisierung und der weltweiten digitalen Revolution leben und leben werden.

Die geschichtsdidaktische Analyse sieht in diesem Fall völlig anders aus: Sie geht von einem „Stoff" oder „Pensum" aus, das administrativ in Lehrplänen festgelegt ist und „durchgenommen" werden muss. Das vorgegebene Pensum – der historische Stoffbereich – muss nun daraufhin befragt werden, welche Funken für die Gegenwart und Zukunft der Kinder und Jugendlichen aus ihm zu schlagen sind. Die bildungstheoretische Didaktik hatte für diesen Vorgang eine Begrifflichkeit, die leider aus der Sprache der Didaktik ausgeschieden wurde, ohne durch eine treffendere Begrifflichkeit ersetzt zu werden. Der vorgegebene „Stoff", der traditionell zum Kanon der unbedingt durchzunehmenden Unterrichtsinhalte gehörte, galt in der Sprache der bildungstheoretischen Didaktik als „Bildungs-*Gegenstand*". In der didaktischen Analyse wurde danach gefragt, welcher für die Schülerinnen und Schüler möglicherweise bedeutsame „Bildungs-*Gehalt*" an diesem Gegenstand auszumachen wäre, um davon ausgehend konkrete „Bildungs-*Inhalte*" zu bestimmen.

Das Verfahren ist vergleichbar dem Verfahren der Textexegese, die der Predigt im Gottesdienst zugrundeliegt:

Vergleich: Wie kommt der Pfarrer zu seiner Sonntagspredigt?

Ja, wie kommt der Pfarrer zu seiner Sonntagspredigt? Was er bei der Auslegung ausgewählter und von den Kirchenoberen festgelegter Passagen der Bibel macht, ist letztlich eine „didaktische Analyse": Er befragt einen Text, der vor vielen Jahrhunderten oder gar Jahrtausenden entstanden ist, daraufhin, was er heute bedeuten kann, was er uns und im Besonderen seiner Gemeinde heute noch sagen kann für die Orientierung in der Gegenwart und Zukunft. Die Predigt steht unter der Frage, was wir für heute und morgen aus der Bibel lernen können, was sie uns geben kann für die Nöte und Beschwernisse des Alltags, ob und wie sie uns nachdenklich machen kann gegenüber den Fragen unserer Zeit und Zukunft. Häufig ist beobachtbar, dass die Bibelstellen auf bedeutsame Fragen unserer Gegenwart und Zukunft bezogen werden – auf den Umgang mit den Fremden und Schwachen etwa. Und da sitzt dann der Pfarrer am Samstag abend vor seinem Bibeltext wie der Referendar am Vorabend seiner „Vorführstunde" vor seinen Texten ... Die geschichtsdidaktische Analyse setzt zwei wesentliche Kompetenzen voraus: Erstens ein *historisches Fachwissen* und zweitens ein *historisch gesättigtes Gegenwartsverständnis* als Wissen von gegenwärtig und voraussichtlich künftig existenten gesellschaftlichen Problemlagen, die auch mit dem Leben der Schülerinnen und Schüler zu tun haben. Beide Fähigkeiten werden benötigt, um in historischen Epochen Aspekte, Bereiche, Entwicklungen zu entdecken, die für heute und morgen unsere Aufmerksamkeit auf sich ziehen können (vgl. Abb. 19, S. 142).

Die „Schlüsselprobleme" oder „Großen Fragen" sind die leitenden Gesichtspunkte, wenn wir in vorgegebenen Stoffen eine Gegenwartsbedeutung entdecken wollen, um sie dadurch in den Rang von Themen für den Unterricht zu erheben. Dabei sind vor allem die beiden möglichen Fragestellungen (vgl. S. 33 ff.) zu unterscheiden:

1. Ursachenzusammenhang
Wo liegen die Ursachen? Wie ist das entstanden und geworden?

Oder

2. Sinnzusammenhang
Hat es früher vergleichbare Probleme gegeben? Wie sind sie entstanden? Wie haben sie sich entwickelt? Wodurch unterschieden sie sich von gegenwärtigen? Sind sie gelöst worden? Wie sind sie früher gelöst worden?

Planung von Unterricht
Herstellen von Bezügen zwischen Gegenwart und Geschichte
im chronologischen Geschichtsunterricht

Voraussetzungen	Wache Zeitgenossenschaft, Vertrautheit mit Großen Fragen der Gegenwart und mit historischem Wissenschaftswissen (gegenwärtiger Forschungsstand)
Ausgangspunkt	Lehrplanvorgaben: Chronologisch gereihte historische „Stoffe", im 19. Jahrhundert z.B. „Das Deutsche Kaiserreich"
Verfahren	1. „Sachanalyse" – Vertrautmachen mit gegenwärtigem Forschungsstand der Geschichtswissenschaft
	2. „Geschichtsdidaktische Analyse"
	Befragen des „Stoffes" („Bildungs-Gegenstand") auf Aspekte und Momente, die zu einer der Großen Fragen der Gegenwart und der erwartbaren Zukunft in Beziehung gesetzt werden können (Ermittlung des möglichen „Bildungs-Gehalts" und Herstellung eines „Sinnzusammenhangs", seltener und in der Regel nur bei zeitgeschichtlichen Themen eines „Ursachenzusammenhangs")
	Formulierung der geschichtsdidaktisch aufgeladenen „Historischen Frage" und damit Umwandlung des „Stoffes" in ein Unterrichts-„Thema"
	Festlegung der „Bildungs-Inhalte" der kommenden Stunden
	Überlegungen zu Unterrichtsverfahren und Abschluss der U-Einheit

Abb. 19: Planung von Unterricht – Herstellen von Bezügen zwischen Gegenwart und Geschichte im chronologischen Geschichtsunterricht

Beispiel einer geschichtsdidaktischen Analyse im chronologischen Unterricht

Bleiben wir beim Deutschen Kaiserreich. Die geschichtsdidaktische Ausgangsfrage lautet: Gibt es Sachverhalte des Deutschen Kaiserreichs, deren Betrachtung für Schülerinnen und Schüler in ihren gegenwärtigen und künftigen Lebenszusammenhängen bedeutsam sein kann? Kann man an ihnen zugleich allgemeinere Zusammenhänge aufzeigen?

Unser *Gegenwartsverständnis* steuert schon unsere Sicht auf das historische Wissenschaftswissen: Unser bereits erworbenes oder zu erwerbendes *historisches Fachwissen* – das sich in der sog. „Sachanalyse" zu erkennen gibt – mag darin bestehen, dass wir wissen, dass es im

Deutschen Kaiserreich grundlegende wirtschaftliche und gesellschaftliche Veränderungen gegeben hat (auf die Historikerinnen und Historiker unserer Zeit aus ihren Lebenszusammenhängen heraus aufmerksam geworden sind). Wir werden darauf stoßen, dass es im Deutschen Kaiserreich starke Wanderungsbewegungen gegeben hat – Binnenwanderungen vom Land zur Stadt und in die wachsenden Großstädte und Einwanderungen beträchtlichen Ausmaßes, dazu Auswanderungen vor allem in die Neue Welt. So gab es eine starke Wanderungsbewegung von polnischsprachigen Arbeitern ins Ruhrgebiet und eine Einwanderung etwa italienischer Straßenbauer. Insbesondere der Arbeitskräftebedarf im Ruhrgebiet sorgte für die Zuwanderung vorwiegend polnischsprachiger Arbeiter, die im Ruhrrevier zu Hunderttausenden im Bergbau, in der Eisen- und Stahlindustrie Arbeit fanden. Die Polen im Ruhrgebiet bildeten eine starke Minderheit mit eigenen „Kolonien", mit eigenen Zeitungen, Organisationen und Vereinen, mit eigenen Gottesdiensten – und mit eigenen Ansprüchen und Forderungen. Einige Politiker von heute würden sie als Mitglieder einer „Parallelgesellschaft" sehen. Sie waren das, was man heute „Gastarbeiter" nennt, und ihre Existenz warf ähnliche Probleme auf, wie sie heute und morgen durch die Zuwanderung oder Einwanderung fremdsprachiger Arbeitskräfte gegeben sind: Es gab Schwierigkeiten im Zusammenleben, beiderseitige Vorbehalte und Vorurteile, Abschottungen und Anpassungsschwierigkeiten. Es ist unsere wache Zeitgenossenschaft, die uns im historischen Fachwissen Aspekte wahrnehmen lässt, die einen Sinnzusammenhang zwischen Gegenwart und Vergangenheit begründen. Die „Festplatte" des kollektiven Gedächtnisses, auf der von Historikern in Jahrzehnten und Jahrhunderten Fakten auf Fakten, Deutungen auf Deutungen abgelagert worden sind, wird durch uns nach Brauchbarem, Einschlägigem durchsucht – und wir werden immer fündig in den Lagerbeständen der Geschichtswissenschaft.

Unser *Gegenwartsverständnis* lässt uns aufmerksam werden auf die Tatsache, dass die als Arbeitskräfte geholten Polen und ihre Familien gleichsam als „Gastarbeiter" der ersten Stunde gesehen werden können („Sie riefen Arbeitskräfte – und es kamen Menschen").

Das historische Fachwissen und die wache Zeitgenossenschaft können bewirken, das Thema „Polen im Ruhrgebiet in der Zeit des Deutschen Kaiserreichs" als ein Thema zu bestimmen, dessen Besprechung im Geschichtsunterricht für die historisch-politische Bildung wichtig sein kann. Der Gegenwarts- und Zukunftsbezug ist damit hergestellt. Es handelt sich um einen *Sinnzusammenhang.*

Es geht im folgenden darum, das Thema „Polen im Ruhrgebiet" unter Fragestellungen zu betrachten, die auch für die Betrachtung der gegenwärtigen Problemlage wesentlich sind, etwa unter folgenden Fragen:

- Was waren die Ursachen der Zuwanderung polnischer Arbeiter?
- Warum entstand im Ruhrgebiet ein so großer Bedarf an Arbeitskräften?

Diese beiden ersten Fragen sind auf einen „*historischen Ursachenzusammenhang*" gerichtet.

- Welche Probleme ergaben sich aus der Zuwanderung einer fremdsprachigen starken Minderheit mit eigenen Sitten, Gebräuchen, Mentalitäten?
- Wie wurden die Probleme angegangen und welche Lösungsansätze gab es?
- Gelang es, die fremdsprachigen Arbeiter und ihre Familien zu integrieren?
- Konnten Probleme des Zusammenlebens gelöst werden?

Es geht dabei nicht darum, Identisches zu entdecken; wesentlich ist eher, die Besonderheiten der Hintergründe, der Strukturen, der Entwicklungen und des Verlaufs herauszuarbeiten, zu bemerken, wahrzunehmen – kurz, die Andersartigkeit (Alterität) historischer Strukturen, Wertvorstellungen und Erfahrungen zur Kenntnis zu nehmen und zu fragen und zu überlegen, ob und was man an dem historischen „Fall" lernen kann und bedenkenswert findet.

Es ist sinnvoll, die geschichtsdidaktische Analyse in eine Frage münden zu lassen, in der die Gegenwarts- und Zukunftsbedeutung erkennbar ist. Am Beispiel könnte die Frage lauten:

„Polen im Ruhrgebiet – ‚Gastarbeiter' schon im Kaiserreich?"

Die geschichtsdidaktisch aufgeladene Frage führt zu einer geschichtsdidaktischen Strukturierung des Themas: Die Antwort auf die Frage erfordert einzelne Unterrichtsabschnitte – in der Regel: Stunden –, in denen das Thema von verschiedenen Seiten her angegangen wird. Am Beispiel könnte die geschichtsdidaktische Strukturierung in einem relativ offenen Unterricht, der auf Verabredungen zwischen Lernenden und Lehrenden beruht, etwa so aussehen:

1. Erste Stunde(n): Brainstorming „Gastarbeiter" (Vorstellungen, Probleme, Perspektiven) und Überleitung: Am Ende des 19./Anfang des 20. Jahrhunderts hat es ein ähnliches Problem im Kaiserreich gegeben. Wir werden uns in den nächsten Stunden damit beschäfti-

gen, wie es dazu kam, welche Probleme damit entstanden und ob und wie die Probleme gelöst wurden.

2. Zweite Stunde und folgende Stunden: Arbeit an einem Thementisch, der von Lehrerin oder Lehrer vorbereitet wurde. „Stöbern", Wahrnehmen und Erkennen von Problemen, z.B. gruppenweises Vertiefen in Aspekte wie „Woher und warum kamen die ‚Gastarbeiter'?", „Wie wurden sie aufgenommen?", „Wie lebten sie in der fremden, neuen Umgebung?", „Welche Bemühungen um Integration gab es, etwa über Parteien und Gewerkschaften?", „Welche Ergebnisse hatten die Integrationsbemühungen?" (Im Ruhrgebiet gibt es weitere Möglichkeiten, Informationen zum Thema zu sammeln – in den Stadtarchiven, durch Befragung von Nachkommen polnischer Gastarbeiter, durch das Suchen nach „polnischen" Namen in gegenwärtigen Adressbüchern und Telefonbüchern).
3. Zwischenzeitlich werden Verabredungen über Gruppenthemen und über die Vorstellung der Arbeitsergebnisse getroffen.
4. Letzte Stunde(n): Präsentation der Gruppenergebnisse.

Besonders wichtig bei der geschichtsdidaktischen Analyse ist, dass die didaktischen Überlegungen in eine möglichst offene und präzise Frage von der Gegenwart an den historischen Stoff münden – die „geschichtsdidaktische Frage". Es hat sich als praktikabel herausgestellt, die Frage so zu formulieren, das zunächst das historische Thema genannt wird und dann, durch einen Gedankenstrich abgesetzt, die Frage zu formulieren (die dann auch gelegentlich als Tafeltext erscheinen kann) oder aber den umgekehrten Weg zu wählen:

„‚Gastarbeiter' schon im Kaiserreich? – Polen im Ruhrgebiet"

Weitere Beispiele dieser Art wären etwa, auch wenn nicht die direkte Frageform gewählt wird:

- Smog über Attika – Umweltprobleme im antiken Athen
- Die griechische Demokratie – Demokratie oder „Demokratie"?
- Die Römer haben Großstadtprobleme[8]
- Rom – eine multikulturelle Gesellschaft?
- Eine Medienrevolution und ihre Folgen – Die Erfindung des Buchdrucks
- Asylsuchende in Deutschland – Die Hugenotten

---

8 So in: Geschichte konkret 1, S. 180.

- Der Krieg – Geißel der Menschheit? Vater aller Dinge? Verbrechen der Regierenden?[9]
- „Ein Reich der Ordnung und Sauberkeit"? – Das nationalsozialistische Deutschland

Es versteht sich übrigens, dass bei der Erarbeitung eines solchen scheinbar engen Themas wie „Polen im Ruhrgebiet" auch grundlegende ökonomische, gesellschaftliche und politische Strukturen des Kaiserreichs als notwendige Hintergrundinformationen erarbeitet werden müssen, so dass keine Gefahr besteht, dass nur Kenntnisse über dieses Spezialproblem erworben werden (Wichtiger – über den „Fall" hinaus – ist freilich, dass die Schülerinnen und Schüler dabei die grundlegende Fähigkeit erwerben, sich einen historischen Sachverhalt zu erarbeiten, der zum Verständnis des gegenwärtigen Problems einen bedeutsamen Beitrag leisten kann und vielleicht gar Zukunftsperspektiven eröffnet). Bei diesem Unterricht *entstehen* die benötigten Fakten in der Arbeit am Material, und historisches Wissen wird nicht *vermittelt*, sondern von den Schülerinnen und Schülern selber *ermittelt*.

Beispiel einer geschichtsdidaktischen Analyse

Friedrich J. Lucas hat in seinem „Grundriss der Geschichtsdidaktik" am Beispiel der Weimarer Republik in knapper Form eine Unterrichtsplanung vorgelegt, die durch einen ausgewiesenen Gegenwartsbezug geprägt ist.[10] Ausgangspunkt ist eine Frage, die 1967, dem Zeitpunkt der Abfassung, als bedeutsame Gegenwartsfrage gelten konnte und auch einen gerade in unserer Zeit des entfesselten und globalisierten Kapitalismus noch deutlicher erkennbaren Zukunftsbezug hatte.

Der Gegenwarts- und Zukunftsbezug bestand darin, vom unverkennbaren „Einfluss von Veränderungen der Produktivkräfte und Produktionsverhältnisse auf Gesellschaft und Politik" auszugehen. Von dieser gegenwärtigen Frage ausgehend, richtete sich die „historische Frage" auf „derartige Veränderungen in den Zwanziger Jahren, die den Zerfall der Weimarer Republik erklärlicher und verstehbarer machen könnten" – von Lucas als „Bildungsgegenstand" bezeichnet. Daraus ergab sich der konkret historische Blick auf „didaktisch repräsentative (d.h. zugleich sachlich grundlegende) technologisch/industrielle – da-

---

9 Beispiel aus: Geschichte und Geschehen A 4, S. 286 ff.

10 Lucas, Geschichte als engagierte Wissenschaft, S. 178.

mit verbunden soziologische – damit verbundene sozialpsychologisch/politische Strukturveränderungen" in der Geschichte der Weimarer Republik – von Lucas als „Bildungsinhalte" bezeichnet. Als übergreifende „Historische Frage" formulierte Lucas: „Wohin geht der Fortschritt?"

Beispiel

Situationsbezug:	Der Einfluß von Veränderungen der Produktivkräfte und Produktionsverhältnisse auf Gesellschaft und Politik;
Bildungsgegenstand:	derartige Veränderungen in den Zwanziger Jahren, die den Zerfall der Weimarer Republik erklärlicher und verstehbarer machen könnten;
Bildungsinhalte:	didaktisch *repräsentative* (d.h. zugleich sachlich grundlegende) technologisch/industrielle – damit verbundene soziologische – damit verbundene sozialpsychologisch/politische Strukturveränderungen.

Diese Auswahl und Durchgliederung des „Stoffes" ist nicht willkürlich; sie folgt aus der Logik der Geschichtsdidaktik.
Dieser – *den Geschichtsunterricht konstituierende! – Problemzusammenhang der ausgewählten historischen Erscheinungen* muß aber auch in der praktischen unterrichtsmethodischen Umsetzung erhalten bleiben; der Unterricht ist keine bloße Auseinanderreihung von Einzelstunden!

- Dem speziellen Auswahlgesichtspunkt eines Bildungsgegenstandes entspricht das Thema eines Unterrichtsabschnitts. Je treffender seine Formulierung gelingt, desto gesicherter sind die folgenden Schritte der Unterrichtsvorbereitung. Das Thema ist *gewissermaßen die besondere Frage*, die wir an die Ereignisse einer bestimmten Epoche richten.
- Die Beantwortung dieser Frage erfolgt in den notwendigen Antwortsätzen: den ermittelten Bildungsinhalten entsprechen die *notwendigen (!) Unterrichtseinheiten.*
- Ob eine Unterrichtseinheit in einer oder mehreren *Unterrichtsstunden* behandelt wird, in welchen Unterrichtsformen und mit welchen Unterrichtsmitteln, ist eine *von Fall zu Fall* zu entscheidende Frage der Methodik.

Auswahl und Gliederung von Bildungsinhalten			
Konkrete Situation	**Allgemeine Didaktik**	**Fachdidaktik**	**Beispiel**
Fragen aus unserer Situation heute (und für eine absehbare Zukunft)	didaktische *Gesichtspunkte*	Bildungsgegenstand	Weimarer Republik
	Genaue Befragung auf *„Bildungsgehalt“*	*Thema*	Wohin geht der Fortschritt?
	Untersuchung der Erscheinungen, in denen sich das Problem deutlich zeigt:		
	„Bildungsinhalt“ gegliedert in	*Einheiten*	**1.** Technik und Industrie verändern die Welt (Autos, Flugzeuge, Radio) **2.** Die Menschen werden abhängiger (Fließbandorganisation der Arbeiter) **3.** Wie soll die politische Ordnung aussehen? (soziale Unangepaßtheit, Antisemitismus, Diktatur als effektvolle Organisation der Massen)[11]

Abb. 20: Lucas, Friedrich J., Geschichte als engagierte Wissenschaft, S. 178 f.

5.3 Unterrichtswege: Regelfall Offene Lernformen – „Spurensuche“ und „Entdeckendes Lernen“

Bei den erwähnten Beispielen geht es in aller Regel um offene Lernformen und um Verfahren, die, von offenkundig wesentlichen oder nur scheinbar unwesentlichen Fragen der Gegenwart ausgehend, geeignet

11 Lucas, Friedrich J. (Hrsg.), Menschen in ihrer Zeit, Bd. 6, Stuttgart 1966, S. 43-47 (dazu Lehrerheft!)

sind, das selbständige Befragen und Bedenken der Geschichte zu lernen. Es sind Verfahren, die für Lehrerinnen und Lehrer und für Schülerinnen und Schüler einen nicht unerheblichen Aufwand mit sich bringen und langsam eingeübt werden müssen, bis sie unangestrengt gelingen. Die Beispiele gehen aus von wesentlichen und gelegentlich scheinbar selbstverständlichen Sachverhalten unserer historisch geprägten Lebenszusammenhänge, an denen zugleich historisches Denken eingeübt wird. Der Sachverhalt – etwa „Blue Jeans" – soll zunächst eine Frage auslösen, die historisches Denken in Bewegung bringt: Woher kommt der Sachverhalt? Die Frage führt in der Regel dazu, dass die Schülerinnen und Schüler in eine frühere Epoche „springen" müssen, die ihnen fremd ist und in ihrer Fremdheit weitere Fragen auslösen kann: Die Fremdheit verlangt nach historischer Aufklärung, nach Informationen. Im Idealfall entstehen geradezu Frageketten, die das Bedürfnis nach weiteren Informationen zum Verständnis der Situation ausdrücken: Wann und wie ist der Sachverhalt entstanden? Warum ist er in einer bestimmten Zeit entstanden? Unter welchen Bedingungen ist er entstanden? Was bedeutete er für die seinerzeit lebenden Menschen? Es ist letztlich das Verfahren des „entdeckenden" oder „forschenden Lernens".

Beispiel

„Ich hatte es mir eigentlich ganz anders gedacht: In einer 9. Klasse (mit über 20% – allerdings gut deutsch sprechenden – ausländischen Schülern und Schülerinnen) wollte ich über nationalsozialistischen und völkischen Rassenwahn anhand eines Quellenauszuges von Alfred Rosenberg (Kernsatz: ‚Schöpferisch ist nur die germanisch-nordische Rasse') diskutieren. Mein Kummer: Die Beteiligung war gering, die Stimmung lustlos. Was diese Quelle mit ihnen, den einzelnen Schülern und Schülerinnen, zu tun hatte oder haben könnte, wurde nicht deutlich. Deprimiert machte ich mich für die nächste Stunde auf die Suche nach einem neuen Ansatz, fest entschlossen, wegen der Gegenwartsbedeutung des Themas ‚Rassismus und Nationalismus' nicht aufzustecken."

So beginnt die Erzählung Harm Mögenburgs über eine geplante Unterrichtseinheit, die dann einen ganz anderen Verlauf nahm als ursprünglich beabsichtigt. Neu gewählter Ausgangspunkt war das Endspiel um die deutsche Fußball-Meisterschaft im Jahre 1934 zwischen Schalke 04 und dem 1. FC. Nürnberg, das Schalke mit 2:1 gewann. „Ich legte der Gruppe ein Arbeitsblatt vor, das ich dem auf Bütten gedruckten authentischen Programm für die Nazi-Prominenz nachempfunden hatte. Diesmal ‚zündete' die Vorlage sehr schnell, bemerkten die Schüler, dass ein mit Händen zu greifender Unterschied (Lerntheoretiker würden sagen: eine ‚kognitive Dissonanz') bestand zwischen der häufigen Verwendung des Wortes ‚deutsch' und ‚Deutschland' (zumal im Deutschlandlied) und dem spielerischen Geschehen: Allein in der Mannschaft von ‚Schalke' waren 5 Spieler, die bereits ihr Name auf den ersten Blick als Ausländer bzw. ehemalige Ausländer auswies." Mögenburg schildert, wie die Klasse „ansprang", Fragen entwickelte. Ein Schüler fragt: „Was haben zum Beispiel die beiden ‚Schalke'-Polen Szepan und Kuzorra gedacht und gefühlt, wenn sie in dieser Weise als Deutsche und als deutscher Fußballmeister gefeiert wurden?"

Mögenburg: „Die Stunde endete mit dem Beschluss, im Geschichtsbuch und eigenen Nachschlagewerken unter Stichworten wie ‚Einwanderung', ‚Polen', ‚Nationalgefühl', ‚Gelsenkirchen' bzw. ‚Schalke' nachzuschlagen und sich über die eben gestellte Frage eigene Gedanken zu machen."

Der Einstieg oder: Das Vorverständnis der Schüler muß erkundet werden (1. – 2. Stunde)

Das Endspiel um die Deutsche Fussballmeisterschaft in der Reichshauptstadt am 22. Juni 1934

- Ansprache des Reichssportführers von Tschammer und Osten
- Gemeinsames Singen des Deutschland- und des Horst-Wessel-Liedes
- Wiederholung der Mannschaftsaufstellungen des FC Schalke 04 und des 1. FC Nürnberg

FC Schalke 04: Mellage
Bornemann Zajons
Tibulski Szepan Valentin
Kalwitzki Urban Nattkemper Kuzorra Rothardt

1. FC Nürnberg: . . . .
. . . . .

- Anpfiff
- Ehrung der Siegermannschaft des deutschen Fussballsports durch den Reichssportführer

Abb. 21a (S. 150) u. 21b (S. 151): Zusammenstellung nach Mögenburg, Harm, „Aus der Polackei herbeigeschleppt …"

Die Themenfindung oder: Die Schüler bestimmen ihr Erkenntnisinteresse näher (3. Stunde)	***Tafeltext***

Was wissen wir schon?	Was müssen wir weiter erfragen?
• Im 19. Jahrhundert haben viele Polen ihre Heimat verlassen	• Was hofften sie zu finden?
• Viele Menschen kamen vom Lande in eine Industriestadt des Ruhrgebiets	• Wie ist es ihnen ergangen?
• Polnische Arbeiter gründen in Westdeutschland Vereine	• Wie verhalten sie sich in der Fremde?

Schülerfragen oder: Die Lerngruppe setzt sich ihre Lernziele selber (4.-5. Stunde)

In Anlehnung an Überlegungen und den Tafeltext der 3. Stunde fordere ich die Lerngruppe auf, mir Ziele zu nennen, die wir gemeinsam in den nächsten Stunden anstreben sollten, um uns ein Bild von den „Ruhrpolen", von den Kuzorras, Szepans und Kowalskis machen zu können, um ein einigermaßen begründetes Urteil abgeben zu können auf die Frage: „Wie gehen Deutsche, Polen und Masuren im damaligen Ruhrrevier miteinander um?"

Genannt, sprachlich verbessert, zunächst an die Wandtafel und später in Riesenbuchstaben auf einen DIN A3-Bogen Papier an die Stellwand gebracht wurden folgende Leitfragen der Schüler:

1. Wer kommt als Fremder ins Ruhrgebiet?
2. Worauf hoffen diese Menschen?
3. Worin besteht die „nationale Frage"?
4. Wie arrangieren sich die „Ruhrpolen"?

Schüleraktivitäten oder: Die Schüler suchen nach Antworten Auf ihre Fragen (6.-8. Stunde)

Wir einigten uns darauf, an diesen Leitfragen entlang das Arbeitsprogramm für die nächsten drei Geschichtsstunden zu organisieren

Abb. 21b

Der Verlauf der Unterrichtseinheit kann hier nur schematisch angedeutet werden. Aber auch in dieser schematischen Form zeigt sich, wie aus der ursprünglich geplanten Einheit eine ganz andere entstanden ist, in der die Schülerinnen und Schüler eigene Bedürfnisse in Fragen umgesetzt, nach Antworten gesucht und Antworten gefunden haben.

Es ist ein Verfahren, das wie ein ursprüngliches historisches Denken abläuft: Eine einzige Frage an die erkennbare Vergangenheit löst eine Kette weiterer Fragen aus, die danach verlangen, notwendige Informationen zu erschließen, kritisch auf ihren Wahrheitsgehalt zu überprüfen und in eine sinnvolle „narrative" Ordnung zu bringen. Im Bereich des wissenschaftlich geprägten historischen Denkens – geschichtstheoretisch – nennt man dieses Verfahren „historische Methode" als eine Abfolge von Schritten (Historische Frage – Heuristik – Kritik – Interpretation – Historische Antwort), in denen ein Sachverhalt der Vergangenheit erschlossen wird und als eine „Geschichte für heute" erzählt werden kann. Dieses Verfahren zu lernen und zu beherrschen, bedeutet für die Schülerinnen und Schüler, eine Fähigkeit zu erwerben, die sie in ihren späteren Lebenszusammenhängen anwenden können, wenn irgendeine historische Frage aufbricht. Das einmal gelernte Verfahren kann sogar dazu beitragen, dass die Schülerinnen und Schüler später bei vielen Gelegenheiten überhaupt erst „historische Fragen“ stellen, die ihnen sonst nicht in den Sinn kämen.

Die „Historische Methode“ – Garant größtmöglicher Objektivität

Ausgangspunkt ist

1. eine „Historische Frage“ (im Bereich des Geschichtsunterrichts: eine „geschichtsdidaktische Frage“ als geschichtsdidaktisch aufgeladene historische Frage) als eine Frage, die *aus der Gegenwart an die erkennbare Vergangenheit* und an die bislang veröffentlichte Sekundärliteratur gerichtet wird.
2. Die historische Frage führt dazu, dass nach allen einschlägig wichtigen Zeugnissen der Vergangenheit und nach bisherigen Darstellungen zu dieser Frage gesucht werden muss. Diese Phase des Suchens und Sammelns heißt in der Fachsprache der Geschichtstheorie die Phase der „Heuristik“.
3. In der Phase der Heuristik gefundene und gesammelte Zeugnisse und Darstellungen enthalten widersprüchliche Angaben: Sie sind nicht Wiederspiegelungen der Realität, sondern je individuelle Wahrnehmungen und Deutungen vergangener Wirklichkeit. Sie müssen folglich zunächst einmal kritisch daraufhin untersucht werden, was tatsächlich „der Fall war“, unbestreitbar „Fakt war“. Die kritische Untersuchung ist darauf gerichtet, aus den Wahrnehmungen und Deutungen das Faktische herauszusondern. Diese Phase heißt in der Fachsprache die Phase der „Kritik“.
4. Die in der Phase der Kritik herausgesonderten „Fakten“ stehen – theoretisch betrachtet – zunächst einmal beziehungslos nebeneinander, ein Chaos von tatsächlich nachweisbaren Begebenheiten. In der Phase der „Interpretation“ werden sie zueinander in Beziehung gesetzt, miteinander verglichen, voreinander gewichtet, in kausale und funktionale Beziehungen zueinander gesetzt und damit gedeutet. Die Fakten werden in einen Sinnzusammenhang gebracht, in dem jedes Faktum seinen plausiblen, triftigen Stellenwert hat. In dieser Phase der Interpretation entsteht erst „Geschichte“ als ein narratives, über die Vergangenheit erzählendes Konstrukt. „Geschichte ist Interpreation“ (Carr).
5. Die in der Phase der Interpretation ermittelte Geschichte kann als Antwort auf die am Anfang stehende „historische Frage“ oder „geschichtsdidaktische Frage“ verstanden werden. Sie ist die *auf die Gegenwart bezogene Deutung* eines historischen Zusammenhanges.

Die „historische Methode“ als das Regelwerk, dem Historikerinnen und Historiker folgen müssen, wenn ihre Darstellung eines vergangenen Zusammenhanges nicht einer nachweisbaren Willkürlichkeit, Fehlerhaftigkeit und bloßen subjektiven Meinung unterliegen soll, sondern Objektivität beanspruchen will, kann und sollte in überaus vereinfachter Form auch dem historischen Denken und „Forschen“ im Geschichtsunterricht zugrundeliegen.

Noch stärker auf die außerschulische Geschichtskultur und ihre Nutzung für den Geschichtsunterricht bezogen ist ein Verfahren, das im Geschichtsunterricht der Laborschule Bielefeld mit Lerngruppen angewendet wird, die weitgehend gelernt haben, Sachverhalte selber zu erfragen und zu bearbeiten.

Beispiel

Das für den Beginn des Geschichtsunterrichts entworfene und beschriebene Verfahren lässt sich auch auf den späteren Geschichtsunterricht übertragen:

☛ **M 28:**
Bestandsaufnahme des Gewussten, Gehörten, Gesehenen, Erlebten
Zu welchem Thema auch immer – die Schülerinnen und Schüler bringen bereits viel, aber auch unterschiedlich viel an Wissen und an Bildern, an Einstellungen und Vor-Urteilen, an individuellen Gewissheiten und Deutungsmustern mit in den Unterricht. Dies zu sammeln, den anderen der Gruppe mitzuteilen, dadurch bei anderen Erinnerungen und Assoziationen freizusetzen, alles für alle verfügbar zu machen, ist der erste Schritt – bei dem im übrigen die Unterschiede der Kinder sowohl in ihren geistigen Vermögen und Empfindsamkeiten als auch in ihren unterschiedlichen Lebenserfahrungen für alle wichtig, manchmal sogar aufregend werden.

- „Brainstorming“ – gemeinsam an der Tafel oder in Kleingruppen auf Plakaten. Die ungeordneten Begriffe und Bilder werden gemeinsam gesichtet, diskutiert, gewichtet und in eine einsichtige Ordnung gebracht;
- Eltern, Freunde, andere Lehrer, Straßenpassanten, ältere Schülerinnen und Schüler werden zu gemeinsam verabredeten Themen befragt („Wie haben Sie die Zeit um … erlebt?“, „Hat Ihnen das, was Sie in der Schule über die Antike gelernt haben, später etwas bedeutet?“, „Was sollen Ihrer Meinung nach junge Menschen über … wissen?“, „Hat das, was Sie in der Schule oder außerhalb der Schule über Faschismus gelernt haben, Sie verändert? … „Wo haben Sie etwas über Geschichte gelernt, das Sie zum Nachdenken gebracht hat?“;

- Wissen, Meinungen, Irrtümer, Einstellungen, Urteile werden diskutiert und gewichtet;
- Zeitungen, Zeitschriften, Reiseprospekte werden eine Zeitlang daraufhin gesichtet, was sich in ihnen an historischen Bezügen, Sinnbildungen, Anspielungen, Argumentationsmustern, Deutungsmustern finden läßt.

Fragestellungen entwickeln, gemeinsame Inhalte vereinbaren und individuelle Themen verabreden

- Warum sollen wir uns mit dem Thema beschäftigen? Was gibt es daran an Wissenswertem? Sind es die Ursachen eines gegenwärtigen Sachverhalts oder sind es die Erfahrungen, die Menschen vor uns in bedingt vergleichbaren Umständen gemacht haben?
- Welche Ausstellungen, Filme, Zeitungsberichte, Fernsehsendungen, Werbeanzeigen gibt es zur Zeit zu unserem Thema? Welche Überbleibsel der Vergangenheit lassen sich finden?
- Befragung unterschiedlicher Schulbücher, die für unterschiedliche Schularten konzipiert sind, aber auch aus unterschiedlichen Zeiten und Regionen stammen (z.B. alte DDR-Bücher, Bücher aus anderen deutschsprachigen Ländern, in höheren Jahrgängen auch aus dem fremdsprachlichen Ausland) daraufhin, was sie – aus ihrer Perspektive – zu diesem Thema beitragen. Das Zusammentragen der Ergebnisse bringt Nutzen auf unterschiedlichen Ebenen: Es provoziert Diskussionen, warum welches Buch was weglässt oder besonders hervorhebt und auch, was (meist. wie wenig) allen Büchern gleich wissenswert und wichtig ist. Vor allem bei jüngeren, „erkenntnistheoretisch" naiveren Schülerinnen und Schülern wird damit die Illusion in Frage gestellt, Geschichte sei etwas Unveränderliches, Feststehendes und es gebe die eine Geschichte, neben der es keine andere Geschichte geben könne.
- Auf der Basis des zusammengetragenen und geordneten Wissens kann für Schülerinnen und Schüler einsichtig überlegt werden, welche gemeinsame Grundlage an Kenntnissen für die gesamte Gruppe notwendig sein soll, um ein Thema zu bewältigen („Was müssen wir alle wissen, können, beherrschen ...?").
- Welche Themen sollen oder können auf dieser gemeinsamen Basis individuell erarbeitet werden („Was interessiert mich ganz besonders?")?
- Welche Themen sollen insgesamt vorkommen („Worüber will ich unbedingt etwas erfahren, auch wenn ich es mir selber nicht noch zusätzlich erarbeiten kann?")?

Präsentationsformen der Ergebnisse überlegen und beschließen

Die Frage, wie die individuellen Ergebnisse Einzelner oder kleiner Gruppen der gesamten Gruppe, manchmal gar der Öffentlichkeit, vermittelt werden können, muss vorab besprochen und entschieden werden. Erprobt und vorstellbar sind unterschiedliche Präsentationsformen. So können etwa

- Unterrichtsstunden von Schülerinnen und Schülern geplant und durchgeführt werden, so dass die Mitschülerinnen und Mitschüler viel lernen, ohne sich zu langweilen,
- Vorträge vorbereitet und gehalten werden,
- für die Schulöffentlichkeit Ausstellungen zusammengetragen und aufgebaut werden,
- öffentliche Podiumsdiskussionen mit unterschiedlichen, rhetorisch gut eingeübten Meinungen durchgeführt werden,
- Bücher aus Referaten zusammengestellt, gestaltet („Layout") und gedruckt werden, „Zeitgenössische" Zeitungen verschiedener gesellschaftspolitischer Perspektiven geschrieben, illustriert und gedruckt werden.

Methoden der Erarbeitung und der Präsentation erlernen
Es geht beim historischen Lernen wesentlich um das Erlernen von Regeln und Methoden im Umgang mit der erkennbaren Vergangenheit und den späteren Aussagen über sie, z.B.

- Zeugnisse und Literatur finden, aus verschiedenen Schulbüchern entsprechende Kapitel suchen und zusammenstellen, sich in Büchern orientieren lernen,
- Exzerpte schreiben, genau zitieren, sinngemäß wiedergeben, Bilder sammeln und zitieren, Quellengattungen unterscheiden, Karten und graphische Materialien auswerten,
- die in der „Geschichtskultur" vorkommenden Aussagen und Deutungsmuster aufgreifen und kritisch auf ihren Wahrheitsgehalt zu durchleuchten, – Gliederungsmöglichkeiten kennen, Literatur richtig zitieren, auf unkundige Leserinnen und Leser hin angemessen schreiben,
- verschiedene Unterrichtsmethoden, mögliche Ausstellungskonzeptionen, publikumswirksame Vorstellungen reflektieren,
- Vortragsstile erproben – vom geübten Vorlesen zum freien Vortrag im Stehen, rhetorische Mittel einsetzen, Körpersprache wahrnehmen.

(Bergmann, Klaus; Thurn, Susanne, Beginn des Geschichtsunterrichts, in: Geschichte lernen 62 (1998), S. 23 ff.)

Ein besonders wichtiger Punkt bei diesem Verfahren, bei dem die Schülerinnen und Schüler selbständig Schritt für Schritt, Frage für Frage vorangehen, ist das Problem der Beschaffung der notwendigen Informationen für die Phase der „Heuristik". Informationsmaterial kann von Lehrerin oder Lehrer bereitgestellt werden und/oder von

Schülerinnen und Schülern „wie im richtigen Leben“, gegebenenfalls zunächst noch unter Anleitung, gesucht und beigebracht werden. Dabei kommt alles in Frage, was sie „in die Finger kriegen“ – Schulbücher, Quellen, Jugendsachbücher, Lexikonartikel, Prospekte, Bildbände, Befragung von Laien und Experten, Recherche im Internet usw. Die Schülerinnen und Schüler müssen Informationen herausholen, miteinander vergleichen, auf ihre Stimmigkeit und Glaubwürdigkeit untersuchen und sich so Schritt für Schritt ein Wissen erarbeiten, das sie für die Beantwortung ihrer Ausgangsfrage benötigen.

5.4 Gegenwartsbezug und historisches „Überblickswissen“

Ein Einwand gegen einen Geschichtsunterricht, der in wesentlich stärkerem Maße als je zuvor von den Lebenszusammenhängen der Kinder und Jugendlichen ausgeht und mit ihnen erkennbar wichtige, täglich in den Medien auftauchende Fragen der Gegenwart und Zukunft historisch vertieft, liegt auf der Hand:

Er beschneide die Zeit für Überblicksdarstellungen der Geschichte – für jene Überblicksdarstellungen, die für die Schülerinnen und Schüler in ihrer Sicht so gar nichts mit ihren Fragen und Bedürfnissen zu tun haben; er bringe keinen „geschlossenen Überblick“ über „die Geschichte“, allenfalls fragmentarische Kenntnisse in bestimmten Bereichen, in die die Schülerinnen und Schüler „gesprungen“ seien, ohne die nötigen Vorkenntnisse zu haben. Kommt es dabei nicht zu einem „hektischen Inselhopping zwischen der Steinzeit und der Gegenwart (...), ohne eine Vorstellung historischer Kontinuität und der Charakteristika einzelner historischer Epochen“[12]?

Und auch der Einwand gegenüber allen offenen Lernformen liegt mit der gleichen Begründung auf der Hand: Sie brauchen unendlich viel Zeit, um eingeübt und beherrscht zu werden. Sie brauchen unendlich viel Zeit, um ein Thema durchzusprechen, das bei einer Vermittlung durch Lehrerin oder Lehrer im stärker lehrerzentrierten Unterricht nur einen Bruchteil an Zeit kosten würde. Und das heißt: Gerade

12 Reeken, Dietmar von, Wer hat Angst vor Wolfgang Klafki? Der Geschichtsunterricht und die „Schlüsselprobleme“, in: GWU 50 (1999), H. 5/6, S. 302 stellt die Frage, wie sich eben dies bei Längsschnitten und Fallanalysen vermeiden lasse.

dadurch, dass die offenen Lernformen so viel Zeit beanspruchen, bleibt dann keine Zeit, das doch nun einmal nötige „Überblickswissen" anzulegen. Wie soll man denn das nun einmal curricular geforderte Pensum an „Stoff" bewältigen, wenn man solchen „didaktischen Traumtänzereien" nachgeht?

Lehrplan Mittelschule, Geschichte, Klassen 5-10 des Sächsischen Staatsministeriums für Kultus von 1992: „Ziel des Geschichtsunterrichts an der Mittelschule ist es, den Schülern Kenntnisse zu vermitteln, die als Grundlage für die Entwicklung eines historisch-politischen Bewusstseins dienen können und den Schülern die eigene Orientierung im heimatlichen Nahraum, in unserer gewachsenen freiheitlichen demokratischen Ordnung, in einem zusammenwachsenden Europa und in der Welt erleichtern. (...) Auf eine konkrete Lerngruppe bezogen, werden das Leben und Wirken von Menschen von der Vor- und Frühgeschichte bis zur Gegenwart möglichst anschaulich dargestellt. Mit der Orientierung an der Chronologie wird ein Grund- und Orientierungswissen systematisch erarbeitet."[13] Jede Lehrerin, jeder Lehrer weiß, dass dies eigentlich eine empörende Mogelpackung ist, die zu Lasten aller am Unterricht Beteiligten geht. Als sei die Traumtänzerei nicht hier angelegt, wo eine traditionelle „Stoffhuberei" auf dem Programm steht!

Auf der anderen Seite gibt es durchaus schon Richtlinien und Lehrpläne, die mit einem geringeren Maß von Verbindlichkeit und einem höheren Maß an Ratschlägen und Angeboten aufwarten, die von der Fachkonferenz einer jeden Schule in eigener Verantwortung aufgegriffen werden können. So liegt etwa dem Lehrplan für die Realschule in Nordrhein-Westfalen ein System von wenigen thematischen Einheiten zugrunde, die unter den Gesichtspunkten „Wissenschaftsorientierung", „Erfahrungs- und Handlungsorientierung" und „Gegenwarts- und Zukunftsorientierung" vielfältige Möglichkeiten eines gegenwarts- und zukunftsbezogenen Geschichtsunterrichts anbieten und zudem differenzierte Wege der „geschichtlichen Untersuchung und Urteilsbildung" offenhalten – Fallstudien, Projekte, thematische Längsschnitte, Hinweise zu „fächerübergreifendem Lernen" ...[14]

---

13 Sächsisches Staatsministerium für Kultus, Lehrplan Mittelschule, Geschichte, Klassen 5-10, Dresden 1992, S. 7 (Die „Präzisierung" von 1997 zum Lehrplan ändert nichts an diesen Bestimmungen).

14 Vgl. Richtlinien und Lehrpläne für die Realschule in Nordrhein-Westfalen. Geschichte, Düsseldorf 1994.

In einer Unterrichtseinheit zu der öffentlichen Kontroverse, ob der 9. November „nationaler Gedenktag oder Staatsfeiertag" sein solle oder könne, betont die Verfasserin: „Die Auseinandersetzung zu diesem Thema im Unterricht setzt voraus, dass die Schüler bereits die Geschichte Deutschlands im 20. Jahrhundert kennen"[15]. Ist es wirklich so oder zeugt diese Auffassung eher von einem traditionellen geschichtsdidaktischen Denken, das auch den ministeriellen Vorgaben in den Bundesländern zu einem großen Teil immer noch zugrundeliegt?

Es gibt die Argumentationsfigur, die Schülerinnen und Schüler müssten erst einmal „Fakten" lernen, bevor sie über Geschichte nachdenken könnten. Dem liegt der „Mythos Basiswissen" zugrunde, den zuletzt Hartmann Wunderer kritisiert hat[16]: Die Kinder und Jugendlichen sollten im Geschichtsunterricht ein „Überblickswissen" und „solide Kenntnisse" erwerben, das sie befähige, die Gegenwart aus der Vergangenheit heraus zu verstehen. Die Forderung nach einem „historischen Grundwissen" führt in ein unlösbares Dilemma: „Einen Konsens, was darunter zu verstehen sei, kann es in einer pluralen Gesellschaft kaum geben; ein eindeutiger Kanon wichtiger Themen, Fakten und Kenntnisse ist nur in einem geschlossenen Geschichtsbild möglich. Historische Fakten erlangen ihre Bedeutung erst im Rahmen geschichtstheoretischer Grundannahmen, sie stellen ebenso wie historische Deutungen das Ergebnis eines ‚Konstruktionsprozesses' von Geschichte dar, das sich nicht selten als ‚unideologisch' geriert, also seine wissenschaftstheoretischen Voraussetzungen nicht zur Debatte stellt. Für eine pluralistische und demokratische Gesellschaft würde indes ein autoritatives Geschichtskonzept eine nicht hinnehmbare Zumutung darstellen."[17]

Die Schülerinnen und Schüler spielen im übrigen beim Konzept des Basiswissens nicht mit, verweigern sich einfach: Die Speicherung von Datenfriedhöfen will auch dann nicht gelingen, wenn den Schülerinnen und Schülern versichert wird, das Eine sei ohne das Andere nicht begreifbar und daher müsse man – sukzessive in der Zeit fortschreitend – die Entwicklung des Späteren aus dem Früheren nun einmal unabding-

---

15 Horn, Christa, Der 9. November. Nationaler Gedenktag oder Nationalfeiertag?, in: Geschichte lernen 49 (1996), S. 56.

16 Wunderer, Hartmann, „Nichts veraltet heute schneller als das Wissen". Probleme und Profile des Geschichtsunterrichts in der gymnasialen Oberstufe, in: Geschichte lernen 68 (1999), S. 9 ff.; vgl. auch ders., Geschichtsunterricht in der Sekundarstufe II, Schwalbach/Ts. 2000.

17 Wunderer, Probleme und Profile, S. 10 f.

bar lernen. Bodo von Borries hat über die „Demnächst-Abiturienten" des 12. Jahrgangs herausgefunden: „Vor allem die chronologischen Vorstellungen zum späten 19. und 20. Jahrhundert sind defizitär; nicht einmal die elementare Anordnung von Figuren wie Hitler, Brandt, Bismarck, Ebert und Adenauer gelingt einigermaßen korrekt. Auch bei der Reihenfolge von Dreißigjährigem Krieg und Absolutismus oder von Industrieller Revolution und Russischer Revolution sind große Minderheiten überfordert"[18]. Von Borries kann nachweisen: „Unverkennbar leistet auch der Oberstufenunterricht im Fach Geschichte keineswegs einen inhaltlichen ‚Überblick', die Vermittlung ‚kultureller Codes und Standards' für Debatten unter Gebildeten"[19].

Seit es Geschichtsunterricht gibt, gibt es auch die uneingestandene Selbsttäuschung über den „Mythos Basiswissen", die doch zur Erfahrung von Generationen von Lehrenden gehört. Das den Lehrenden wichtige und von der Administration geforderte „Überblickswissen" (das – nebenbei – als narrative Konstruktion ja ohnehin geschichtstheoretisch und geschichtsdidaktisch fragwürdig ist) erweist sich bei jeder Quiz-Show als nicht oder nur rudimentär vorhanden. Es ist angezielt, aber verfehlt worden. Die Schülerinnen und Schüler vergessen es einfach und nehmen es kaum mit ins spätere Leben, weil es ihnen äußerlich war und blieb, nichts mit ihren Lebenssituationen und Lebensperspektiven zu tun hat und sie nicht erkennen können, was es mit ihrer Gegenwart und Zukunft zu tun hat. Das wird auch damit zusammenhängen, dass es wegen der unendlichen Fülle „nur auf dem Wege eines stoff- und lehrerzentrierten Unterrichts vermittelbar"[20] ist.

Die Lernenden werden in ihren späteren Lebenszusammenhängen ganz andere Kompetenzen benötigen, als in ihrem Gedächtnis gespeicherte Bestände eines narrativen historischen Wissens abzurufen, das immer kürzere Halbwertzeiten hat. Bei öffentlichen Kontroversen über Geschichte etwa, denen die Schülerinnen und Schüler in ihren späteren Lebenszusammenhängen begegnen werden, ist in der Regel nicht davon auszugehen, dass große Teile des Publikums über das historische Wissen verfügen, das für eine Beurteilung und eine Parteinahme ausreicht und im Zweifelsfall aus einem Gedächtnis hervorgeholt werden kann, das im Geschichtsunterricht geschult worden ist. Im Neuen Geschichtsunter-

---

18 Borries, Bodo von, Geschichte in der gymnasialen Oberstufe. Ein Körnchen Empirie, in: Geschichte lernen 68 (1999), S. 4.

19 Borries, Geschichte in der gymnasialen Oberstufe, S. 5.

20 Wunderer, Probleme und Profile, S. 11.

richt aber kann und sollte man lernen, wie man etwa mit einer öffentlichen Kontroverse umgehen kann, der man als historisch Unwissender ausgesetzt ist, und wie man sich überhaupt in einer wesentlichen Frage der Gegenwart und absehbaren Zukunft historisch umtun kann. Es geht im Geschichtsunterricht wesentlich mehr darum, Erinnerungsfähigkeit als Gedächtnisleistungen zu fördern. Lernen heißt unter anderem, von Unwissenheit zu Wissen zu kommen und die dafür nötigen Verfahren zu üben und zu beherrschen. Unwissenheit ist Lernanlass, nicht Lernhemmnis.

Bei einem erkennbar gegenwarts- und zukunftsbezogenen Geschichtsunterricht, in dem historisches Wissen nicht *vermittelt* sondern *ermittelt* wird, entsteht auch ein je individuelles „Überblickswissen", das eher „behalten" wird als in jedem anderen Unterricht. Man kommt dabei nämlich zwanglos und ohne in der historischen Neugier nachzulassen „von Hölzken auf Stöcksken" – und übt dabei historisches Denken und historische Erinnerungsfähigkeit jedenfalls eher und mehr als in jedem anderen Geschichtsunterricht. Notwendige und erprobte Hilfsmittel dabei sind selber entwickelte Zeitleisten, Zeitcollagen, Geschichtsschränke und Präsentationen (vgl. dazu auch S. 126 f.). Sie ermöglichen eine zeitliche Einordnung und die Zuordnung zu historischen Epochen und lassen auf diese Weise unter Anleitung von Lehrerin oder Lehrer allmählich ein selber ermitteltes und chronologisch geordnetes Überblickswissen entstehen, das sich als dauerhafter erweist als das im herkömmlichen chronologischen Unterricht vermittelte Wissen.

Jedenfalls sollten wir grundsätzlich davon ausgehen, dass

- Geschichte grundsätzlich Auswahl bedeutet und niemand alles wissen kann;
- das Gedächtnis von Kindern und Jugendlichen nur begrenzt aufnahmefähig und -willig ist für die Speicherung von historischem Wissen;
- es wesentlich darauf ankommt, zu lernen, sich historisches Wissen dann zu erarbeiten, wenn man es braucht und wenn man sich aus antiquarischen oder politischen oder ästhetischen Gründen dafür interessiert;
- an jedem Ding, Begriff oder Sachverhalt gelernt werden kann, wie man sich Wissen erarbeiten kann;
- es sinnvoll ist, zu lernen, wie man die Großen Fragen seiner Zeit historisch vertiefen kann;
- es sinnvoll ist, die ausgewählten historischen Themen so zu „streuen", dass dabei Vorstellungen über die geläufigen Epochen entstehen können.

6. Einzelfragen

Aus der grundsätzlichen didaktischen Orientierung an Gegenwarts- und Zukunftsbezug als grundlegender Kategorie der Geschichtsdidaktik ergeben sich zahlreiche Einzelfragen, die im Folgenden kurz angesprochen werden sollen.

6.1 Gegenwarts- und Zukunftsbezug im fächerverbindenden Unterricht

Was für den Sachunterricht in der Grundschule selbstverständlich ist, ist in der Sekundarstufe I noch immer eher die Ausnahme – „Lernen im Zusammenhang der Dinge". Die Gegenwarts- und Zukunftsbedeutung eines Themas eröffnet die Möglichkeit, die verschiedenen Fragestellungen, Kategorien und Methoden der verschiedenen Fächer auf ein Thema zu richten, das so von verschiedenen Gesichtspunkten her erschlossen werden kann. Vor allem dann, wenn Lehrerinnen und Lehrer sich auch außerhalb von Projektwochen einmal trauen, sich mit Kolleginnen und Kollegen abzusprechen, in ihrem jeweiligen Fachunterricht das gleiche Thema zu besprechen und damit möglicherweise aus dem chronologischen Trott herauszutreten, bieten sich Chancen für einen guten, fächerverbindenden Unterricht. Es geht dabei nicht um eine diffuse „Integration" von Fächern, sondern um einen Unterricht, bei dem mehrere Fächer nebeneinander auf ihre je spezifische Weise an einem gemeinsam verabredeten Ober-Thema arbeiten. Bereits in den Hessischen Rahmenrichtlinien für Gesellschaftslehre waren Überlegungen zum Gegenwartsbezug ausschlaggebend dafür, dass die Verfasserinnen und Verfasser problematische Konzeptionen „thematischer Längsschnitte" und den herkömmlichen chronologischen Geschichtsunterricht in Frage stellten: „Das Ergebnis dieser Überlegungen lässt sich zusammenfassen in der Feststellung, dass ein Geschichtsunterricht, der sich am Prinzip der Chronologie orientiert oder im Sinne thematischer Längsschnitte angelegt ist, sein Ziel, gegenwartsbezogenes historisches Bewusstsein aufzubauen, nicht erreicht"[1].

1 Rahmenrichtlinien Gesellschaftslehre (Hessen), 1973, zit. nach: Bergmann; Pandel, Geschichte und Zukunft, S. 174 f.

Es ist der Gegenwartsbezug, der es nicht nur ermöglicht, sondern geraten erscheinen lässt, große Themen unserer Zeit in der Form von Projekten oder unterhalb der Ebene von Projekten in Absprachen und Verabredungen fächerverbindend oder zur gleichen Zeit in den verschiedenen Fächern zu besprechen und so ein „Lernen im Zusammenhang der Dinge“ zu ermöglichen. Fast alle der in diesem Buch genannten Beispiele ermöglichen dadurch, dass sie jeweils von Gegenwartsproblemen bzw. der Gegenwärtigkeit von Geschichte in der Gegenwart ausgehen, einen Beitrag des Geschichtsunterrichts in einem fächerübergreifenden Unterricht.

Grundsätzlich eignen sich fast alle bislang erwähnten Beispiele für einen fächerverbindenden Unterricht, da sie von gegenwärtigen und voraussichtlich künftigen Problemen ausgehen, die in Sozialkunde, Geographie, Deutsch, Musik, Biologie, Naturwissenschaften überhaupt oder auch in Religion und Philosophie besprochen werden können.

Beispiel „Asylrecht“

Greifen wir noch einmal das Beispiel „Asylrecht“ auf. Es geht erkennbar um einen Sachverhalt, der zu den wesentlichen Fragen der Gegenwart und in den größeren Zusammenhang der gegenwärtigen Migrationen gehört. Lehrerinnen und Lehrer können miteinander verabreden, dass sie in ihrem Fachunterricht das Thema durchnehmen. Im Fach Sozialkunde kann die politische Diskussion unserer Tage aufgegriffen werden; im Fach Geographie kann über die Herkunft der Asylbewerber und die politischen und wirtschaftlichen Gründe der Flucht oder Vertreibung gesprochen werden; der Religionsunterricht kann das „Kirchenasyl“ in Gegenwart und Vergangenheit thematisieren; im Deutschunterricht können sprachkritische Untersuchungen angestellt werden zu den Begriffen „Asylbewerber“ oder „Asylant“; und im Geschichtsunterricht kann über historische Formen der Bewerbung und Gewährung von Asyl in der Antike und im Christentum gesprochen werden ...

Beispiel
Gentechnik und Präimplantationsdiagnostik (PID)

Forschung an embryonalen Stammzellen ist seit relativ kurzer Zeit ein Thema, das in der Gesellschaft überaus kontrovers diskutiert wird, weil es eine grundlegende ethische Frage berührt. Medizinische Forschung, politische Parteien, Wirtschaftsorganisationen, Juristen, Kulturwissenschaftler und Theologen sind an der Diskussion beteiligt, in der es um grundlegende Fragen menschlichen Lebens und die Zulässigkeit von Verfahren geht, die potentielles menschliches Leben vernichten, möglicherweise aber auch Krankheiten heilen können. Befürworter und Gegner haben wichtige Argumente in dieser Frage, die in den kommenden Jahren und Jahrzehnten eine Rolle spielen wird.

Es ist möglich, das Thema im fächerverbindenden Unterricht aufzugreifen, die aktuelle Diskussion im Sozialkunde-Unterricht, die naturwissenschaftlichen Fragen im Biologie-Unterricht, die ethischen Fragen im Philosophie- und/oder Religionsunterricht zu besprechen und im Geschichtsunterricht eine Unterrichtseinheit über „Gesundheit und Krankheit" durchzuführen[2], über den Sieg über historische Epidemien durch medizinische Forschung, aber auch über Euthanasie und medizinische Versuche in der Zeit des Nationalsozialismus zu sprechen.

Beispiel Sterbehilfe und Sterbebegleitung

Seit in den Niederlanden im Jahre 2001 ein Gesetz Sterbehilfe ermöglicht, ist auch in der Bundesrepublik das Thema aufgekommen. Es ist unschwer vorherzusagen, dass es auch in den kommenden Jahren immer wieder in der öffentlichen Diskussion eine Rolle spielen wird. Es ist ein Thema, das im Sozialkundeunterricht wie im Religions- oder Philosophieunterricht aufgegriffen werden kann. Im Geschichtsunterricht können all die Fragen angesprochen werden, die Christa Nickels in einem Vortrag aufgeworfen hat.

☛ M 29

Ein menschenwürdiges, gutes Leben und ein menschenwürdiges, gutes Sterben gehören zusammen. Und die Möglichkeiten für ein umsorgtes Sterben sind schon vorhanden, betonte die ehemalige Staatssekretärin im Bundesgesundheitsministerium Christa Nickels (Bündnisgrüne) in einem Vortrag für die 3. Mülheimer Hospiztagung. Die Debatte um Sterbehilfe und Sterbebegleitung ist gerade vor dem Hintergrund des neuen Gesetzes in den Niederlanden aufgeflammt, das die bisherige Praxis dort weitgehend festschreibt. Auch in Deutschland gebe es Ausweitungstendenzen, beobachtet Christa Nickels schleichende und nicht immer gezielte

2 Vgl. etwa das Themenheft „Gesundheit und Krankheit". Geschichte lernen 30 (1992).

Bestrebungen, den Lebensprozess von schwer Kranken und Sterbenden zu verkürzen. Wir dokumentieren den Vortrag der Bundestagsabgeordneten im Wortlaut.

Wer sich in der Euthanasiedebatte auf die Geschichte beruft, macht sich schnell unbeliebt. Der Verweis auf sozialdarwinistische Entwürfe zu Zeiten der Weimarer Republik, die dann während der nationalsozialistischen Herrschaft als „Vernichtung lebensunwerten Lebens" in die Praxis umgesetzt wurden, gilt als rückwärtsgewandt, als Hemmschuh für den Fortschritt. Nicht um Fremdbestimmung, sondern gerade um Selbstbestimmung gehe es, wenn moderne Rechtsstaaten wie die Niederlande die aktive Sterbehilfe legalisieren. Diese Form der Euthanasie sei ein Fortschritt hin zur Autonomie des Individuums – bis hinein in die letzte Lebensphase.

Paradoxerweise war es aber ausgerechnet der medizintechnische Fortschritt selbst, der in vielen Menschen die Angst vor einem abhängigen, fremdbestimmten und unwürdigen Sterben verstärkt hat. Erst die Apparatemedizin, die eine nahezu unbegrenzte künstliche Verlängerung des Lebens zu ermöglichen schien, hat die immer lauter werdenden Forderungen nach dem Recht auf einen selbstbestimmten Tod ausgelöst.

Diese beunruhigende Janusköpfigkeit des Fortschritts verhindert jedoch nicht, dass weiterhin in seinem Namen Feldzüge gegen die „ethische Bedenkenträger" geführt werden. Die fragwürdige Entgegensetzung von Moral und Fortschritt ist mindestens so alt wie die Debatte um Euthanasie. Schon der Jurist Karl Binding und der Psychiater Alfred Hoche, deren bereits 1920 erschienene Schrift „Die Freigabe der Vernichtung lebensunwerten Lebens" von der NS-Diktatur als eine entscheidende theoretische Grundlage für ihre Verbrechen genutzt wurde, versicherten ihrer Leserschaft, „nicht der übertriebenen Bedenklichkeit das entscheidende Wort überlassen" zu wollen.

Andere zeitgenössische Euthanasie-Befürworter setzten die bloße „Gefühlsethik" der Gegner einer aufgeklärten „Wissenschaftsethik" entgegen. Die Euthanasiedebatte kann nicht ohne Bezug auf die Geschichte geführt werden – aber nicht deshalb, weil uns die Wiederkehr eines staatlichen Vernichtungsprogramms „unwerten Lebens" drohen würde. Die Geschichte kann uns aber lehren, dass der Fortschritt in der Medizin und Biotechnologie uns nicht etwa vor völlig neue Fragen und Entscheidungssituationen stellt, wie es seine Befürworter so gerne behaupten. Vielmehr zeigt jener Blick in die Geschichte, dass die Debatte von folgenreichen und teils verhängnisvollen Argumenten und Gedankenfiguren begleitet wird, die in jeweils neuem Gewande immer wiederkehren.

(Nickels, Christa, in: FR, 16.7.2001)

6.2 Verabredungen und die Zeitgenossenschaft der Lernenden

Moderner Geschichtsunterricht bindet die Schülerinnen und Schüler in die Planung und Durchführung von Unterricht ein. Sie sollen „ihre Einstellungen und Vorurteile zu einem Thema artikulieren, schon vorhandene Kenntnisse, Erfahrungen und Wünsche bezüglich des anstehenden Themas äußern, Verfahren vorschlagen, wie der Unterricht ablaufen sollte usw.“[3]

Damit ist gleichsam automatisch ein Gegenwartsbezug und Zukunftsbezug gegeben. In den Wünschen und Erwartungen, den Fragen und Akzentsetzungen der Schülerinnen und Schüler drücken sich ja nicht abseitige, abstruse, „typisch kindliche“ Richtungen aus, sondern zeigt sich eine wache Zeitgenossenschaft. Sie greifen auf, was sie in der außerschulischen „Geschichtskultur“ gehört, gelesen, erfahren, was sie auf der Straße aufgeschnappt oder im Fernsehen gesehen haben; sie artikulieren in aller – meinetwegen auch utilitaristischen – Schärfe die Frage „… und was hat das mit mir zu tun?“ – eine Frage, die früher unvorstellbar war, weil die Lehrenden präzeptoral und ohne Recht auf Widerrede durch die Formel „Tua res agitur!“ bestimmten, was nutzte und frommte. Und sie fragen, wenn sie es gelernt haben und ermutigt worden sind, nach historischen Ursachen, Wertvorstellungen und Erfahrungen zu Problemen, die sie „irgendwie“ mitbekommen haben.

Verabredungen oder Absprachen zwischen Lernenden und Lehrenden über Inhalte, Durchführung, Lernverfahren und Ergebnispräsentation sind per se gegenwartsbezogen und zukunftsorientiert: Die Schülerinnen und Schüler lassen sich ihre Fragen, ihre Wünsche und

3 Schneider, Gelungene Einstiege, S. 11.

Erwartungen schon nicht austreiben – und das sind gegenwärtige Fragen, Wünsche und Erwartungen, in denen sich auch ihre Hoffnungen und Ängste gegenüber ihrer Lebensperspektive ausdrücken.

6.3 Gegenwarts- und Zukunftsbezug in Phasen des Unterrichts

In der Phase des Einstiegs in eine Unterrichtseinheit oder in eine Unterrichtsstunde ist es für die Lehrenden am einfachsten, einen für die Lernenden erkennbaren Gegenwarts- und Zukunftsbezug herzustellen, der in der Einheit oder Stunde präsent bleibt.

Sie können von der massenhaften Gegenwärtigkeit von Vergangenem und Geschichte in den alltäglichen Lebenszusammenhängen ausgehen, dabei unterschiedliche und vielfältigste Bezüge herstellen und sehr unterschiedliche Unterrichtsvorhaben mit den Schülerinnen und Schülern verabreden. Sie können, wenn sie einen „Geschichtsschrank" (s. S. 126 f.) angelegt haben, nachschauen lassen, was sich im Geschichtsschrank zu einer Epoche angesammelt hat und an den Materialien Fragestellungen entwickeln lassen. Sie können fast täglich „Aufhänger" zu Schlüsselproblemen in der Presse finden, die ohne Krampf zu historischen Fragen überleiten können.[4]

Bei einem Brainstorming oder einem Mindmapping sprechen die Lernenden ihre gegenwärtigen Kenntnisse, Fragen, Erwartungen aus – und die Lehrenden sollten sie ernst nehmen als Zeugnisse der Zeitgenossenschaft. So verworren, klischeehaft, unrichtig, fragmentarisch die Kenntnisse und Urteile auch sein mögen, so spiegeln sie doch Wahrnehmungen, die gerade wegen ihrer Unzulänglichkeit aufgegriffen werden müssen. Gelegentlich können Lehrende auch direkt, engagiert und pädagogisch widersprechen, um den Widerspruch und die konträren Auffassungen zur Leitfrage des Unterrichts zu machen.

In der Einstiegsphase können Schülerinnen und Schüler auch aufgefordert werden, zu einem Thema Materialien mitzubringen, die sie sich rasch beschaffen können: Internet-Materialien, Reiseprospekte, Imagewerbung von Städten oder Werbeanzeigen; Schülerinnen und

4 Im Blick auf die Beispiele dieses Buches zeigt sich, dass ich durch gelegentliches, gezieltes Suchen in Zeitungen aus einem sehr eng begrenzten Zeitraum eine Fülle von Material für mögliche Einstiege und für die Entwicklung von „historischen Fragen" gefunden habe.

Schüler können außerhalb der Schule X-beliebige Passanten zu einem Thema befragen, etwa: was sie darüber in der Schule gehört haben, ob sie das Thema für wichtig halten und warum sie es als wichtig oder unwichtig einschätzen. Die Lehrenden können Pressenotizen und Presseberichte in den Unterricht eingeben, die von der Gegenwärtigkeit des Themas zeugen. Das bietet sich nicht nur bei zeitgeschichtlichen Themen an, sondern auch bei Gedenktagen und Gedenkjahren. (Jede Lehrerin und jeder Lehrer sollten solche und andere Presseveröffentlichungen – z.B. auch Werbeanzeigen mit geschichtlichen Bezügen – ständig sammeln, in Mappen o.ä. chronologisch sortieren, um sie bei Gelegenheit im Unterricht als Ausgangsmaterial präsentieren zu können!). Öffentliche Debatten über unterschiedliche Deutungen historischer Sachverhalte (Goldhagen-Kontroverse, Bubis-Walser-Kontroverse, lokaler Streit um Denkmäler, Straßennamen, Errichtung von Gedenktafeln usw.) eignen sich, um die Gegenwärtigkeit des Themas aufzuzeigen, sich mit dem Thema zu beschäftigen und mit Sachkenntnis in die Debatte – etwa durch Leserbriefe – einzumischen. Aktuelle Konflikte lassen sich als Ausdrucksformen Großer Fragen thematisieren: Der Bürgerkrieg im ehemaligen Jugoslawien kann die Frage nach historischen Hintergründen aufwerfen. Der gleiche Bürgerkrieg, der durch Macht, Nationalismus und Religion bestimmt wird, kann zu Rückfragen an die Geschichte führen und den Dreißigjährigen Krieg und den Westfälischen Frieden als Unterrichtsthema begründen.

In der Regel reichen solche Materialien, um das Bedürfnis nach gegenwärtiger und künftiger Bedeutsamkeit des Themas zu befriedigen.

In der Phase, in der Schülerinnen und Schüler sich einen Sachverhalt erarbeiten – in welcher Form auch immer, ob in Gruppen oder im Klassenverband, selbständig oder unter Führung durch Lehrerin oder Lehrer – können die Lehrenden die Versuche von Schülerinnen und Schülern, einen Sachverhalt zur Gegenwart oder Zukunft in Verbindung zu setzen, an sprachlichen Merkmalen beobachten. Mayer und Pandel haben auf solche sprachlichen Indices hingewiesen, in denen sich Gegenwarts- und Zukunftsbezug ausdrücken.[5]

5 Vgl. Mayer; Pandel, Kategorien, S. 117 f.

Beispiel
Sprachliche Ausdrucksformen von Gegenwarts- und Zukunftsbezügen

Wenn Schülerinnen oder Schüler sprachliche Wendungen benutzen wie

- „heute aber ...",
- „das ist heute ähnlich",
- „das ist heute anders",
- „jetzt",
- „in unserer Zeit",
- „früher", „damals",
- „das ist immer noch so",
- „das ist noch nicht ...",

sind Gegenwarts- und Zukunftsbezüge im Spiel.

Diese sprachlich erkennbaren Gegenwarts- und Zukunftsbezüge können von einem fachdidaktisch kompetenten Lehrer vertieft werden: Er kann sie als Ausdrucksformen von Gegenwarts- und Zukunftsbezügen erkennen und gezielt auf sie eingehen. Jedes Aufmerksamwerden auf Andersartigkeiten in der Vergangenheit, das sich in sprachlichen Wendungen wie „damals ...", „früher ..." usw. äußert, zeigt einen Bezug, den die Schülerinnen und Schüler herstellen.

Selbstverständlich können die Fragen nach der Gegenwärtigkeit oder Zukunftsbedeutung eines historischen Sachverhalts auch direkt von den Lehrenden angesprochen werden – und zwar in jeder Phase einer Stunde oder Einheit. Lehrerinnen und Lehrer können selber die Frage aufwerfen – und sie tun gut daran –, was denn das historische Thema für heute bedeutet.

Für die Präsentation der Arbeitsergebnisse können und sollten die Schülerinnen und Schüler angehalten werden, die Gegenwarts- und Zukunftsbedeutung des Themas in jedem Fall ausdrücklich herauszustellen. Im modernen Geschichtsunterricht endet eine Unterrichtseinheit häufig mit Präsentationen der Lernergebnisse für eine schulinterne oder darüber hinausgehende Öffentlichkeit – etwa in der Form von selber hergestellten „Büchern", Collagen, Plakaten, Revuen, selber verfassten Hörspielen usw. Bei den Verabredungen über solche Präsentationen können und sollten die Schülerinnen und Schüler darauf aufmerksam gemacht werden, nach direkten oder indirekten Bezügen zu Gegenwart und Zukunft zu suchen und diese Bezüge in die Präsentation deutlich einzubauen.

6.4 Gegenwartsbestimmte Urteilsbildung

Bei vielen historischen Themen bringen Schülerinnen und Schüler einen Gegenwartsbezug ganz eigener Art ein: Sie urteilen über die Menschen der Vergangenheit, indem sie von gegenwärtigen Normen und Normalitäten ausgehen. Sie beurteilen die historischen Menschen gelegentlich als „Deppen" der Geschichte, die sich ziemlich dumm verhalten haben, oder allenfalls nachsichtig als Menschen, die das Pech der frühen Geburt hatten. Wer je erlebt hat, wie Kinder und Jugendliche Film- oder Hörsequenzen von Hitler-Reden aufgenommen haben, wird bestätigen können, wie unverständlich, unbegreifbar ihnen ist, dass die Reden viele Menschen in eine politische Hysterie versetzt haben. Sie finden es absonderlich und *verurteilen* aus ihrem Gegenwartswissen heraus, was sie zunächst einmal *beurteilen,* nachvollziehen und aus der Zeit heraus „verstehen" müssten. Aber gerade diese Neigung ermöglicht den „fruchtbaren Moment im Bildungsprozess". Sie nötigt zum Innehalten und erfordert einen didaktisch ertragreichen Vorgang, den man bezeichnen kann als „Übergang vom Reflex zur Reflexion". Der Weg geht vom Reflex über das konstatierende Urteil („Das und das war der Fall") zum deutenden Urteil („die beteiligten Menschen haben sich in ihrer Situation so verhalten, weil …") und von da zum wertenden Urteil („was für damals verstehbar und nachvollziehbar ist – wenn auch ‚falsch' war –, ist in unserer Zeit verwerflich"). Das wertende Urteil, das am Ende des Denkvorgangs steht, ist dabei das Herstellen eines Gegenwartsbezuges. Dieser Denkvorgang ist in sich „bildend" und er zeigt darüber hinaus, dass (und möglichst auch: warum) die Diskrepanz zwischen Gegenwart und Vergangenheit nicht nur das Vergangene in Frage stellt, sondern das Gegenwärtige auch relativiert.

Beispiel
Vom Reflex zur Reflexion

„Gott will es" war der Leitspruch der unheiligen Kreuzzüge im Heiligen Land gegen die „Ungläubigen". „Gott will es" – und Ströme von Blut sind geflossen in Gottes und in Christi Namen. In einem idealtypisch konstruierten Beispiel kann es zu folgendem Verlauf kommen, nachdem Quellen aus christlicher und muslimischer Sicht über die schrecklichen Vorgänge den Unterricht eröffnet haben:

1. Äußerungen des Abscheus, des Unverständnisses, der Verurteilung eines unchristlichen und inhumanen Verhaltens (Reflex, spontane Stellungnahme);

2. Innehalten und herausfinden, „was tatsächlich der Fall war“ (Konstatierendes Urteil);
3. Überlegungen über die Ursachen, Gründe und die Fraglosigkeit des Verhaltens (Deutendes Urteil);
4. Überlegungen unter Normen der Gegenwart (Menschenrechte): Sind heute noch „Kreuzzüge“ denkbar, etwa zur Durchsetzung von Menschenrechten oder zur Verhinderung nationalistischer Exzesse? Dürften und dürfen heute noch Kreuzzüge sein? (Wertendes Urteil).

☛ M 30: Kreuzzüge – Mit dem Kreuz gegen Allah

Unter dem Kreuzeszeichen und mit dem Schlachtruf „Deus le volt“ (Gott will es) forderte Papst Urban II. 1095/96 zum „heiligen Krieg“ gegen die Muslime auf. Führte der erste Kreuzzug 1099 noch zur vorübergehenden „Befreiung“ Jerusalems, scheiterte der zweite (1147 bis 1149) bereits kläglich. Im vierten Kreuzzug wurde Konstantinopel blutig erobert, nach dem achten (1270) gingen sämtliche eroberten Besitzungen der Kreuzfahrer verloren. Die letzte christliche Bastion, die Festung Akkon, fiel 1291. In den Kreuzzügen kamen über fünf Millionen Menschen um: durch Schwert, Hunger, Krankheit, Erschöpfung. Neben den Glaubenskriegen gegen Muslime gab es Kreuzzüge gegen Normannen (1135), Wenden (1144 bis 1148), Albigenser (1209 bis 1229), Serben (1227,1234) und die Stedinger Bauern (1234).
(Der Spiegel 17 [2000], S. 113)

Abb. 22: Eroberung Jerusalems (Der Spiegel 17 [2000], S. 113; Foto: Sipa Press)

6.5 Gegenwarts- und Zukunftsbezogenheit als Thema historischen Lernens

Es spräche nicht für die Modernität eines Geschichtsunterrichts, wenn die Schülerinnen und Schüler in ihm nicht immer wieder lernten, dass es „die" Geschichte, die eine Geschichte nicht gibt. Sie müssen vielmehr lernen, dass Geschichte immer gegenwarts- und zukunftsbezogene, zeitabhängige deutende Rekonstruktion vergangenen menschlichen Handelns, Denkens und Leidens ist. Ist diese geschichtstheoretische Erkenntnis nicht zu schwer für Kinder und Jugendliche?

Viele Beispiele in diesem Buch verweisen darauf, dass Vergangenes in der Öffentlichkeit und in der Fachöffentlichkeit unterschiedlich gesehen und gedeutet wird („Kontroversität"). An diesen Beispielen kann erarbeitet werden, dass es „die eine Geschichte" nicht gibt. Didaktisch notwendig ist diese Erkenntnis, weil es ein verbreitetes Klischee ist, die Geschichtswissenschaft wolle und könne zeigen, „wie es eigentlich gewesen" (Ranke). Die Vorstellung, die Geschichtswissenschaft könne durch die Zusammenstellung von zweifelsfrei erhobenen Tatsachen in ihren Darstellungen Vergangenes „richtig" und „objektiv" einfangen, ist bei Schülerinnen und Schülern und noch bei Studierenden weit verbreitet. Bodo von Borries verweist nach seinen empirischen Erkundungen auf die „Tatsache, dass gerade ‚Demnächst-Abiturienten' Geschichte (...) in besonderem Maße als bloße ‚Faktensammlung' missverstehen und ‚Dokumente' verabsolutieren. Dass Historie notwendig Konstruktion, Deutungsgeschäft und Sinnbildung einschließt, ist ihnen dagegen wenig vertraut."[6] Es ist – aus Erfahrung – auch unverkennbar, dass sie Schwierigkeiten haben, Geschichte als gegenwarts- und zukunftsbezogene Deutung zu verstehen, die in der Zukunft durch neue Deutungen erweitert wird. Sie lösen sich nur schwer von der Vorstellung, Vergangenes werde von der Geschichtswissenschaft ein für alle Mal inventarisiert und darin erschöpfe sich die Historie. Dass die immer wieder hin- und hergewendeten Quellen bei neuen Fragen immer neue Antworten und die zweifelsfrei ermittelten Fakten bei neuen, gegenwärtigen Fragen immer neue Sinnbildungen ermöglichen, ist ihnen in der Regel fremd und macht ihnen die Geschichte als Wissenschaft suspekt. Umso wichtiger ist es, sie erkennen und erfahren zu lassen, dass gerade darin der „Bildungswert" der Geschichte besteht: Vergangenes immer wieder neu auf die Gegenwart zu beziehen, Vergangenes in seinen Anregungspotentia-

6 Borries, Geschichte in der gymnasialen Oberstufe, S. 6.

len zu sehen und Geschichte als Schatzhaus menschlicher Erfahrungen zu begreifen.

Manche Lehrerinnen und Lehrer versuchen von Zeit zu Zeit ein methodisches Verfahren, das für den Wissenserwerb so ergiebig ist wie für die geschichtstheoretische Erkenntnis, dass Geschichte immer „zeitgenössische Geschichte“ (Benedetto Croce) ist. Sie geben Textauszüge oder Schaubilder aus Schulbüchern in den Unterricht, die aus unterschiedlichen Zeiten oder aus unterschiedlichen Gesellschaften stammen. An den Texten und Schaubildern kann gelernt werden, dass zu unterschiedlichen Zeiten unterschiedliche Schwerpunkte gesetzt werden, die Aufmerksamkeit auf andere Aspekte gerichtet und damit Geschichte anders dargestellt, „erzählt“ wird.

Beispiel
Die attische Demokratie – Textauszüge aus Schulbüchern

Lange Zeit ist die attische Demokratie in den Schulbüchern als „Volks-Herrschaft“ dargestellt worden, ohne dass den Schülerinnen und Schülern erkennbar war, dass der Begriff „Volk“ die Gruppen der Sklaven, der Frauen und der Metöken (Zugereiste, „Gastarbeiter“) ausschloss. In einem Text aus dem Jahre 1948 heißt es etwa: „Zu stark lebte in ihnen allen das Streben nach Freiheit; es war viel stärker als das bloße Verlangen nach Verdienst und gutem Leben. Jetzt stellten die Athener jedoch nicht einfach die solonische Verfassung wieder her, sondern bauten ihren Staat im demokratischen Sinne weiter aus. Die Bevorzugung der Reichen wurde beseitigt, alle politische Macht lag jetzt in der Hand des Volkes. Nur eine Beschränkung blieb noch bestehen: die ärmsten Bürger konnten immer noch nicht zum höchsten Amt gewählt werden“. In einem Text aus dem Jahr 1966 wird differenziert: „An der politischen Gemeinschaft des Demos hatten Sklaven und zugewanderte Fremde keinen Anteil. Sie waren politisch rechtlos. Aber auch nur der Teil der Vollbürger (Freien) vermochte sich ungestört den Staatsgeschäften zu widmen, der alle materiellen Sorgen auf Sklaven und freie Arbeiter abwälzen konnte, denn die Staatsämter wurden ehrenamtlich geführt. Unter Perikles wurden dieser Missstand und die timokratischen Unterschiede beseitigt.“ Erst in einem Schulbuch von 1980 wird auf den Ausschluss von Metöken, Sklaven und Frauen deutlich aufmerksam gemacht. Das Durcharbeiten der Texte ergibt unterschiedliche Informationen und wirft Fragen auf: Wie kommt es, dass Frauen, Sklaven und Metöken zunächst überhaupt nicht erwähnt werden? Wie ist zu erklären, dass Frauen erst in den

1980er Jahren genannt werden? Eines der Ergebnisse bei diesen und anderen möglichen Fragen ist die Erkenntnis, dass zeitgleich mit dem Aufkommen der feministischen Bewegung der Ausschluss von Frauen aus der attischen Demokratie thematisiert wird …

Beispiel
Frauen in der Französischen Revolution

Jeder diachrone Schulbuchvergleich zeigt, dass die Rolle der Frauen in der Französischen Revolution vor den 1980er Jahren nur ganz marginal dargestellt wird. Allenfalls wird der Zug Pariser Frauen im Oktober 1789 nach Versailles erwähnt. Erst seit den 1980er Jahren wird verstärkt auf die Frauen in der Französischen Revolution, auf Frauenclubs, Frauenforderungen, Frauenschicksale eingegangen. In kaum einem Buch fehlt gegenwärtig ein mehr oder weniger ausführlicher Hinweis auf Olympe de Gouges, die Verfasserin der „Erklärung der Rechte der Frau und Bürgerin" von 1791, die unter der Guillotine endete.

Auch bei synchronen Schulbuchvergleichen lassen sich unterschiedliche Gewichtungen herausarbeiten und Fragen entwickeln.

Beispiel
Der Gesellschaftsaufbau des Kaiserreichs in Schaubildern (vgl. Abb. 23-25, S. 174 f.)

Es handelt sich um drei Schaubilder zum Gesellschaftsaufbau im Kaiserreich, die sich deutlich voneinander unterscheiden. Sie machen die Standortgebundenheit und die unterschiedlichen Deutungen der Autoren sichtbar (vor allem in Sprache und Anführungszeichen).

Beispiel
Vergleich der Inhaltsverzeichnisse von Schulbüchern

Der Vergleich der Inhaltsverzeichnisse von Schulbüchern zur Geschichte des Nationalsozialismus zeigt im diachronen wie im synchronen Vergleich deutliche Unterschiede (Unterschiedliche Gewichtung von Innenpolitik gegenüber Außenpolitik und Kriegsdarstellung, fehlende Berücksichtigung bzw. Berücksichtigung von Alltagsgeschichte/Frauengeschichte, Betonung der Terrorherrschaft bzw. Betonung der Zustimmung und Zustimmungsbereitschaft, unterschiedliche Periodisierungen).

Der Aufbau der Gesellschaft um 1900
(Nach L. Helbig, Politik im Aufriß, Bd. 1, S. 282)

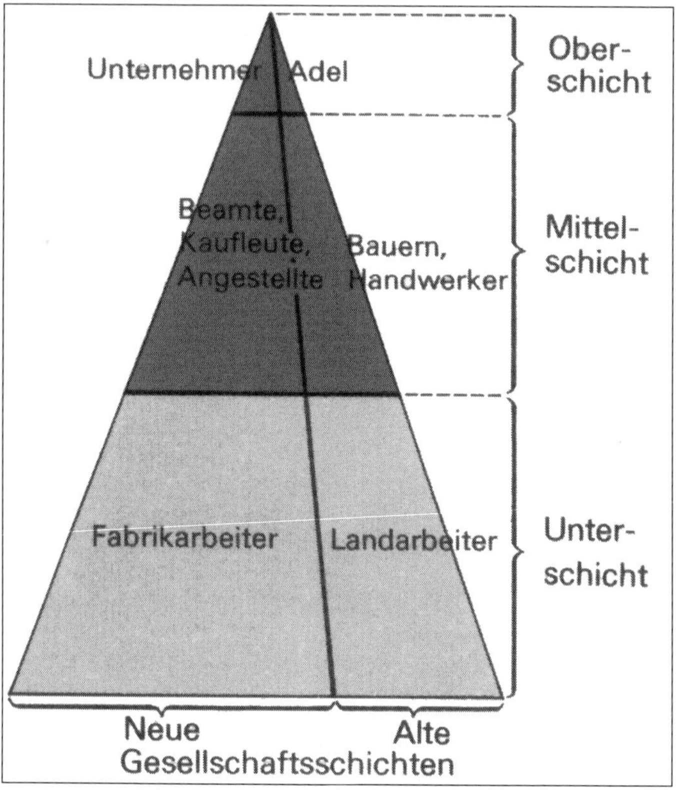

Abb. 23: Geschichtliche Weltkunde, Bd. 3: Von der Zeit des Imperialismus bis zur Gegenwart, 3. erg. Aufl., Frankfurt/M.–Berlin–München 1985, S. 3

In der Sekundarstufe II sollte es eine Unterrichtseinheit geben, in der die Gegenwarts- und Zukunftsbezogenheit von Geschichte eigens thematisiert wird. Geeignet sind dazu verständlich geschriebene geschichtstheoretische Texte in Verbindung mit Beispielen aus geschichtswissenschaftlichen Veröffentlichungen. Jede der gut dokumentierten Kontroversen, die es in den letzten Jahren und Jahrzehnten unter Historikern gegeben hat – vor allem die „Fischer-Kontroverse", der „Historikerstreit", die „Goldhagen-Kontroverse" oder die Kontroverse über die Ausstellung „Verbrechen der Wehrmacht" kann zur Er-

Die Klassengesellschaft des 19. Jahrhunderts

(Nach verschiedenen Quellen)

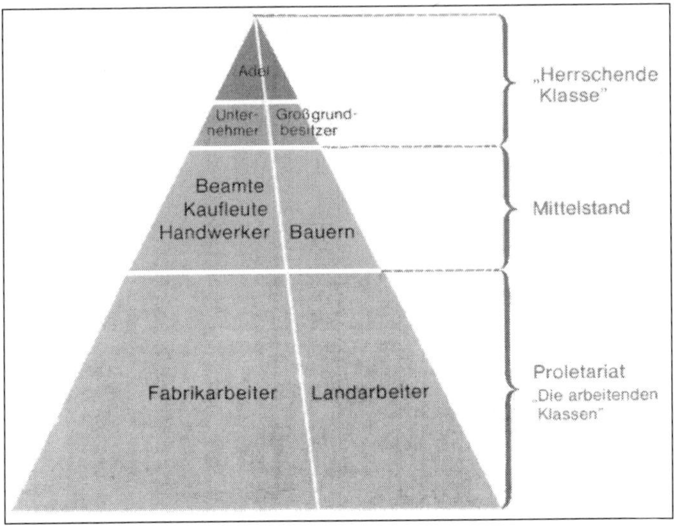

Abb. 24: Ludwig Helbig, Politik im Aufriss, Bd. 1, 3. Aufl., Frankfurt/M. 1975, S. 282

Die Klassenstruktur in Deutschland gegen Ende des 19. Jahrhunderts

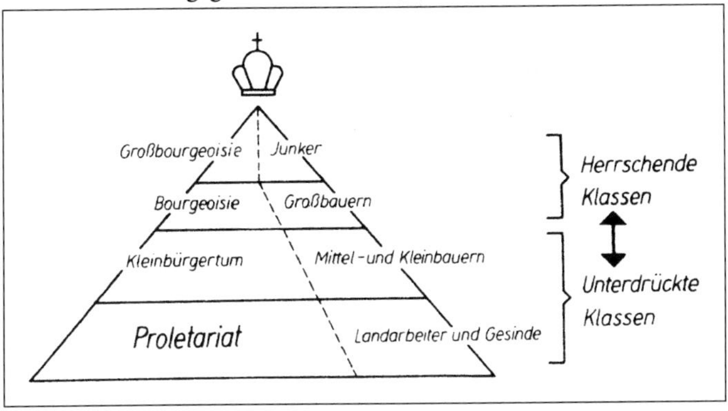

Abb. 25: Florian Osburg, Tafelbilder im Geschichtsunterricht, 2. Aufl., Ausgabe 1973, Berlin (Ost) 1975, S. 110

kenntnis führen, dass Geschichte eine gegenwartsbezogene Deutung vergangenen Geschehens ist. Begleitet ist dies immer von Verweisen auf eine falsche Vorstellung von Objektivität.

☛ M 31: Beispiel Geschichtstheoretische Texte

Leopold von Ranke
Man hat der Historie das Amt, die Vergangenheit zu richten, die Mitwelt zum Nutzen zukünftiger Jahre zu belehren, beigemessen: so hoher Ämter unterwindet sich gegenwärtiger Versuch nicht: er will bloß zeigen, wie es eigentlich gewesen.
(Ranke, Leopold von, Geschichte der romanischen und germanischen Völker von 1494-1514 (1824), Sämtliche Werke, Bd. 33/34, Leipzig 1874, hier: Vorrede der ersten Ausgabe, S. VII)

Johann Gustav Droysen, die Ansichten seines Kollegen Wachsmut über die Tätigkeit des Historikers kritisierend:
Wachsmut (…) erhebt sich zu dem Ausdruck: „entwunden allen Banden der Nationalität, allen Lockungen und Ansichten der Partei, des Standes, aller Befangenheit durch Glauben, frei von Vorurteilen und von Affekten, außer dem für Wahrheit und Tugend, sine ira et studio bildet er ein Werk für die Ewigkeit. Ich danke für diese Art eunuchischer Objektivität. Ich will nicht mehr, aber auch nicht weniger zu haben scheinen, als die relative Wahrheit meines Standpunktes, wie ihn mein Vaterland, meine politische, meine religiöse Überzeugung, mein ernstliches Studium mir zu erreichen gewährt hat. Das ist bei weitem nicht in dem Sinn jenes Werkes für die Ewigkeit, sondern in aller Weise einseitig und beschränkt. Aber man muss den Mut haben, diese Beschränkung zu bekennen, und sich damit trösten, dass das Beschränkte und Besondere reicher und mehr ist als das Allgemeine und Allgemeinste. Damit ist für uns die Frage der Objektivität, der Unparteilichkeit, des vielgepriesenen Standpunkts außer und über den Dingen abgetan. Natürlich nicht von meiner subjektiven Willkür, von meiner kleinen und kleinlichen Persönlichkeit aus werde ich die großen Aufgaben der historischen Darstellung lösen wollen. Indem ich von dem Standpunkt, von dem Gedanken meines Volkes und Staates, meiner Religion aus die Vergangenheiten betrachte, stehe ich hoch über meinem eigenen Ich. Ich denke gleichsam aus einem höheren Ich, in welchem die Schlacken meiner eigenen kleinen Person hinweggeschmolzen sind.
(Droysen, Johann Gustav, Historik. Vorlesungen über Enzyklopädie und Methodologie der Geschichte, hrsg. v. Rudolf Hübner, München 1960, S. 287)

Benedetto Croce

Das praktische Bedürfnis, auf das sich jedes geschichtliche Urteil gründet, verleiht der Geschichte die Eigenschaft, „zeitgenössische Geschichte" zu sein, weil sie in Wirklichkeit – wie fern auch chronologisch die Tatsachen in der tiefsten Vergangenheit ruhen mögen – immer auf ein gegenwärtiges Bedürfnis, eine gegenwärtige Lage bezogen ist (...).
(Croce, Benedetto, Die Geschichte als Gedanke und als Tat (1938), Bern 1944, S. 41)

I.S. Kon

Wenn die heutigen Historiker die Natur des Geschichtswissens untersuchen, kommen sie allmählich, ob sie dies wollen oder nicht, zu der Folgerung, dass dieses, wie alles andere Wissen durch die Gegenwart bestimmt wird. Der Historiker lebt in der Gegenwart, und seine Interessen als Forscher werden letzten Endes durch die Bedürfnisse dieser Gegenwart als der einzigen Realität bestimmt, von der er ausgehen kann. Die Gegenwart determiniert das geschichtliche Bewusstsein vor allem in der Hinsicht, dass sie dem Historiker gerade jene Fragen über die Vergangenheit stellt, die im gegenwärtigen Zeitpunkt am wichtigsten sind. Hierbei handelt es sich natürlich nicht um die konkreten Themen von Spezialforschungen, sondern um die allgemeine Richtung des Geschichtsdenkens (...).
Daraus, dass der Historiker bei der Erforschung der Vergangenheit von den Bedürfnissen der Gegenwart ausgeht, braucht aber keineswegs zu folgen, dass er auf die Vergangenheit die charakteristischen Züge der Gegenwart überträgt, noch weniger, dass alle seine Schlüsse subjektiven Charakter tragen. Die Gegenwart stellt dem Historiker lediglich eine Frage. Die Antwort auf diese Frage gibt die Erforschung der Vergangenheit.
(Kon, I.S., Die Geschichtsphilosophie des 20. Jahrhunderts. Kritischer Abriss, Bd. 2, Berlin 1964, S. 100 f. u. 118 f.)

Karl-Ernst Jeismann

„Geschichte" tritt uns entgegen als ein auf Überreste und Tradition gestützter Vorstellungskomplex von Vergangenheit, der durch das gegenwärtige Selbstverständnis und durch Zukunftserwartungen strukturiert und gedeutet wird. Nur in dieser Form haben wir Geschichte in unserer Vorstellung; sie ist eben nicht die reale Vergangenheit selbst oder ihr Abbild, sondern ein Bewusstseinskonstrukt, das von einfachen Slogans bis zu elaborierten, mit wissenschaftlichen Methoden gestützten Rekonstruktionen reicht. Wir „haben" Geschichte in der Form solcher Vorstellungen, die Auslegung von Auslegungen sind – Auslegungen, die bereits konstitutiv in den Quellen stecken und nicht etwa nur Unvollkommenheiten späterer Erkenntnis sind. „Geschichte' erfassen wir nicht – das wird in Öffentlichkeit und Unterricht, außerhalb der professionellen Zirkel, meist nicht bedacht – als eine „richtige" Widerspiegelung von Vergangenheit, sondern als eine immer auch von gegenwärtigen Erfahrungen und Wertungen, von zukünftigen Perspektiven mitbestimmte Deutung – eine Deutung allerdings, mit der sich Ansprüche, Verpflichtungen, Appelle an unser Fühlen, Urteilen und Verhalten aufs engste verbinden.

Der Begriff „Geschichtsbewusstsein" bezeichnet in einer noch unspezifizierten Form zunächst nur diese Art, wie uns Geschichte in unendlich vielen Variationen entgegentritt, wie sie auch dem Schüler in seinem späteren Leben entgegentreten wird. Wir müssen also davon ausgehen, dass er in der Gegenwart und in der Zukunft mit einer Vielzahl konkurrierender Geschichtsdeutungen enger oder weiterer Art konfrontiert wird – Deutungen, die mit Ansprüchen an ihn verbunden sind: sei es mit tiefgreifenden Identifikationsforderungen oder mit kurzfristigen Legitimationsbehauptungen. Sie treten in der Regel mit der Geste auf, bewiesene Wahrheiten zu verkünden. Die Frage an den Geschichtsunterricht ist, ob er die Schüler in hinreichendem Maße fähig macht, mit solchen gegenwärtigen und künftigen, mit historischer Autorität daherkommenden Ansprüchen auf eine vernünftige, d.h. eigenes Urteil ermöglichende Weise umzugehen. Das wird wohl kaum der Fall sein, wenn das im Geschichtsunterricht durch Richtlinien, Medien, Lehrer vermittelte Geschichtsverständnis sich strukturell von solchen Geschichtsbeschwörungen nicht unterscheidet, die überall in der Gesellschaft produziert werden. Es ist nicht schwer nachzuweisen, dass auch in den trockensten, sich objektiv gebenden Lehrbüchern zur Geschichte – von Lehrplänen ganz zu schweigen – sich durch gegenwärtige Perspektiven, Wertpräferenzen, politische Erziehungsabsichten geprägte Vorstellungskomplexe von Geschichte präsentieren, die sich selbst aber als Reproduktion historischer Wahrheit missverstehen. Ein davon gesteuerter Geschichtsunterricht macht blind für das eigentümliche Verhältnis von Vergangenheitsdeutung und Gegenwartsorientierung, fixiert entweder auf eine einmal in der Schule gelernte, oft noch viel älteren Vorstellungen verpflichtete Geschichtsauffassung und das heißt, er mumifiziert die Geschichte im Bewusstsein der Menschen; oder er legt Grund zu einer Denkfigur, mit der Geschichte, mit welcher Wertung auch immer, als Bestätigung der Gegenwart aufgefasst wird.

(Jeismann, Karl-Ernst, „Geschichtsbewusstsein" als zentrale Kategorie der Didaktik des Geschichtsunterrichts, in: Niemetz, Gerold (Hrsg.), Aktuelle Probleme der Geschichtsdidaktik, Stuttgart 1990, S. 49 f.)

Ute Daniel

In engem Zusammenhang nmit diesem veränderten Selbstverständnis sollte die Sozialgeschichte der kommenden Jahre sich sehr viel stärker als bisher mit etwas auseinandersetzen, für das wir typischerweise angesichts der derzeit gängigen postmodernen Xbeliebigkeit nur ausgesprochen altfränkisch anmutende Begriffe haben: Ich meine ihren Bildungsauftrag oder, wie das in der Zeit der Studentenbewegung hieß, ihre gesellschaftliche Relevanz. Historische Bildung wird stillschweigend gleichgesetzt mit der unentwegten Bereitstellung wissenschaftlich erarbeiteter Fakten und Analyse bzw. mit deren Konsumtion durch das mehr oder weniger interessierte Publikum. Gerade aber die Erfahrung der Alltag- und Frauengeschichte zeigen sehr deutlich, dass historische Bildung auch eine ganz andere Funktion haben kann und, wie ich finde haben sollte: nämlich die, durch die Beschäftigung mit vergangenen Lebenssituationen und Lebensentwürfen die eigenen Befindlichkeiten und Selbstentwürfe besser herauskristallisieren und formulieren zu können.

(Daniel, Ute, Quo vadis, Sozialgeschichte? Kleines Plädoyer für eine hermeneutische Wende, in: Schulze, Winfried (Hrsg.), Sozialgeschichte, Alltagsgeschichte, Mikro-Historie: Eine Diskussion, Göttingen 1994, S. 60)

Klaus Bergmann

Geschichte ist also nicht einfach gegeben, sondern Geschichte entsteht erst und wird erst „gemacht“, wenn und indem ein Bedeutungszusammenhang zwischen Gegenwart und Vergangenheit hergestellt wird. An sich ist die aus Zeugnissen erkennbare Vergangenheit ein Ensemble nichtssagender Daten, die voreinander und untereinander beziehungslos und sinnlos sind. Für uns gewinnen sie erst Bedeutung und Sinn, wenn wir – notwendigerweise aus unserer Gegenwart – Fragen an sie richten. Erst in der durch die Frage ausgelösten Hinsicht können die gegebenen Daten untereinander in Beziehung gesetzt und sinnhaft narrativ miteinander verbunden werden. Diesen Bedeutungszusammenhang zwischen Gegenwart und Vergangenheit, den wir „Geschichte“ nennen, versuchen Menschen herzustellen, weil sie an der Lösung praktischer Probleme in ihrer Gegenwart interessiert sind und sich von der Erinnerung Informationen oder Orientierungen erhoffen, die für die Lösung der gegenwärtigen Probleme hilfreich sein können. (...) Die aus Zeugnissen erkennbare Vergangenheit wird also aus praktischen Interessen aus den wechselnden Problemlagen der sich unablässig in die Zukunft absetzenden Gegenwart immer neu befragt. Geschichte als fortgesetzter Versuch, vergangenes menschliches Handeln und Leiden für uns zu erfassen, entsteht also überhaupt erst, wenn ein gegenwärtiges Interesse und Bedürfnis an Orientierung und Information vor-

liegt, das auf eine an erfolgversprechende Regeln gebundene Erinnerung drängt: Geschichte ist eine Denkbewegung, die notwendigerweise in der Gegenwart ansetzt und sich mit vergangenem menschlichem Handeln und Leiden auseinandersetzt, um in Gegenwart und Zukunft ein vernunftgeleitetes Handeln zu ermöglichen. (...) Gegenwartsbezogenheit meint immer zugleich Zukunftsbezogenheit, insofern die allererst „Geschichte machende" Erinnerung darauf gerichtet ist, in der Zukunft sinnvoll zu handeln und die Zukunft sinnvoll zu gestalten.
(Bergmann, Klaus, Gegenwarts- und Zukunftsbezogenheit historischen und geschichtsdidaktischen Denkens, in: Schörken, Rolf (Hrsg.), Der Gegenwartsbezug der Geschichte, Stuttgart 1981, S. 39 ff.)

7. Ein Resümee

Wenn wir die vielfältigen Möglichkeiten von Gegenwarts- und Zukunftsbezügen und die in der Gegenwart vorhandenen Vergangenheitsbezüge stärker als bisher für Historisches Lernen nutzen, haben wir größere Chancen, die Erinnerungsfähigkeit und das Geschichtsbewusstsein von Mädchen und Jungen zu fördern, als wenn wir sie mit „Stoffen“ traktieren, die ihnen nach allen empirischen Untersuchungen offenbar fremd bleiben. Am wichtigsten ist aus didaktischer Sicht, dass die Kinder und Jugendlichen lernen:

- In der Gegenwart gibt es viele materielle und viele mentale Überbleibsel der Vergangenheit in der Form von Errungenschaften und Hypotheken.
- In der Gegenwart wird an vielen Orten und bei vielen Gelegenheiten Bezug auf Geschichte genommen und man kann im Geschichtsunterricht lernen damit umzugehen.
- Nichts in der Gegenwart ist voll begreifbar, wenn man nicht die historischen Ursachen und damit die Vorgeschichte kennt.
- Es ist sinnvoll, sich die Ideen und Erfahrungen früherer Menschen zu vergegenwärtigen, um daran mögliche Orientierungen für Entscheidungen in der Gegenwart und näheren Zukunft zu entwickeln.
- Es ist ratsam, immer wieder „historische Fragen“ nach Ursachen, früheren Ideen und Erfahrungen zu stellen.
- Es ist sinnvoll, Verfahren historischer Erinnerung zu beherrschen, wenn man eine gegenwärtige und künftige Frage klären und vielseitig beantworten will.
- Es ist ratsam, gegenüber dem öffentlichen Gebrauch von Geschichte wachsam zu sein, weil mit Geschichte auch viel Schindluder getrieben wird.
- „Geschichte“ ist keine Widerspiegelung der Vergangenheit, sondern immer neu versuchte Deutung von Vergangenem unter dem Einfluss von Problemen der Gegenwart und der erwarteten Zukunft.

Literaturverzeichnis

Alavi, Bettina; Borries, Bodo von, Geschichte, in: Reich, Hans H.; Holzbrecher, Alfred; Roth, Hans Joachim (Hrsg.), Fachdidaktik interkulturell. Ein Handbuch, Opladen 2000

Bach, Wolfgang, Geschichte als politisches Argument. Eine Untersuchung an ausgewählten Debatten des Deutschen Bundestages, Stuttgart 1977

Bales, Kevin, Die neue Sklaverei, München 2001

Benjamin, Walter, Geschichtsphilosophische Thesen, in: ders., Zur Kritik der Gewalt und andere Aufsätze, Frankfurt/M. 1965

Bergmann, Klaus; Pandel, Hans-Jürgen, Geschichte und Zukunft. Didaktische Reflexionen über veröffentlichtes Geschichtsbewusstsein, Frankfurt/M. 1975

Bergmann, Klaus, Gegenwarts- und Zukunftsbezogenheit historischen und geschichtsdidaktischen Denkens, in: Schörken, Rolf (Hrsg.), Der Gegenwartsbezug der Geschichte, Stuttgart 1981

Bergmann, Klaus; Thurn, Susanne, Beginn des Geschichtsunterrichts, in: Geschichte lernen 62 (1998)

Bergmann, Klaus, „So viel Geschichte wie heute war nie" – historische Bildung angesichts der Allgegenwart von Geschichte, in: ders., Geschichtsdidaktik. Beiträge zu einer Theorie historischen Lernens, 2. Auf., Schwalbach/Ts. 2000

Bergmann, Klaus, Multiperspektivität. Geschichte selber denken, Schwalbach/Ts. 2000

Bergmann, Klaus, Versuch über die Fragwürdigkeit des chronologischen Geschichtsunterrichts, in: Pandel, Hans-Jürgen; Schneider, Gerhard (Hrsg.), Wie weiter? Zur Zukunft des Geschichtsunterrichts, Schwalbach/Ts. 2001

Bernsdorf, Wilhelm (Hrsg.), Wörterbuch der Soziologie, Stuttgart 1969

Borries, Bodo von, Geschichte in der gymnasialen Oberstufe. Ein Körnchen Empirie, in: Geschichte lernen 68 (1999)

Brecht, Bertolt, Buch der Wendungen, in: ders., Werke. Große kommentierte Berliner und Frankfurter Ausgabe, Bd. 18 (Prosa 3), Frankfurt/M. 1995

Burckhardt, Jakob, Historische Fragmente, hrsg. v. E. Dürr, Stuttgart 1957

Calließ, Jörg, Geschichte als Argument, in: Handbuch der Geschichtsdidaktik, 5. überarb. Aufl., Seelze-Velber 1997

Croce, Benedetto, Die Geschichte als Gedanke und als Tat, Bern 1944

Daniel, Ute, Quo vadis, Sozialgeschichte? Kleines Plädoyer für eine hermeneutische Wende, in: Schulze, Winfried (Hrsg.), Sozialgeschichte, Alltagsgeschichte, Mikro-Historie: Eine Diskussion, Göttingen 1994

Daniel, Ute, Clio unter Kulturschock, in: GWU 48 (1997)

Dilthey, Wilhelm, Der Aufbau der geschichtlichen Welt in den Geisteswissenschaften, hrsg. u. eingel. v. M. Riedel, Frankfurt/M. 1970

Drechsler, Hanno; Hilligen, Wolfgang; Neumann, Franz, Gesellschaft und Staat. Lexikon der Politik, Baden-Baden 1980

Droysen, Johann Gustav, Historik. Vorlesungen über Enzyklopädie und Methodologie der Geschichte (1857), hrsg. v. Rudolf Hübner, München 1960

Fricke-Finkelnburg, Renate, Hugenotten in Hessen-Kassel, in: Geschichte lernen 27 (1992)

Geschichte konkret 1. Ein Lern- und Arbeitsbuch, Hannover 1996

Geschichte und Geschehen A 4. Geschichtliches Unterrichtswerk für die Sekundarstufe I, Stuttgart 1997

Herbert, Ulrich, Geschichte der Ausländerpolitik in Deutschland. Saisonarbeiter, Zwangsarbeiter, Gastarbeiter, Flüchtlinge, München 2001

Hilligen, Wolfgang, Zur Didaktik des politischen Unterrichts I. Wissenschaftliche Voraussetzungen – Didaktische Konzeptionen – Praxisbezug, Opladen 1975

Hofmann, Werner, Gesellschaftslehre als Ordnungsmacht. Die Werturteilsfrage – heute, Berlin 1961

Horn, Christa, Der 9. November. Nationaler Gedenktag oder Nationalfeiertag?, in: Geschichte lernen 49 (1996)

Jeismann, Karl-Ernst, „Geschichtsbewusstsein" als zentrale Kategorie der Didaktik des Geschichtsunterrichts, in: Niemetz, Gerold (Hrsg.), Aktuelle Probleme der Geschichtsdidaktik, Stuttgart 1990

Keßler, Eckhard, Historia magistra vitae. Zur Rehabilitation eines überwundenen Topos, in: Schörken, Rolf (Hrsg.), Der Gegenwartsbezug der Geschichte, Stuttgart 1981

Kon, I.S., Die Geschichtsphilosophie des 20. Jahrhunderts. Kritischer Abriss, Bd. 2, Berlin 1964

Korff, Gottfried, Musealisierung total, in: Füßmann, Klaus; Grütter, Heinrich Theodor; Rüsen, Jörn (Hrsg.), Historische Faszination. Geschichtskultur heute, Köln–Weimar–Wien 1994

Lübbe, Hermann, Zukunft der Erinnerung. Oder: Nie war eine Zivilisation vergangenheitsbezogener als unsere eigene, in: Frankfurter Rundschau, 30.6.2001

Lucas, Friedrich J., Geschichte als engagierte Wissenschaft. Zur Theorie einer Geschichtsdidaktik, Stuttgart 1985

Kampen, Wilhelm van; Kirchhoff, Hans-Georg (Hrsg.), Geschichte in der Öffentlichkeit, Stuttgart 1979

Klafki, Wolfgang, Die bildungstheoretische Didaktik im Rahmen kritisch-konstruktiver Erziehungswissenschaft – Oder: Zur Neufassung der Didaktischen Analyse, in: Gudjons, Herbert; Teske, Rita; Winkel, Rainer (Hrsg.), Didaktische Theorien, 4. Aufl., Hamburg 1987

Klafki, Wolfgang, Neue Studien zur Bildungstheorie und Didaktik. Zeitgemäße Allgemeinbildung und kritisch-konstruktive Didaktik, 4. durchges. Aufl., Weinheim–Basel 1994

Kolumbus. Text: Enzo Biagi, Zeichnung: Milo Manara u. Giacinto Gaudenzi, Hamburg 1992

Mayer, Ulrich; Pandel, Hans-Jürgen, Kategorien der Geschichtsdidaktik und Praxis der Unterrichtsanalyse, Stuttgart 1976

Medick, Hans, Süße und bittere Seiten des Zuckers. Zum Erscheinen von Sidney W. Mintz, Die süße Macht, in: Geschichtswerkstatt 12 (1987)

Meier, Klaus-Ulrich, Der Geschichte auf der Spur – ein handlungsorientierter Beginn des Geschichtsunterrichts in der Sekundarstufe I, in: Bergmann, Klaus; Rohrbach, Rita (Hrsg.), Kinder entdecken Geschichte. Theorie und Praxis his-

torischen Lernens in der Grundschule und im frühen Geschichtsunterricht, Schwalbach/Ts. 2001
Mögenburg, Harm, „... danke schön, Sarotti-Mohr". Wie der Zucker die Umwelt und das Menschenbild veränderte, in: Geschichte lernen 4 (1988)
Mögenburg, Harm, „Aus der Polackei herbeigeschleppt ..." Schüler arbeiten über die Frage der „Ruhrpolen", in: Geschichte lernen 12 (1989)
Negt, Oskar, Lernen in einer Welt der gesellschaftlichen Umbrüche, in: Dieckmann, Heinrich; Schachtsiek, Bernd (Hrsg.), Lernkonzepte im Wandel. Die Zukunft der Bildung, Stuttgart 1998
Niederlage, Kriegsende, Befreiung? Der 8. Mai im Wandel des Gedenkens, von einer Studentengruppe der Justus-Liebig-Universität Gießen, in: Geschichte lernen 43 (1995)
Nietzsche, Friedrich, Vom Nutzen und Nachteil der Historie für das Leben (1874), in: Nietzsche, Friedrich, Unzeitgemäße Betrachtungen, Stuttgart 1964
Otto, Karl A., Notgedrungen untätig. Arbeitslosigkeit in der Geschichte (Geschichte aus erster Hand 2 [1999], H. 1), Schwalbach/Ts. 1999
Pandel, Hans-Jürgen; Schneider, Gerhard, Veranschaulichen und Vergegenwärtigen. Zu zwei zentralen Kategorien der geschichtsdidaktischen Mediendiskussion, in: dies. (Hrsg.), Handbuch Medien im Geschichtsunterricht, Düsseldorf 1985
Pandel, Hans-Jürgen, Tiere in der Geschichte, in: Geschichte lernen 64 (1998)
Pandel, Hans-Jürgen, Armut in der Geschichte, in: Geschichte lernen 78 (2000)
Ranke, Leopold von, Geschichten der romanischen und germanischen Völker von 1494-1514 (1824), Sämtliche Werke, Bd. 33/34, Leipzig 1874
Reeken, Dietmar von, Wer hat Angst vor Wolfgang Klafki? Der Geschichtsunterricht und die „Schlüsselprobleme", in: GWU 50 (1999), H. 5/6
Reichel, Peter, Politik mit der Erinnerung, München–Wien 1995
Rohlfes, Joachim, Gegenwartsbezug als Kategorie der Geschichtswissenschaft und des Geschichtsunterrichts, in: Schörken, Rolf (Hrsg.), Der Gegenwartsbezug der Geschichte, Stuttgart 1981
Rüsen, Jörn, Geschichte als Wissenschaft, in: Handbuch der Geschichtsdidaktik, 4. Aufl., Seelze-Velber 1992
Rüsen, Jörn, Was ist Geschichtskultur? Überlegungen zu einer neuen Art, über Geschichte nachzudenken, in: Füßmann, Klaus; Grütter, Heinrich Theodor; Rüsen, Jörn (Hrsg.) Historische Faszination. Geschichtskultur heute, Köln–Weimar–Wien 1994
Rüsen, Jörn, Trauer als historische Kategorie. Überlegungen zur Erinnerung an den Holocaust in der Geschichtskultur der Gegenwart, in: Loewy, Hanno; Moltmann, Bernhard (Hrsg.), Erlebnis – Gedächtnis – Sinn. Authentische und konstruierte Erinnerung, Frankfurt/M.–New York 1996
Schneider, Gerhard, Gelungene Einstiege, 3. Aufl., Schwalbach/Ts. 2001
Schörken, Rolf (Hrsg.), Der Gegenwartsbezug der Geschichte, Stuttgart 1981
Schörken, Rolf, Geschichte in der Alltagswelt, Stuttgart 1981
Schulz-Hageleit, Peter, „Gegenwartsbezüge" als Problem und Aufgabe des Geschichtsunterrichts (I), in: Geschichtsdidaktik 1 (1976), H. 1
Schulz-Hageleit, Peter, „Vergegenwärtigung" und „Gegenwartsbezug". Zum Verhältnis zweier didaktischer Kernbegriffe mit einem Unterrichtsbeispiel zur Pari-

ser Kommune, in: Schörken, Rolf (Hrsg.), Der Gegenwartsbezug der Geschichte, Stuttgart 1981

Sprang, Helmut, Geschichte ordnen – im Geschichtsschrank, in: Bergmann, Klaus; Rohrbach, Rita (Hrsg.), Kinder entdecken Geschichte. Theorie und Praxis historischen Lernens in der Grundschule und im frühen Geschichtsunterricht, Schwalbach/Ts. 2001

Strauß, Gerhard; Haß, Ulrike; Harras, Gisela, Brisante Wörter von Agitation bis Zeitgeist. Ein Lexikon zum öffentlichen Sprachgebrauch, Berlin–New York 1989

Thurn, Susanne, „… und was hat das mit mir zu tun?" Geschichtsdidaktische Positionen, Pfaffenweiler 1993

Venhaus, Ruth; Venhaus, Jürgen, Ein Denkmal für Deserteure?, in: Geschichte lernen 8 (1989)

Verdrängen oder verarbeiten? Wehrmachtsverbrechen im Zweiten Weltkrieg, in: Geschichte aus erster Hand 2 (1999), H. 4

Wierling, Dorothee, Oral history, in: Handbuch der Geschichtsdidaktik, 5. überarb. Aufl., Seelze-Velber 1997

Wunderer, Hartmann, „Nichts veraltet heute schneller als das Wissen". Probleme und Profile des Geschichtsunterrichts in der gymnasialen Oberstufe, in: Geschichte lernen 68 (1999)

Wunderer Hartmann, Geschichtsunterricht in der Sekundarstufe II, Schwalbach/Ts. 2000